Paléoenvironnements du Sahara

Lacs holocènes à Taoudenni (Mali)

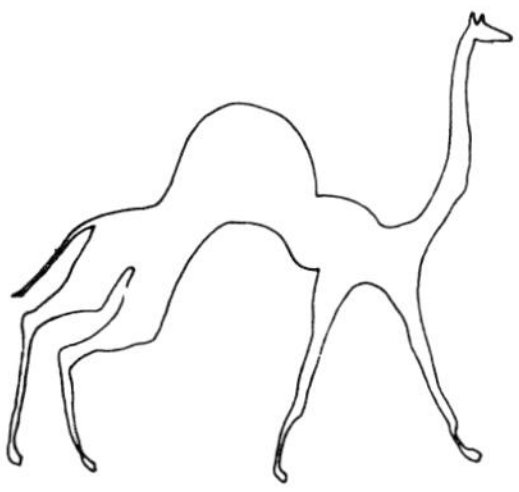

Paléoenvironnements du Sahara

Lacs holocènes à Taoudenni (Mali)

M. ARNOLD, P. CARBONEL, G. DELIBRIAS, H. ERLENKEUSER, J. FABRE, M. FONTUGNE, A. GAUTIER, C. GOETZ, R. KARPOFF, S. KRÖPELIN, M. LEROUX, I. ØXNEVAD, N. PAGE, N. PETIT-MAIRE, M. RAIMBAULT, J. RISER, E. SCHULZ, B. SIMON, I. SOULIE-MÄRSCHE, M. THINON.

Sous la direction de
N. PETIT-MAIRE

Préfaces de Jean CLAUZEL et René DARS

EDITIONS DU CENTRE NATIONAL
DE LA RECHERCHE SCIENTIFIQUE
15, quai Anatole France - 75700 PARIS
1991

C.N.R.S.
DÉLÉGATION RÉGIONALE
PROVENCE-ALPES-COTE D'AZUR ET CORSE

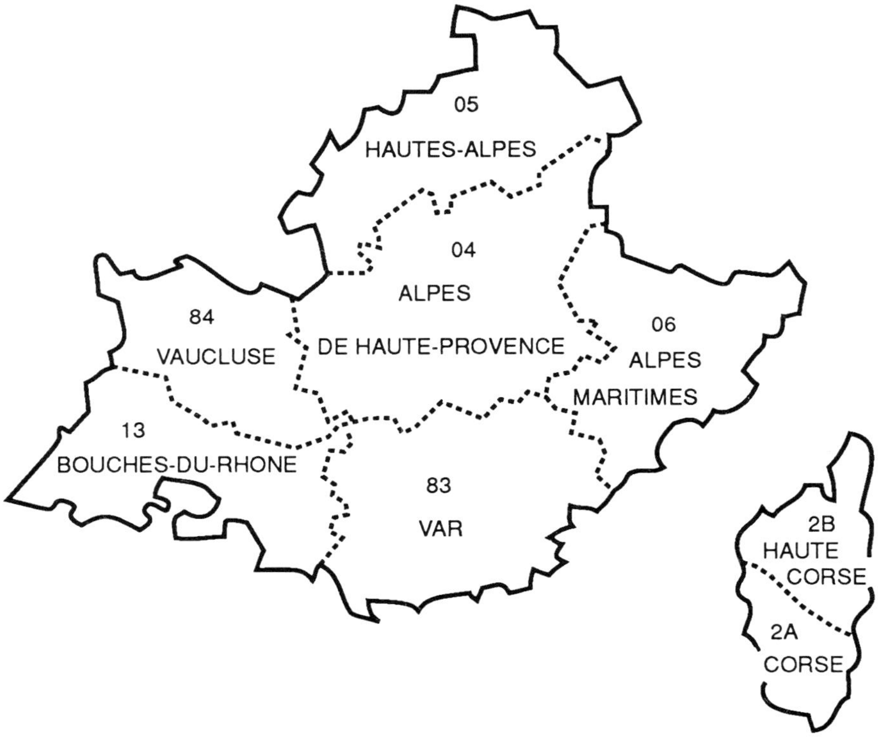

Cet ouvrage a été réalisé
par le Centre Régional
de Publication de Marseille

ISBN 2-222-04645-9

SOMMAIRE

Prologue N. Petit-Maire 9
Préfaces R. Dars 11
J. Clauzel 13
Introduction N. Petit-Maire 15

Chapitre I - Généralités
J. FABRE - Formations holocènes et substratum pré-quaternaire 23
R. KARPOFF - Cadre hydrogéologique 31
J. RISER - Le Quaternaire pré-Holocène de la région de Taoudenni 39
I. OXNEVAD - Les processus sédimentaires actuels 43
M. LEROUX - Le climat actuel de la région de Taoudenni 53
N. PAGE, B. SIMON, J. FABRE - Apport des images SPOT 65

Chapitre II - Les paléolacs et l'environnement terrestre
1 - *Le lac Haijad*
J. FABRE - Cadre géologique et évolution 81
P. CARBONEL - Les ostracodes du paléolac Haijad 91
C. GOETZ, H. ERLENKEUSER - Les isotopes stables de l'oxygène et du carbone . 103
N. PETIT-MAIRE, M. RAIMBAULT, P. CARBONEL - Contexte archéologique 107

2 - *Le lac d'Agorgott*
J. FABRE - Cadre géologique et évolution 117
I. OXNEVAD - Sédimentologie du paléolac 131
E. SCHULZ - Les pollens des lacs de Taoudenni-Agorgott 141

3 - *L'aspect régional*
I. SOULIE-MÄRSCHE - Flores de Charophytes des paléolacs 165
A. GAUTIER - Mammifères fossiles holocènes du Sahara malien 173
G. DELIBRIAS, M. FONTUGNE, M. ARNOLD - Datations par le ^{14}C 177
J. RISER - Géomorphologie comparée 181
N. PETIT-MAIRE - Tableau d'ensemble 191

Chapitre III - Conclusions : Paléoclimatologie
M. LEROUX - Paléométéorologie 197
N. PETIT-MAIRE, S. KRÖPELIN - Les climats holocènes du Sahara
le long du Tropique du Cancer 205
N. PETIT-MAIRE - Le Sahara dans les Changements Globaux Passés et Futurs
The Sahara in Past and Future Global Changes 211

Auteurs

M. ARNOLD - Centre des Faibles Radioactivités - Laboratoire Mixte CNRS-CEA - Domaine du CNRS - Avenue de la Terrasse - 91198 GIF-SUR-YVETTE Cedex.

P. CARBONEL - Dépt. Géologie et Océanographie - Avenue des Facultés - 33405 TALENCE Cedex.

G. DELIBRIAS - Centre des Faibles Radioactivités - CNRS - CEA - B.P. 2 - 91190 GIF-SUR-YVETTE.

H. ERLENKEUSER - Geologisches Institut der Universität - Olshausenstrasse 40-60 - 23000 KIEL ALLEMAGNE.

J. FABRE - Institut Dolomieu - UFR de Géologie et de Minéralogie - 15, Rue Maurice GIGNOUX - 38031 GRENOBLE Cedex.

M. FONTUGNE - Centre des Faibles Radioactivités - Laboratoire Mixte CNRS-CEA - Domaine du CNRS Avenue de la Terrasse - 91198 GIF-SUR-YVETTE Cedex.

A. GAUTIER - Lab. voor Paleontologie - Geologisch Institut - Rijksuniversiteit - Krijgslaan 281/S8 - 9000 GENT BELGIQUE.

C. GOETZ - Lab. de Géologie du Quaternaire - CNRS - Case 907 - Luminy - 13288 MARSEILLE Cedex 9.

R. KARPOFF - Thalassa - 13008 MARSEILLE.

S. KRÖPELIN - Geomorphologisches Lab. - Freie Universität Berlin - Altensteinstrasse 19 - 1000 BERLIN 33 - ALLEMAGNE.

M. LEROUX - CNRS - 74, rue Pasteur - 69007 LYON.

I.E. ∅XNEVAD - Geologisk Institut - Universitet i Bergen - Allegt. 41 - 5007 BERGEN - NORVEGE.

N. PAGE - Lab. de Géologie du Quaternaire - CNRS - Case 907 - Luminy - 13288 MARSEILLE Cedex 9.

N. PETIT-MAIRE - Lab. de Géologie du Quaternaire - CNRS - Case 907 - Luminy - 13288 MARSEILLE. Cedex 9.

M. RAIMBAULT - Quartier Sainte-Anne - 07700 SAINT-REMEZE.

J. RISER - Dépt. Géographie - Faculté des Lettres - 5, rue Violette - 84000 AVIGNON.

E. SCHULZ - Geographisches Institut - Am Hubland - 8700 WÜRZBURG - ALLEMAGNE.

B. SIMON - Centre de Calcul - télédétection - Faculté Sciences et Techniques Saint-Jérôme - 13397 MARSEILLE Cedex 13.

I. SOULIE-MÄRSCHE - Laboratoire de Paléobotanique - Université Sciences et Techniques - Place E. Bataillon 34060 MONTPELLIER Cedex.

M. THINON - Botanique et Ecologie méditerranéenne - Faculté Sciences et Techniques Saint-Jérôme - BP 461 - 13397 MARSEILLE Cedex 13.

"Là où est Taoudenni, il n'est *rien*"
L. Gerville-Réache et
J.R. Mathieu, 1932

PROLOGUE

Entre douze et quinze ans, en pleine guerre mondiale, je dévorai les ouvrages de la bibliothèque de mon oncle Jean, tué dans l'Oise en 1940, sans avoir jamais quitté l'Europe, non loin du lieu où son père avait trouvé la même mort en 1918. A côté des oeuvres de Baudelaire, André Gide, Joseph Kessel, Henri de Monfreid et Antoine de Saint-Exupéry, je découvris un volume publié en 1932, intitulé "L'Enfer du Sel", qui me passionna et que je relus plusieurs fois dans les années qui suivirent. Les auteurs en étaient deux journalistes, Léo Gerville-Réache et J.R. Mathieu, qui avaient traversé le Tanezrouft à partir de Reggane, avec deux camions Renault, pour rejoindre le site mystérieux, exploité depuis le XVIIe siècle, dont le sel est encore apprécié dans toute l'Afrique de l'ouest. Vents de sable, rezzous, pièges des dunes, puits de sinistre réputation, et surtout mines lointaines "centre de l'horreur, capitale déserte du néant, point géométrique de la solitude" où tout "appartient à la chaleur, à la souffrance et à la mort", frappèrent ma jeune imagination de leur parfum d'aventure au sein d'un terrible désert. Ils me firent rêver de ce lieu presque mythique, au nom évocateur de mystère, de soif et de soleil : Taoudenni.

Quarante ans plus tard, après avoir suivi en Mauritanie, en Libye et dans le sud et l'est du Sahara malien la dure et merveilleuse école du désert, et entendu une fois ou deux sous les tentes R'Gueibat ou Tamachek un révérencieux "celui-là a été à Taoudenni", qualifiant ce qui est encore considéré par les nomades comme une preuve d'endurance, de courage et de connaissance du Sahara, j'ai pu enfin franchir pour la première fois le "Foum Allous", la passe sableuse qui ouvre sur la sebkha d'Agorgott.

Entre temps, le Préfet Jean Clauzel, alors Administrateur de la France d'Outre-Mer, avait lui-aussi succombé à l'envoûtement de ce bout du monde et avait publié, en 1962, la seule étude documentée sur l'exploitation des salines.

La monographie scientifique que nous publions aujourd'hui, avec son cadre de dates isotopiques, ses images vues de l'espace à 800 km au-dessus des sables, l'explication géologique de ses dépôts de sel au fond d'un ancien lac, dissipera-t-elle "l'aura" mythique de Taoudenni, en attendant que des pistes carrossables, un aéroport et surtout un approvisionnement d'eau douce ne le livrent au grand tourisme ? Peut-être. Je ne le souhaite pas.

Je dédie donc cette monographie à mon oncle Jean Sauterey, mort pour la France, en espérant vaguement que, du fond de mondes étoilés, quelque chose de lui se souviendra alors de Taoudenni.

Cassis, le 17 novembre 1990
N. PETIT-MAIRE

PREFACE

Depuis une dizaine d'années, Madame Nicole PETIT-MAIRE, Directeur de Recherches au CNRS, Chef du Projet *"Evolution passée et future des déserts"* dans le cadre du Programme International de Corrélation Géologique soutenu par l'UNESCO, anime une équipe dont les recherches donnent régulièrement naissance à des publications que la communauté scientifique nationale et internationale reconnaît de grande qualité.

Aujourd'hui elle nous livre, dans ce magnifique mémoire, les travaux d'une vingtaine de spécialistes qu'elle a su, comme à l'accoutumée, dynamiser. Cette monographie du bassin de Taoudenni est tout à fait dans la tradition des ouvrages que la Vice-Présidente de l'Union Internationale des Sciences Géologiques (IUGS) nous a offerts parallèlement à son intense activité de géologue de terrain.

Je ne suis jamais allé à Taoudenni. Malgré treize ans de séjour en Afrique occidentale, je n'ai pas réussi à "aller voir", comme dit joliment R. Karpoff, l'un des endroits les plus désolés de la planète. La discipline du corps des géologues de la France d'Outre-Mer ne l'a pas permis. Après, ce fut trop tard. Je m'y étais accoutumé.

Or, voici que la lecture de ce livre ranime et ravive mes regrets. Dans la région de Néma, en Mauritanie, j'avais plusieurs fois rencontré -et parfois aidé- les caravanes de "chameaux" chargés des barres de ce sel grisâtre si prisé sur les bords du Niger, entre Bamako et Ségou. Dans ce mémoire se trouve tout ce qu'on souhaite savoir sur ce sel de la terre africaine et son milieu de formation.

Mais le livre n'est pas seulement une monographie, une mosaïque de travaux de spécialistes. L'interrogation sur le devenir de la région et, plus généralement, sur le destin du Sahara est posée. On apprend que la limite nord du Sahel a régressé de cinq cent kilomètres vers le sud depuis 6 000 ans. Les hommes qui, depuis 2 000 ans, ont aidé par leur mauvaise gestion des forêts et des eaux cette tendance à la désertification vont-ils, inconsciemment ou pas, la renverser à cause la pollution induite par la civilisation industrielle et post-industrielle ? Nos descendants auront la réponse.

C'est égal, il me plairait de voir reverdir le bassin de Taoudenni !

Nice Cimiez, le 24 avril 1991

Professeur René DARS

Ancien Président du Comité de Direction
du Laboratoire de Géologie du Quaternaire
(CNRS, Marseille)

PREFACE

Nicole Petit-Maire m'a fait l'amitié de me demander de préfacer cette somme pluridisciplinaire consacrée aux paléolacs holocènes de la région de Taoudenni. S'étonnant peut-être elle-même de s'adresser non à l'un de ses pairs mais à un simple praticien de l'administration territoriale pour annoncer et introduire un ouvrage de haute technicité scientifique, elle se réfère à ses rêves de jeunesse qui nous ont été, sans que nous le sachions alors, communs et ont eu, de part et d'autre, une même orientation saharienne.....mais je souligne ainsi par jeu, un paradoxe dont je sais qu'il n'est qu'apparent. Les chercheurs scientifiques, derrière leur vocabulaire, abscons pour le commun des mortels, leurs tableaux et leurs graphiques faisant appel à des techniques de plus en plus poussées et de plus en plus numériques, sont des hommes et des femmes de rêve, d'imagination et de passion. Ceux et celles d'entre eux qui se consacrent au Sahara demeurent parmi les plus authentiques aventuriers du désert. Leurs anciens ont immédiatement suivi, et parfois accompagné, nos unités méharistes de la conquête et de la pacification. Ils ont pris les plus grands risques, partant pour des semaines ou des mois, seuls avec un guide, dans des régions et sous un climat où l'erreur d'orientation ne pardonne pas. Si aujourd'hui le véhicule tous-terrains a remplacé le chameau, le risque n'a pas diminué. Je serais tenté d'écrire : au contraire.

Le lecteur de ce volume ne devra donc pas omettre de percevoir, derrière les 6 000 BP, les AMP, les diagenèses, les sills, les brèches intraformationnelles et les ostracodes, les semaines, les mois et les années de travail de recherche en équipe, de chaleur écrasante, de vent laminant et lancinant, d'eau saumâtre, de difficultés, de joies, de pannes, de réparations, d'inquiétudes. (Avons-nous conservé le bon cap ? Compte tenu de la distance parcourue, nous devrions voir depuis un moment telle falaise, tel massif dunaire, tel piton rocheux...).

Le lecteur devra également avoir présent à l'esprit lorsqu'il analysera avec les spécialistes, auteurs des différents chapitres dont l'ensemble offre le point actuel de nos connaissances sur les deux lacs d'Agorgott et de Haijad, que les évolutions climatiques recherchées, découvertes et retracées par Nicole Petit-Maire et ses compagnons ne sont pas seulement du domaine d'un passé mort, à la fois délité et embaumé par le sable du désert. Elles sont un temps d'une histoire climatique qui se poursuit de nos jours et dont les accélérations, même minimes et brèves au regard des millénaires, peuvent être catastrophiques, au sens fort du terme, pour des communautés humaines.

Nous assistons ainsi, du fait de successives années de sécheresse dans le Sahel et le Sahara méridional, au véritable éclatement de civilisations pastorales, celle des Touaregs en particulier, qui vivaient en équilibre, précaire certes, mais effectif, à la lisière du désert. Ces groupes humains étaient depuis longtemps installés dans des pays auxquels ils s'étaient adaptés, dont les ressources - et le sel, qu'il soit d'Idjil, de Bilma....ou d'Agorgott n'était pas la moindre - leur avaient permis de bâtir une économie. Ils avaient, dans cet espace aux fortes contraintes et aux multiples aléas, élaboré une culture et une civilisation. Ils en connaissaient et en aimaient les sites et les horizons, ceux du temps de la tente, du pâturage et du puits comme ceux du temps des caravanes. Ils se l'étaient approprié, y compris par la toponymie, dont les pages qui vont suivre répètent les noms aux consonances arabes ou berbères qui effectivement firent rêver plus d'un parmi nous.

Et puis la raréfaction des pluies d'été a fait d'eux, dans une diaspora vers le nord et le sud, des exilés, des déracinés, condamnés à vivre en marginaux et en assistés non plus chez eux mais chez les autres, au risque de perdre leur identité de vie et de culture.

Je connais assez les analystes des paléolacs et des paléoenvironnements du Sahara malien pour savoir qu'ils comprendront que je me sois éloigné un instant de leur domaine de recherche. Ils s'intéressent en effet, je le sais, à tout le désert, celui d'avant-hier mais aussi celui d'aujourd'hui, à tous ses habitants, ceux des temps très anciens et ceux du temps présent.

Je les remercie d'avoir, par leurs travaux, redonné vie au Sahara de l'Holocène. Je souhaite avec eux que leurs recherches permettent un jour de mieux prévoir ce que sera le Sahara de demain afin d'y mieux préparer les hommes et les femmes qui le parcourent et peuplent encore ses rivages.

Jean CLAUZEL
Ancien Administrateur de la France d'Outre-Mer
Ancien Préfet de Région

INTRODUCTION

N. PETIT - MAIRE

Les études de paléoclimatologie menées depuis 1970 en Mauritanie, au Sahara occidental et en Libye (Petit-Maire, 1989), se sont poursuivies à partir de janvier 1980 dans le nord du Sahara malien, sous l'égide de la Direction Générale de la Géologie et des Mines, au Mali, et du Ministère des Affaires Etrangères, du Ministère de la Coopération et du CNRS, en France. Cette partie du Sahara présente un intérêt tout particulier pour la climatologie :

- elle couvre, en latitude, une vaste zone allant des marges sahéliennes au Tropique du Cancer et permet donc de rechercher des gradients climatiques.
- elle comprend au moins trois zones, différentes par leur topographie, leur situation géologique, géographique, hydrogéologique et climatique (fig. 1 et 2) : l'Azaouad, zone plate s'étalant sur environ trois cent kilomètres au nord de Tombouctou, recevant actuellement du sud au nord entre 100 et 50 mm de pluie ; la région de l'Erg Ine Sakane et de Tagnout-Chaggeret, au pied des escarpements de Tazouikert et du Timétrine, proches de l'Adrar des Iforas, qui, en période humide, a pu profiter d'écoulements venus du nord-est et de l'est ; la vaste zone hyperaride du nord, proche du Tropique du Cancer, entre le Dhar Knachich et Trhaza, recevant actuellement moins de 5 mm de précipitations annuelles moyennes et privée d'apports hydrologiques allochtones. Il était intéressant d'en comparer l'évolution.
- l'impact anthropique est nul sur tout ce territoire, les pasteurs nomades ne dépassant pas les bordures, plus humides, des reliefs ou du fleuve Niger. Une seule piste importante est fréquentée par les "azalaïs", caravanes encore chamelières, transportant le sel des mines d'Agorgott vers le Niger : elle suit un parcours nord-sud direct entre Taoudenni et Tombouctou, sur environ 1 km de largeur, et peu de voyageurs s'en écartent. D'autres pistes, vers Gao ou Timétrine, sont pratiquement abandonnées actuellement. Aucune n'a jamais, par le passé, eu d'impact sur l'environnement.
- les cartes topographiques montraient l'existence de nombreuses et importantes dépressions endoréiques liées à des oueds aujourd'hui inactifs, dans lesquelles les photographies aériennes et les images satellitaires permettaient de discerner des dépôts blanchâtres suggérant une sédimentation carbonatée ou des évaporites. Dans la zone nord, un réseau de dykes faisant barrière était très favorable à la formation de lacs au pied de plateaux karstiques.
- dans l'Azaouad et à la limite orientale de la Majâbât-al-Koubrâ, des sites néolithiques à restes humains, faunes de Poissons et de grands Vertébrés avaient été signalés (Gallay 1966 ; Roman, 1934 ; Monod, 1958), accroissant l'intérêt d'une étude plus complète de cette région.

Les deux premières zones considérées, l'Azaouad et la région nord orientale, ont fait l'objet, entre 1981 et 1986, de nombreuses publications (Petit-Maire, 1989), dont une monographie très largement multidisciplinaire (Petit-Maire et Riser eds., 1983), appuyée par 80 dates ^{14}C (annexe 1), effectuées par les laboratoires du CNRS-CEA à Gif-sur-Yvette et de l'Université du Québec à Montréal. Un chapitre de cette monographie (Fabre, 1983) consistait en observations préliminaires sur la région située au nord du 22e parallèle, entre El Guettara et Trhaza, et faisait état de l'existence de paléolacs holocènes et pléistocènes, dans un riche contexte archéologique. L'intérêt exceptionnel de ceux qui jalonnent la dépression s'étendant sur 125 km de longueur entre El Guettara et Taoudenni (fig. 3) a motivé notre décision d'entreprendre des recherches toutes particulières sur deux d'entre eux, situés au creux du Bassin de Taoudenni, où des dépôts puissants de près d'une dizaine de mètres avaient été reconnus, à Haijad et Agorgott (fig. 4). Il s'est révélé que, dans chacun des deux cas, plusieurs séquences couvraient en continu près de 5 000 ans (8 200 à 3 500 ans BP), fait très rare, sinon unique, dans le Sahara hyperaride, tout comme l'existence dans l'un des deux lacs de sédiments fins riches en pollens. Les premiers résultats ont déjà fait l'objet de deux publications (Petit-Maire *et al,* 1987 ; Fabre et Petit-Maire, 1988) et d'une thèse de Doctorat (Aucour, 1988). Ils sont si importants pour la paléoclimatologie saharienne en particulier et pour la connaissance des changements globaux holocènes en général, que nous avons choisi d'éditer cette nouvelle monographie, réunissant l'ensemble des études relevant de dix disciplines différentes, réalisées depuis 1982 sur ces paléolacs. De plus, l'un des lacs (Haijad) avait connu une évolution carbonatée en eau douce, sans relation avec les eaux souterraines, tandis que l'autre (Agorgott), avait eu une évolution saline en eau saumâtre, en relation avec l'affleurement d'une petite nappe locale, aujourd'hui à 6,5 m sous la surface d'une sebkha. La comparaison de ces deux témoins, riches en faunes d'Invertébrés pour l'un, en bois flottés et en pollens pour l'autre, qui couvrent le même laps de temps, a permis de retracer avec précision l'évolution hydrologique, biologique et climatique de l'une des régions les plus désolées du monde, au cours du dernier interglaciaire, holocène, le nôtre.

Nous remercions très vivement tous ceux qui ont bien voulu accorder leur intérêt à nos recherches et dont l'aide et la compréhension nous ont permis de travailler à trois reprises dans ces régions difficiles, en particulier Monsieur Ph. Guillemin (DGRCST, Paris), Messieurs Sekou Diallo et Hilarion Traoré (DNGM, Bamako) et Messieurs les Conseillers de Coopération près l'Ambassade de France au Mali.

Les études présentées dans cette monographie n'auraient aucun sens sans le cadre chronologique assuré pour la plupart des dates (13 sur 17, annexe 2) par G. Delibrias et M. Fontugne, Centre des Faibles Radioactivités (CEA et CNRS) de Gif-sur-Yvette.

Notre gratitude va tout spécialement à Jean Riser qui, en dépit de ses lourdes fonctions d'administration universitaire, a pris le temps de collaborer à l'édition de cette monographie, ainsi qu'à Nicole Page qui nous a apporté une aide efficace dans la préparation du manuscrit. Nous remercions également René Guiraud et Paul Sanlaville qui ont largement contribué à en réduire les imperfections.

Fabienne Blacas et Christine Vanbesien ont patiemment supporté la tâche pénible de l'édition technique de ce volume et Michel Decobert a largement contribué à sa réalisation. Anne Astruz a assuré la quasi-totalité du traitement informatique du volume.

Enfin, nous ne serions jamais revenus vivants de ces expéditions où nous fûmes, en 1982, à près de 2 200 km de la première "station-service" (à l'époque, Reggane), et le plus souvent à des centaines de kilomètres du premier puits accessible (pour lequel, une fois, nous avons fait la course contre des chameaux...) sans Daniel Arnaud, mécanicien au CNRS de Marseille, qui, avant le départ, "soignait" notre Land-Rover comme le trésor qu'elle allait devenir pour nous.

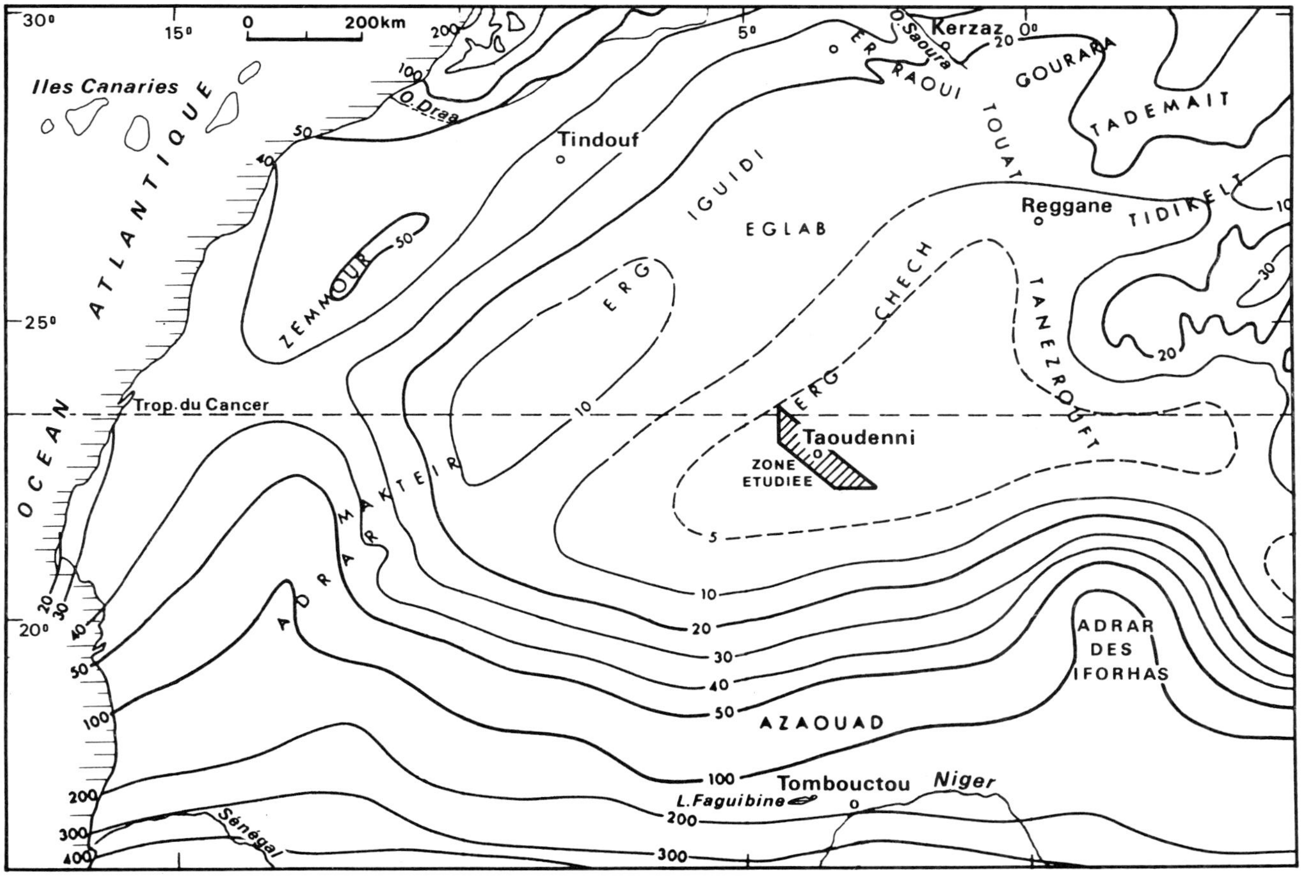

Fig. 1 - Localisation de la région dans la carte climatique du nord de l'Afrique (d'après Dubief, 1963).

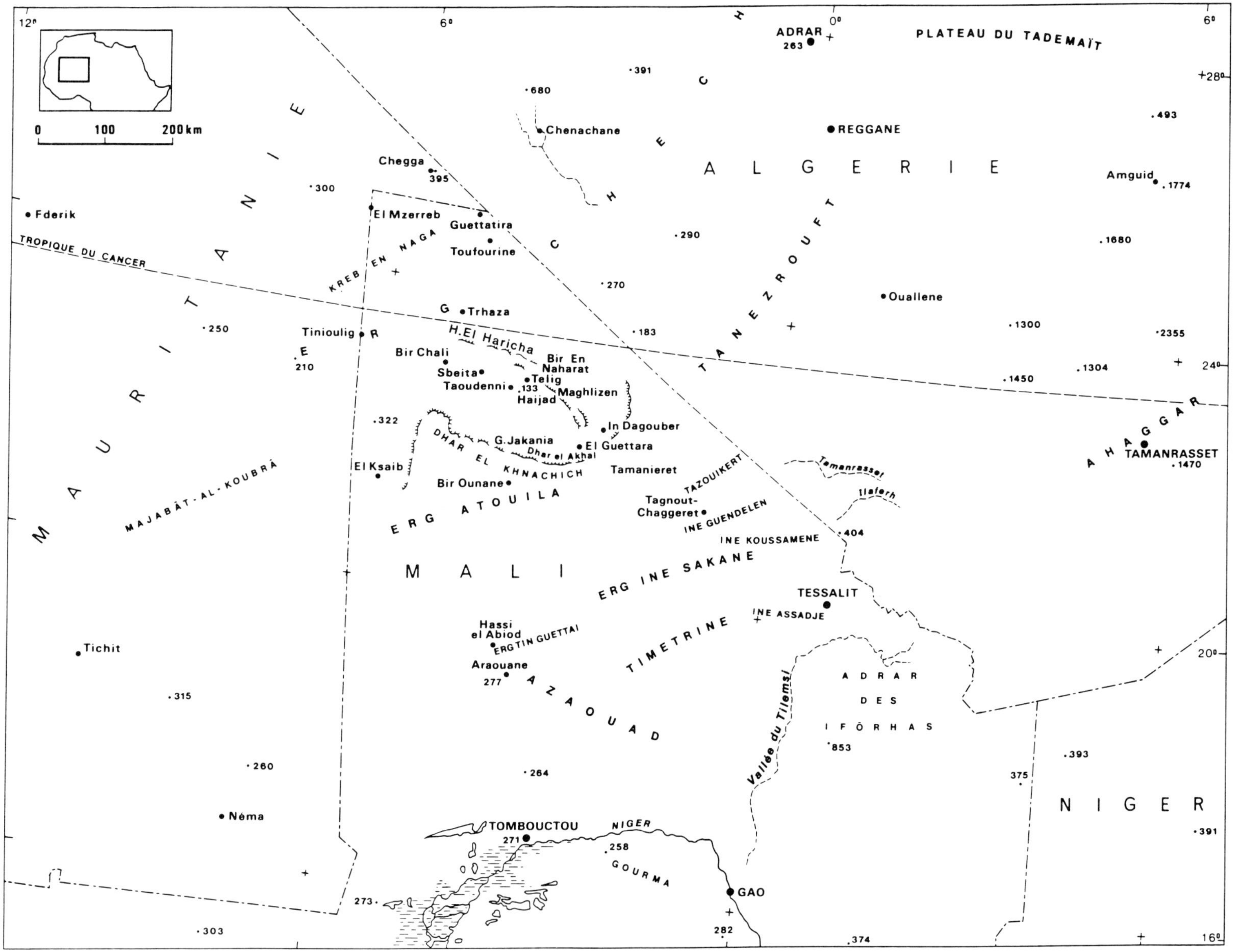

Fig. 2 - Situation des principaux lieux cités, à l'exception de ceux portés sur les fig. 18 et 38.

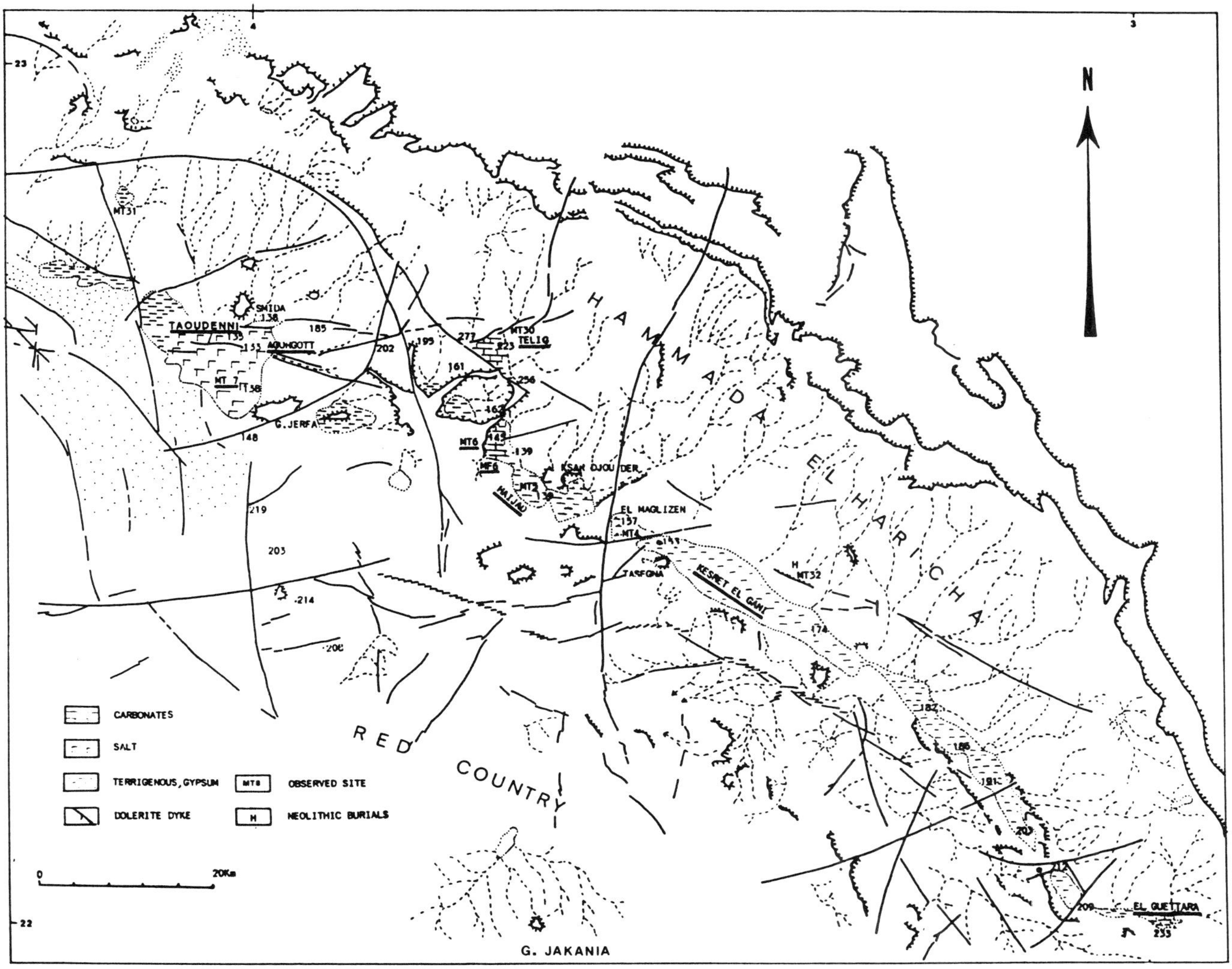

Fig. 3 - Carte générale, avec cotes altimétriques, de la région entre Taoudenni et El Guettara.

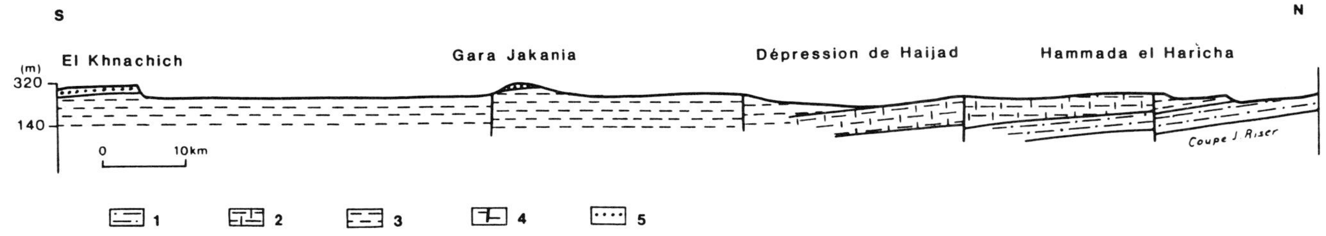

Fig. 4 - Coupe géologique N-S de la région entre Dhar Khnachich à la Hammada El Haricha. (coupe J. Riser).

1 : Siluro-Dévonien gréso-pélitique ; 2 : Carbonifère inférieur calcaire (Safia et Haricha) ; 3 : Carbonifère supérieur argilo-gréseux et gypseux dans sa partie inférieure ; 4 : Filon et dyke de dolérite (Agator) ; 5 : Crétacé inférieur gréseux.

Liste des participants aux missions à Taoudenni-Haijad :
(Chef de mission : N. Petit-Maire)

27 octobre - 15 décembre 1982 (Mission code MT : Alger, Reggane, Tanezrouft, Tessalit, Taoudenni, Thraza et retour)

Alain Chardon	(Mécanicien)
Dominique Commelin	(Préhistoire : céramique)
Jean Fabre	(Géologie)
Nicole Petit-Maire	(Quaternaire, Paléoclimatologie)
Michel Raimbault	(Préhistoire : outillage lithique)
Foussenyi Touré	(DNGM)

(Crédits ministère des Affaires Etrangères, CNRS)

15 janvier - 18 février 1985 (Mission code MF : Alger, Reggane, Tanezrouft, Tessalit, Taoudenni, Sbeita, Bir Chali et retour)

Alain Coffinier	(Carottages)
Michel Decobert	(Topographie, cartographie)
Jean Fabre	
Nicole Petit-Maire	
Michel Raimbault	

(Crédits ministère des Affaires Etrangères, CNRS)

10 février - 12 mars 1988 (Mission code MC : Alger, Reggane, Tanezrouft, Tessalit, El Guettara, Taoudenni et retour)

Pierre Carbonel	(Ostracologie, carottages)
Jean-Claude Duplessy	(Climatologie)
Jean Fabre	
Bachir Kebir	(Mécanicien)
Ingrid Oxnevad	(Sédimentologie)
Nicole Petit-Maire	
Jean Riser	(Géomorphologie)
Ehrard Schulz	(Palynologie)

(Crédits Ministère de la Coopération, CNRS, Université de Bergen, Université d'Avignon, Geographisches Institut Würzburg).

CHAPITRE I

Généralités

FORMATIONS HOLOCENES ET SUBSTRATUM PRE-QUATERNAIRE

J. FABRE

L'existence de lacs au Quaternaire récent dans la région de Taoudenni est certes due à des causes climatiques. Toutefois, leur localisation, loin d'être aléatoire, paraît étroitement contrôlée par la nature et la structure du substratum sur lequel on les trouve. Aussi vaut-il la peine de rappeler brièvement ces derniers, pour préciser le rôle joué par chacun dans la localisation et l'alimentation des lacs à l'Holocène.

Le bassin de Taoudenni (Carte Internationale du Monde au 1 000 000e) ou Taoudenit (Carte géologique du Mali au 1 500 000e) est décrit comme une vaste dépression-une synéclise caractérisée (Villemur, 1967)- remplie de sédiments plongeant doucement vers le centre. La moitié occidentale se trouve en Mauritanie, où les terrains du Précambrien supérieur à Paléozoïque inférieur affleurent à la marge occidentale, dans l'Adrar. Le reste, et notamment les terrains plus jeunes, est en grande partie masqué par les dunes de la Majâbat-al-Koubrâ (Monod, 1958). Dans la moitié orientale (Mali et Algérie) ce serait plutôt l'inverse : les terrains les plus jeunes affleurent bien, dans l'ombilic du bassin, tandis que les plus anciens se terminent en biseau vers le NE où ils sont recouverts par les dunes de l'Erg Chech (fig. 5).

1 - LE SOCLE CRISTALLOPHYLLIEN

Il affleure dans les dorsales Reguibat au nord et Guinéenne au sud (appelée aussi Dorsale de Léo ou de Man). Il se trouverait, à l'aplomb de Taoudenni, vers 2 000 m de profondeur (Bronner *et al.,* 1980) et remonterait au sud en une sorte de seuil qui séparerait ainsi le bassin de Taoudenni de celui du Gourma-Niger (Reichelt, 1972). Il réapparaît à l'est dans trois boutonnières : au SW de Tagnout (2°10'N-0°55'W), au sud d'Ine Koussamène (20°40'N-0°35'W) et Ine Assadjé, en bordure du Tilemsi, face à Tessalit (Bonhomme *et al.,* 1986 ; Karpoff, 1960 ; Fabre *et al.,* 1982). Celles-ci, entourées de terrains d'âge Méso-Cénozoïque dans les deux premiers cas, ou un peu plus anciens pour le troisième, témoignent, semble-t-il, dans cette zone marginale du craton ouest africain, d'une structure en horsts et graben probablement subméridienne, comme les anomalies gravimétriques (Rechenmann, 1973 ; Bourmatte, 1977 ; Ly, 1979), décalées par des failles ENE-WSW ayant rejoué au Méso-Cénozoïque (Bellion, 1989). C'est ce dispositif qui aurait permis aux eaux de l'Ahaggar (oueds Ilafegh, oued Tamanrasset) de s'écouler vers le sud-ouest et non vers le Tilemsi, et d'alimenter les lacs holocènes de l'Erg Ine Sakkane, par l'intermédiaire peut-être de nappes alluviales. Ce schéma, fort important pour la connaissance des ressources en eau de la région, demanderait une confirmation qui pourrait être apportée par une campagne géophysique (gravimétrique, électrique, sismique) à mailles plus fines que celle dont nous disposons.

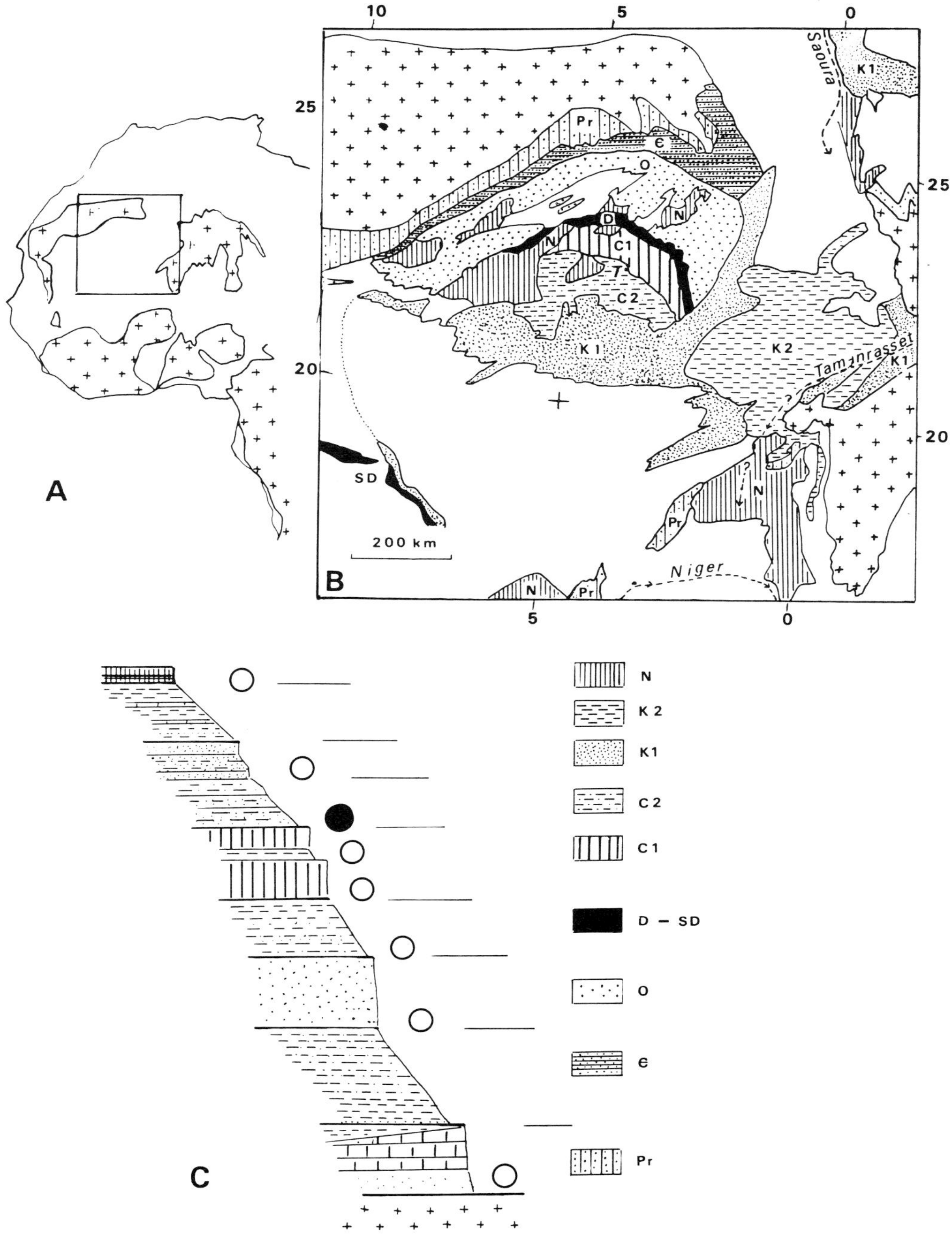

Fig. 5 - Cadre géologique de la région de Taoudenni.

A : Situation en Afrique occidentale. Les boucliers précambriens sont esquissés par des croix.

B : Schéma géologique : N : Hammada cénozoïque. K2 : Crétacé supérieur gréso-pélitique, carbonaté et gypseux. K1 : Crétacé inférieur essentiellement gréseux. C2 : Carbonifère supérieur argileux-gréseux et gypseux dans la partie inférieure. C1 : Carbonifère inférieur *s.l.* : deux gros bancs calcaires (Safia et Haricha) séparés par un intercalaire argileux-gréseux à l'est. D (Dévonien) ou SD (Siluro-Dévonien) gréso-pélitique. O : Cambro-Ordovicien gréseux. C : Cambrien inférieur gréso-pélitique. Pr : Précambrien supérieur : Calcaire (Hank) et gréso-pélitique. Croix : Socle précambrien imperméable. T : Taoudenni.

C : Lithologie schématique des terrains constituant le cadre des lacs quaternaires. Les épaisseurs très variables de tous les termes (de plusieurs centaines de mètres à quelques mètres) ne sont pas représentées ici. Les ronds vides indiquent les principaux niveaux d'émergence d'aquifères et de lacs et le rond noir, celui des lacs de Taoudenni et de Haijad.

2 - LE PRECAMBRIEN SUPERIEUR ET LE CAMBRIEN BASAL

Ce socle supporte une couverture sédimentaire du Précambrien supérieur (Monod, 1952a ; Deynoux, 1983 ; Trompette, 1973) : des grès (le Détritique inférieur) surmontés d'une épaisse formation calcaire (les "Calcaires du Hank") et grésopélitique ("Grès de Cheikhia-Bir Amran"). Le contact du socle et de sa couverture perméable, gréseuse et calcaire, est jalonné par des sebkhas et des sources dont Chenachane, Chegga et El Mzerreb sont parmi les plus connues. Un horizon glaciaire, associé à des calcaires et à des roches siliceuses (La "Triade"), marque la limite entre le Précambrien et les terrains du Paléozoïque. On peut le suivre dans tout l'ouest africain (Zimmermann, 1960) où il représente un utile repère mais ne joue pas de rôle morphologique notable.

Au-dessus des niveaux glaciaires et des grès éoliens (ou de lavage de moraines) qui leur font suite (Biju-Duval et Gabriel, 1969), les Pélites de l'Azlaf (Villemur, 1967), épaisses de trois cent mètres environ, représentent un niveau imperméable et relativement tendre, donc sensible aux agents d'érosion fluvio-éoliens. Les paléolacs au sud et au sud-est de Guettatira sont apparemment développés dans des dépressions de ces pélites. Trois autres, au nord de Trhaza et à l'ouest du puits de Toufourine (vers 24°30'N-5° à 5°30'W), se trouvent vers la limite entre l'affleurement des pélites et celui de la formation gréso-argileuse du Kreb En Naga. Celle-ci, épaisse selon Villemur de près de 500 m, contient des niveaux de grès perméables, au moins en surface. Généralement peu épais, ceux-ci peuvent atteindre 30 m dans la région de Fersiga et pourraient constituer un aquifère.

Les cartes topographiques indiquent, dans cette formation relativement tendre, plusieurs dépressions fermées, en particulier à l'ouest et au sud de Fersiga (vers 23°30'N-2°10"W) ou au nord d'Agueraktem, au pied de l'Erg Chech (vers 23°45'N-6°15'W). Or, dans la région de Fersiga, nous avons trouvé des dépôts lacustres dont la faune (*Melania, Bulinus,* etc.) donne, en ^{14}C, un âge holocène (Petit-Maire *et al.,* 1990) et Villemur signale (1967, p. 117), dans des travertins, à soixante-dix kilomètres au nord d'Agueraktem, *Isodora brochii (Bulinus)* et *Planorbis aucapitanei* ainsi que de l'éléphant et du crocodile et une importante industrie néolithique.

Sur tous ces terrains, de lithologie variée, s'est étendu un manteau de grès correspondant aux grès des Tassilis Internes qui, au Sahara central, ceinturent le Hoggar. Ces "Grès de l'Erg Chech", épais d'environ 400 m (Villemur, 1967), affleurent au nord-est du bassin de Taoudenni sur une bande de 250 km, du sud-est du nord-ouest, et une largeur de 50 km en moyenne. Perméables par leur porosité et leurs fissures, ils représentent un aquifère important (Villemur, 1967). Ils sont masqués, au nord de Taoudenni, par les cordons dunaires de l'Erg Chech et réapparaissent près de Trhaza sous forme d'un plateau de grès quartzitiques à tigillites. La sebkha, dont le sel fut exploité jusqu'au XVIIe siècle, s'allonge à la limite entre ces grès et les terrains dévoniens, à l'amont d'un dyke de dolérite formant barrage.

3 - LE SILURIEN

Il manque en effet ici, comme dans toute cette marge orientale du bassin de Taoudenni. On ne le connaît que plus à l'ouest, à Tinioulig, en Mauritanie et au sud dans le sondage de l'Erg Atouila mais il est là sous une épaisseur réduite et un faciès différent des classiques "Argiles à graptolites" du Sahara central, où elles déterminent la dépression intra-tassilienne. Les grès du Dévonien inférieur sont aussi absents ici. Or, à l'est, ils constituent les Tassilis externes autour du Hoggar et, en subsurface, des magasins pétroliers bien connus.

4 - LE DEVONIEN

Des shales, des calcaires en petits bancs et des grès argileux noirs, riches en fossiles, surmontent les grès de l'Erg Chech tant à Trhaza qu'à In Dagouber (22°15'N-2°35'W). Déposés pendant le Dévonien moyen et supérieur et le Carbonifère basal (formation de Bir En Naharat, Legrand-Blain, 1983), ils correspondent à une nouvelle zone de terrains relativement tendres, imperméables, qui portent les paléolacs holocènes de la région d'Oum El Assel (au NW de Taoudenni, vers Trhaza) et bien d'autres à l'est, entre les puits d'In Dagouber et de Bir En Naharat. Ils constituent un écran étanche, épais de 100 à 150 m au moins, entre les grès de l'Erg Chech et la formation sus-jacente.

5 - LE CARBONIFERE INFERIEUR CARBONATE

Dans le quadrant nord-est du Bassin de Taoudenni, cette zone déprimée est dominée par un ensemble calcaire épais d'une centaine de mètres, où Legrand-Blain (1983) distingue deux formations : Safia et Haricha. Celles-ci, bien individualisées dans la topographie à l'est, se confondent à l'ouest de Taoudenni, où les couches deviennent presque horizontales. Pourtant là aussi, un horizon d'argiles, de grès tendre et de gypse (par places) permet de les distinguer et joue, dans cette masse karstifiée, le rôle d'un écran imperméable. De plus, la dolérite s'intercale de préférence dans ce niveau tendre. On comprend ainsi pourquoi, à l'Holocène, des marais ou de petits lacs ont pu subsister quelque temps sur ce plateau. Tels sont les sites de Taouarachit (MT10), de Djouf Djouder (MT8) et Azarza (MT26) étudiés en 1982 et de tous ceux qui ne l'ont pas encore été à l'est, jusqu'au méridien de Bir En Naharat. Ne disposant que de bassins versants réduits (33 km^2 pour Taouarachit, 48 km^2 pour le marais de Djouder), leur vie a dû être brève et limitée aux moments les plus humides de l'Holocène. Dans cet ensemble calcaire, et en particulier dans la formation supérieure (Formation Haricha), la circulation des eaux se fait par les fractures (diaclases, brèches de failles, dykes) et sans doute aussi par un réseau karstique dont les émergences peuvent être ponctuelles. Les accumulations de travertins pléistocènes de Sbeita, de Télig et ceux, non datés, de Guettara en sont les témoins. Ces systèmes de fractures ont aussi déterminé les grandes lignes du réseau hydrographique qui s'est gravé sur ce plateau en y creusant parfois de petites gorges comme on en observe à l'est de la dépression El Guettara-Taoudenni. Les rognons et fossiles silicifiés de la surface des calcaires ont servi de matière première aux hommes du Néolithique.

6 - LE CARBONIFERE SUPERIEUR ARGILO-GRESEUX

Des argiles et des grès argileux rouges à Phyllopodes et végétaux fossiles de la base du Carbonifère supérieur (formation Hammou Salah *ca* 325 Ma) attestent du retrait de la mer et du passage à un régime continental. Du gypse secondaire a cristallisé dans les diaclases et les joints de stratification. Ce réseau, dense dans les couches de base, disparaît dans celles de la formation sus-jacente (Jakania). Cette localisation stratigraphique suggère l'hypothèse que ce gypse secondaire n'est pas d'origine allochtone mais représente la concentration, dans les joints, de sulfate à l'origine disséminé dans la roche. Ce phénomène se serait produit au moment de la mise en place des dolérites, dans un sédiment encore riche en eau, brusquement déshydraté.

La manière progressive dont se fait la régression marine au passage des deux formations Haricha et Hammou Salah laisse supposer une période intermédiaire où ont pu se concentrer les sulfates mais aussi des chlorures sur une côte plate à lagunes, puisque les seuls reliefs envisageables à l'époque se trouvent à près de 1 000 km au nord ou à l'ouest. Le lessivage de ces terrains serait, dans cette hypothèse, à l'origine du sel de Taoudenni, concentré dans des saumures et emmagasiné dans la nappe phréatique de la Haricha. Seules quelques buttes témoins de ces terrains subsistent à la surface des calcaires qui forment le plancher du bassin versant (env. 1 000 km^2). Même en admettant que seuls les dix mètres inférieurs de la série rouge ont pu être salifères, la quantité de ClNa (3 à 7 Mt dans l'hypothèse basse), concentrée dans les 16 km^2 de la sebkha, peut y être trouvée largement.

Une autre hypothèse sur l'origine du sel a été développée par Villemur (1967) : il viendrait de nappes profondes (grès de l'Erg Chech ou calcaires précambriens) par des remontées artésiennes à la faveur de certains dykes de dolérite.

C'est dans les formations argilo-gréseuses du Carbonifère supérieur, vulnérables à l'érosion, que s'est creusée la cuvette proprement dite de Taoudenni, et ce après l'ablation de sa couverture mésozoïque. Contrairement aux autres formations argileuses ci-dessus (Azlaf, Dévonien) le "Pays Rouge" n'est pas nivelé en plaine, tout au moins dans la partie orientale de la cuvette (la seule connue) mais modelé en collines et dépressions fermées ensablées. Les seuls lacs holocènes notables se trouvent à la limite entre la Hammada El Haricha et le Pays Rouge. C'est aussi la zone la plus basse, celle où l'ablation éolienne s'exerce aujourd'hui avec le plus d'efficacité (Fabre et Mainguet, 1984).

7 - LE MESOZOÏQUE

La synéclise de Taoudenni était encore subsidente au Carbonifère supérieur (vers 300 Ma) : la plus grande épaisseur de la formation westphalienne de Jakania se trouverait 200 km au sud de Taoudenni, dans la région de l'Erg Atouila. Tout à fait à la fin du Paléozoïque sans doute et, en tous cas, au début du Mésozoïque, le continent constitué par l'Afrique et les Amérique se fissure. Des dolérites tholeitiques se mettent en place dans les couvertures sédimentaires des vieux cratons, sous forme de sills, injectés suivant des joints de stratification, de dykes, perpendiculaires ou obliques aux couches, ou de necks. Dans la région de Taoudenni même, le système de dykes est un des traits marquants du paysage. En effet, dans les formations argileuses ou argilo-gréseuses, l'induration des épontes les met en relief, même quand la dolérite elle-même est altérée. Ainsi naissent de longues crêtes sur lesquelles viennent s'accrocher des cordons de dunes : les "agators" des nomades berbères (ou "aguilen" dans les Iforas). Ces dykes, rectilignes ou courbes, se suivent sur des dizaines de kilomètres. Certaines parties ont parfois rejoué plus tard en failles normales (Fabre *et al.,* 1989). Ces dykes peuvent constituer, pour les eaux de ruissellement, des barrages et faire naître ainsi des lacs ou des marais. Tel est le cas dans la longue dépression que l'on suit d'El Guettara à Taoudenni. Le plus bel exemple est sans doute celui de Telig. Le lac ou marais holocène domine d'une trentaine de mètres l'oued qui, à ses pieds, s'écoule vers le Pays Rouge.

Parfois, la faille linéaire s'interrompt pour être remplacée par une suite de fentes "en échelons" obliques à la direction générale. Fentes de tension liées à un décrochement. L'hypothèse avancée par Taponnier (comm. orale) semble mieux rendre compte de toutes les données de terrain. Il s'agirait de fentes d'extrados sur des flexures de la couverture sédimentaire, à l'aplomb de failles du socle. Les dykes de dolérite ne sont donc pas toujours continus et ne constituent pas nécessairement des barrages sur toute leur longueur. Leurs discontinuités peuvent même concentrer les écoulements ou provoquer une résurgence dans les calcaires. La concentration des travertins pléistocènes et holocènes de Telig, à l'aval d'un tel système en échelons, est très caractéristique à cet égard.

Ces dolérites se sont mises en place dans des sédiments qui, jusque là, n'avaient pas été déformés et n'avaient pas non plus subi de diagenèse avancée. On peut, comme le fait Francis (1982) pour la mise en place de dolérites carbonifères en Grande Bretagne, supposer que les dernières formations déposées (Carbonifère) étaient encore à l'époque gorgées d'eau. Cet état a favorisé l'injection en couches (sills) aux profondeurs où la pression lithostatique était suffisante.

Au sein des formations massives, comme les calcaires du Carbonifère inférieur, l'injection a suivi le chemin le plus facile, c'est-à-dire les lits argileux et, notamment, l'intercalaire entre les formations Safia et Haricha. La production de vapeur fournie par l'eau d'imbibition a facilité la progression du magma, en vitesse et en distance horizontale. Ces sills ont donc pu, au Quaternaire, constituer à leur tour des écrans parallèles aux couches, ici presque horizontales, ajoutant ainsi à l'efficacité des niveaux argileux, et rendre possible l'installation de petits lacs en plein plateau calcaire comme celui d'Azarza (MT26) au nord de Taoudenni.

Un autre type de structure, favorisant l'installation d'un petit lac, est offert par le site de Sbeita (MT27), à l'ouest-nord-ouest de Taoudenni : un bel exemple de "magmatic stoping" (ou "foudroyage magmatique", pour reprendre un terme de mineur). Là, le magma d'un réservoir à faible profondeur dans les calcaires (sans doute à la limite Haricha-Safia, c'est-à-dire à -50 m ou un peu plus de la surface actuelle) paraît avoir été expulsé vers le haut dans une zone fragilisée où se rencontrent des fractures nord-est, nord-ouest et est-ouest. Le toit calcaire du sill s'est affaissé avec sa couverture imperméable de grès argileux et d'argiles de la formation Hammou Salah. Les reliques de cette couverture, préservées sur la marge orientale du système, montrent un pendage vers le centre (c'est-à-dire vers le nord-ouest et l'ouest) de couches demeurées partout ailleurs subhorizontales ou à faible pendage sud.

Une surface d'érosion rabote tous les terrains décrits ci-dessus, des plus anciens (Précambrien-Cambrien), au nord et au nord-est, aux plus récents, Carbonifère ou Permo-Carbonifère au centre du bassin. Ce façonnement paraît s'être fait en partie avant le magmatisme doléritique. Il s'est poursuivi après, en balayant tout le pays des roches effusives (coulées basaltiques, cinérites) qui lui sont associées au Sahara algérien, dans la région de Béchar, comme aussi dans d'autres régions comparables que nous avons pu visiter (Karroo et Lesotho en Afrique australe, par exemple). Cette surface est soulignée par un ou plusieurs niveaux à dragées de quartz et dreikanters, eux-mêmes patinés ensuite d'hématite et englobés dans un sol rouge (Fabre, 1961 ; Beuf, comm. or.). Elle représente une pénéplaine quasi parfaite qui, aux environs de l'altitude 300 m, s'étend depuis l'est de la Mauritanie jusqu'au Tanezrouft. C'est dire que tous les reliefs de la région de Taoudenni sont sculptés en creux sur une surface plane.

Cette surface est surmontée par des grès-quartzites à bois silicifiés *(Dadoxylon chevalieri* à l'est de Fersiga, comme dans l'Albien de Reggane). Ces grès à bois, dits du "Khnachich" se terminent en biseau à l'ouest, vers 9°15'W (Monod, 1958). Epaisse de quelques mètres dans la falaise du Khnachich, au sud, et à l'est de Taoudenni, dans la falaise qui borde le Tanezrouft, cette formation se complète, vers le sud-est, par des formations plus jeunes (Rouaix, 1956), lagunaires d'abord puis marines. Aux grès s'associent alors des argiles, des carbonates, du gypse et peut être du sel. Cette évolution se traduit fort bien dans le paysage. Les grès du Khnachich donnent, en affleurement, un vaste plateau horizontal, parsemé de tas de boules de quartzites. Ils peuvent contenir, dans des fissures, une nappe phréatique. En période humide, de l'eau devait affleurer dans les secteurs les plus déprimés comme celui de Bir Ounane, quarante kilomètres au sud du Khnachich, un gisement de bifaces acheuléens bien connus. Par contre, ces roches ne se prêtaient pas au façonnement de cuvettes hydroéoliennes à fond imperméable. Des dépressions structurales y existent cependant : ce sont de petits fossés, comme celui du Dhar el Akhal (vers 21°35'N-3° à 3°30'W) orienté ENE-WSW. Hasard ou déterminisme ? ils sont demeurés stériles.

Par contre, dès qu'apparaissent les argiles, carbonates et évaporites susjacents, comme dans l'est de la feuille de Tamanieret (vers 2°W), de vastes surfaces planes et des dépressions à "fech fech" se développent et on peut y trouver des paléolacs holocènes. C'est le cas de la zone entre la Sebkha El Melah (21°45'N-1°45'W) et Tagnout-In-Guendelene (site MK42).

Sur le bord est du craton ouest-africain, dans le prolongement du fossé du Tilemsi, le

Crétacé-Paléocène atteint 1 250 m (Bourgeois, 1960 *in* Fabre *et al.*, 1976 ; Bellion, 1989). Certes, on est là sur la zone de suture panafricaine. Mais on remarquera qu'entre celle-ci et le coeur du craton cet épaississement progressif du Crétacé se fait là où le Silurien et le Dévonien inférieur manquent. Bel exemple d'inversion de tendance et de non permanence des dorsales continentales ! Au sud-ouest de Tagnout, le Crétacé repose directement sur des roches basiques du Protérozoïque inférieur ou de l'Archéen (Bonhomme *et al.*, 1986). La dépression qui se creuse au sud du puits a été le siège d'une sédimentation lacustre à l'Holocène (site MK 42), limitée à l'ouest par le horst de terrains précambriens et sa pellicule de dépôts du Crétacé.

8 - LE CENOZOÏQUE

A l'est de Trhaza, ou près de Bir Chali, ou encore au nord d'El Ksaib, une petite formation de calcaires en plaquettes plus ou moins silicifiés, à grains de quartz et Characées, alternant avec des argiles rouges, repose directement sur le substrat paléozoïque. Ces dépôts se sont donc encastrés dans la surface d'âge crétacé. Quand se sont formés ces lacs ? Quelle pouvait être leur extension ? Les grains de quartz inclus dans les calcaires indiquent-ils une action éolienne importante ? De ces dépôts disséqués, dont l'altitude ne dépasse pas celle de la surface du Khnachich, il ne reste que quelques témoins. Au nord-est de Tagnout, ils surmontent des calcaires du Crétacé où Jodot et Rouaix (1957) ont signalé une petite faune aquitanienne. Cet âge demanderait confirmation, d'autant plus qu'au nord, sur les confins algéro-marocains du sud, des dépôts analogues sont considérés comme éocènes ou oligocènes. La dissection de ces "Petites Hammadas" de Taoudenni et la formation des reliefs que nous observons aujourd'hui peut donc remonter soit au Plio-Quaternaire, soit plus avant dans le Néogène. Ces terrains argilo-calcaires ne semblent pas porter de dépôts lacustres holocènes.

CADRE HYDROGEOLOGIQUE

R. KARPOFF

Situés à trente cinq kilomètres l'une de l'autre, à la bordure méridionale de la Hammada El Haricha, les deux cuvettes à remplissage lacustre d'Agorgott et de Haijad posent des problèmes qu'il n'est pas facile de résoudre.

Apparues dès le début de l'Holocène, lors d'une période de précipitations relativement abondantes, succédant à une autre période (Ogolienne) d'aridification intense où la déflation a creusé dans les sédiments paléozoïques tendres toute une série de bassins et de creux endoréïques, ces cuvettes ont en effet un remplissage très différent: à Agorgott, il est argilo-salifère, tandis qu'à Haijad, il est carbonaté. Cette variation brutale s'est produite rigoureusement à la même époque, entre 9 000 et 4 000 BP. Les lacs holocènes se sont ensuite desséchés : de sahélien, le climat est devenu saharien ; les vents ont repris de l'ampleur et ont creusé les sédiments lacustres tendres, sans couverture végétale protectrice. Aujourd'hui, on retrouve ces dépôts dans des buttes-témoins posées sur le Carbonifère, calcaire au nord, argilo-gréseux au sud.

1 - CADRE HYDROGEOLOGIQUE GENERAL, DU PRECAMBRIEN AU CENOZOÏQUE

Les salines de Taoudenni (ou d'Agorgott), mises en exploitation au XVIe siècle, se trouvent à faible distance du Tropique du Cancer, à mille kilomètres de l'Océan Atlantique, en plein coeur du Sahara Occidental. Elles sont en quelque sorte superposées à la synéclise paléozoïque de Taoudenni, vaste bassin à fond plat de forme elliptique dont le diamètre d'axe NE-SW, mesure plus de 1 000 km. Le bassin de Taoudenni est voilé à l'est par un autre bassin, celui du Tanezrouft, plus petit, à remplissage de sédiments essentiellement mésozoïques et cénozoïques. Celui-ci se prolonge vers le sud-ouest et le sud où il comprend à la base, et uniquement dans le nord du Timétrine, une série conglomératique épaisse de 500 à 1 000 m, récemment datée du Permien. Nous laisserons de côté le bassin du Tanezrouft, qui n'intervient pas directement dans les problèmes abordés ici, bien que des communications hydrauliques souterraines puissent exister entre les deux bassins, notamment au niveau des grès du Continental intercalaire (Trias à Crétacé inférieur).

A sa base, le bassin de Taoudenni s'appuie sur les terrains précambriens du "craton ouest-africain". Formé de roches très variées, éruptives et métamorphiques, plissées, le Précambrien est en principe imperméable, sauf à sa partie tout à fait supérieure, dans le nord.

Dans le Paléozoïque, tous les niveaux perméables, en grand (calcaires, grès, dolomies) ou en petit (sables, grès tendres), sont susceptibles d'emmagasiner des aquifères. L'eau sera plus ou moins minéralisée, moins ou plus potable suivant la présence ou le voisinage d'évaporites (gypse, anhydrite, thénardite, glaubérite, halite). La présence de failles ou de dykes de dolérites (agators), si fréquents dans la région étudiée, peut conduire, soit à des cloisonnements, soit à des communications entre des niveaux géologiques différents. Il ne faut pas oublier que les nappes aquifères se sont rechargées au cours des périodes pluviales de l'histoire géologique, ce qui peut fournir de grandes quantités d'eau si les roches-magasins sont épaisses et occupent de vastes étendues, comme c'est le cas. Il faut cependant tenir compte des changements de faciès.

La stratigraphie du Paléozoïque-Précambrien supérieur a été exposée par J. Fabre (voir chapitre précédent). Elle permet de distinguer les niveaux suivants, à potentiel aquifère plus ou moins important :

- les grès et calcaires du Précambrien supérieur : détritique inférieur, calcaires du Hank, grès de Bir Amran. Ces niveaux sont jalonnés par des sources, en bordure nord du bassin.
- un horizon d'origine glaciaire avec des calcaires et des roches siliceuses, base du Paléozoïque. Il est surmonté par 300 m de pélites de l'Azlaf, absolument étanches.
- les grès intercalés dans la formation du Kreb en Naga,
- les grès de l'Erg Chech ou des Tassilis internes, épais de 400 m,
- les grès du Dévonien inférieur, présents à l'est (Tassilis externes),
- le Carbonifère inférieur calcaire (formation de Safia et Haricha). Ces calcaires sont fissurés, faillés, avec des sills et des dykes étanches délimitant des bassins, cloisonnés de ce fait, avec présence de gypse et de sel,
- le Carbonifère supérieur argileux, avec de petits niveaux de grès et du gypse secondaire. L'argile est salifère par endroits. La cuvette de Taoudenni et celle de Haijad ont été creusées dans ces formations tendres par le vent, probablement à l'Ogolien (20 ka-10 ka).

Le socle précambrien serait à plus de 2 000 m (ou de 4 000 m ?) de profondeur sous Taoudenni; les isobathes dessinent ici un creux assez plat, orienté du SE au NW.

Sur le Carbonifère supérieur reposent les grès à bois fossiles du Khnachich, du Crétacé inférieur (Continental intercalaire), épais ici de quelques mètres et reposant sur une surface pénéplanée. Ce niveau, induré en plateau, est localement fissuré et aquifère dans les points bas, comme à Bir Ounane. Les grès sont plus récents que les innombrables filons et sills de dolérite de la région, dont l'âge est de *ca* 180 millions d'années et qui sont donc jurassiques. Les filons (agators) sont en principe étanches, avec des zones de contact métamorphiques et durcies ; ils cloisonnent le Paléozoïque et forment des barrages naturels remarquables. Quant aux sills de dolérite, ils peuvent, grâce à leur caractère imperméable, donner naissance à de petites nappes ou à des lacs qui leur sont superposés.

Le Cénozoïque est représenté, près de Taoudenni, par des dépôts insignifiants de calcaires à grains de quartz et graines de Chara alternant avec des argiles rouges, d'âge imprécis (Eocène ? Oligocène ?). Un calcaire lacustre à niveaux marneux, tectonisé, reposant sur le socle précambrien à l'ouest de l'Adrar des Iforas, peut être rapproché de cette formation ; son âge serait Eocène inférieur (Jodot, 1953).

Enfin, le Quaternaire est représenté par des alluvions, éboulis, dunes et dépôts lacustres variés.

2 - LES LACS HOLOCENES D'AGORGOTT-TAOUDENNI ET DE HAIJAD

La description de ces deux lacs holocènes sera donnée en détail dans ce volume. Notons, d'ores et déjà très schématiquement leurs caractéristiques principales :

LAC D'AGORGOTT-TAOUDENNI : daté de 9 200 BP à 3 800 BP, avec un optimum hydrologique entre 8 000 et 7 000 BP environ, et dessèchement après 3 840 BP. Extension maximum : 118 km^2 . Profondeur moyenne 5 m. Sédimentation argilo-salifère lacustre épaisse de 2 à 2.5 m, consistant en alternance d'argile verte et gris foncé (smectite et illite) et de lits de halite, suggérant une succession d'inondations et de dessiccations. Dessus, argiles brunes et rouges salées, puis argiles sableuses de sebkha.

Vers 6500 BP, diminution nette des matières organiques, donc de la végétation.

LAC DE HAIJAD : le plus bas d'un groupe étalé sur cent kilomètres depuis El Guettara. Daté de 8 300 BP à 4 000 BP. Extension maximum : 55 km^2. Profondeur moyenne 5 m. Sédimentation lacustre, base argiles vertes puis sableuses rouges, ensuite calcaires à stratification entrecroisée à nombreuses coquilles de Mollusques d'eau douce.

On peut faire diverses hypothèses quant à l'origine des eaux de ces deux lacs, contemporains mais d'une nature très différente, l'un étant salé et argileux, l'autre calcaire.

Le lac salé d'Agorgott semble avoir été alimenté par un lessivage intense du Carbonifère argileux et gypsifère avoisinant ; les niveaux argileux correspondraient à des périodes de fortes pluies, les niveaux de sel à une cristallisation en périodes sèches. Les analyses chimiques données en annexe montrent la présence de sel, disséminé dans les argiles (et les grès) carbonifères. On notera par endroits l'abondance des sulfates de sodium. L'hypothèse d'un apport par lessivage semble être plus logique que celle faisant remonter les eaux salées des profondeurs par failles ou le long d'un agator, car on ne comprend pas pourquoi il n'y aurait pas alors de nombreux autres lacs salés, les failles et agators étant fréquents dans le bassin.

La concentration des sels dans le seul secteur d'Agorgott pourrait être due à la disposition exceptionnelle de deux agators "majeurs", l'un presque nord-sud, à 5 km à l'ouest, l'autre (agator Djouder-Nous) dessinant un demi-cercle de près de 15 km de rayon, passant de 25 km, au nord, à 20 km, à l'est, et 7 km, au sud des salines d'Agorgott ; l'ensemble forme, en plan, un grand D majuscule enfermant entre des parois étanches un prisme de terrains carbonifères d'une superficie de 600 km^2 environ. De petits agators traversent le prisme ; l'un d'eux a été à l'origine d'une coupure temporaire du lac en deux. Quoi qu'il en soit, cette disposition en prisme fermé de tous les côtés a dû de tout temps concentrer les eaux de lessivage au point le plus bas, sans possibilité de fuites salines vers l'extérieur. Une petite nappe phréatique située actuellement à 6,5 m sous le niveau du sol de la sebkha, doit être alimentée en eau par les rares pluies orageuses ou tornades qui contribuent à fournir les 5 mm d'eau tombant annuellement sur cette région à évaporation intense, l'une des plus chaudes d'Afrique.

Le paléolac de Haijad ne présente, lui, aucune couche de sel dans son remplissage essentiellement calcaire, argileux à la base, bien qu'il date de la même époque holocène que le paléolac salé d'Agorgott. Il existe d'ailleurs dans la région d'assez nombreuses dépressions fermées creusées par le vent, avec des restes de dépôts lacustres argilo-calcaires enrobant quelquefois des ossements de grands mammifères, dont des hippopotames. Ceux-ci ne vivent en général que dans des régions où la pluviométrie annuelle atteint ou dépasse 300 mm, ce qui a dû être le cas dans cette partie du Sahara au moins, à une certaine période de l'Holocène. Ces pluies ont provoqué le lessivage de calcaires et de marnes mésozoïques ou paléozoïques situés dans les bassins versants, avec une précipitation carbonatée dans les creux. C'est probablement le cas pour de nombreux sédiments lacustres mais on peut émettre une autre hypothèse, pour une partie au moins des lacs holocènes.

L'examen des réseaux hydrographiques de l'Adrar des Iforas et des régions voisines a en effet conduit à admettre la probabilité d'un bombement du sol au Quaternaire, suivant un axe NW-SE à presque NS à travers l'Adrar (Karpoff, 1965). Cela aurait l'avantage d'expliquer plusieurs "curiosités" du pays : le coude du Niger à Bourem, les coudes des grands oueds de rive gauche en aval, et surtout la très grande largeur de la vallée du Tilemsi (20 km) dès sa naissance à l'ouest de Tessalit.

Il s'agit donc peut-être là du tronçon aval d'un ancien oued Tamanrasset, qui aurait contourné l'Adrar par le nord et l'ouest. Le soulèvement du sol l'aurait coupé à la hauteur des Adrars Echid-Takarkort, renvoyant ses eaux vers le Tanezrouft, où il aurait formé des lacs aux eaux essentiellement calcaires, par lessivage des calcaires et des marnes parfois gypsifères du Mésozoïque-Cénozoïque du Tanezrouft. Il y aurait eu là une sorte de "delta interne", analogue à celui de l'actuel Niger. Ce delta fut frappé, depuis l'Holocène moyen, par un desséchement rapide, dû à l'installation du climat saharien et de ses phénomènes de déflation.

CONCLUSION

Pour clore ce chapitre, on peut affirmer la présence d'aquifères plus ou moins profonds dans le Paléozoïque du bassin de Taoudenni; ils ont été alimentés en eau durant les pluviaux du Quaternaire et pourraient être exploités un jour par des forages. Leur artésianisme ou leur semi-artésianisme ne fait pas de doute, et leur qualité peut être localement acceptable à condition de ne pas s'adresser à des formations gypsifères malheureusement abondantes dans le bassin. Les meilleurs niveaux sont les grès de différents âges qui ont été cités ci-dessus surtout ceux des Tassilis. Il peut y avoir des eaux relativement douces sous des niveaux salés, comme c'est le cas au Bas-Sahara notamment ; mais les résultats des cinq forages réalisés entre 1983 et 1985 par le BERHI (projet MLI/80/005) dans les calcaires viséens, à des profondeurs allant de 18 à 64 m, ne sont guère encourageants, la salinité des eaux pouvant dépasser 35°/°°. Pour trouver des eaux vraiment potables, et sans doute assez abondantes, sans avoir à forer à de grandes profondeurs, il faut aller à une centaine de kilomètres au nord, tout en restant dans le Paléozoïque.

Des hypothèses ont été avancées pour tenter d'expliquer les différences qui existent entre les dépôts salifères ou carbonatés des deux paléolacs holocènes. Le problème est difficile à résoudre, malgré la quantité considérable de données acquises au cours de ces dernières années par une équipe de chercheurs qui ont eu le courage "d'aller voir" l'un des coins les plus désolés de notre planète.

Annexe

Composition chimique des eaux de Taoudenni

Trois nappes aquifères sont connues dans le secteur.

1 - **La nappe captive dans les grès du Tournaisien**, sous les dalles calcaires des hammadas Safia et Haricha. D'après le rapport BERHI, 1986, le sondage de la SONAREM Mali, foncé à la lisière des salines d'Agorgott (vers 22°39'N-4°W) aurait donné une eau dont la teneur en ClNa serait de 150 g/l.

2 - **Nappe dans les calcaires de la Hammada El Haricha.** Le sondage Berhi (non localisé) de Taoudenni signale que cette nappe se trouve dans des calcaires à forte perméabilité et que sa salinité augmente très rapidement avec la profondeur, au-delà d'une dizaine de mètres sous la surface, jusqu'à plus de 35 g/l de ClNa. Un autre sondage Berhi, 60 km au sud, à Jakania (vers 22°10'N-3°55'W) "a rencontré, près du contact calcaires viséens-argiles namuriennes une nappe en charge mais très salée (près de 25 g/l) et inexploitable". Les analyses 1 et 2 ci-dessous proviennent de cette nappe.

3 - **Nappe dans l'Holocène de la cuvette de Taoudenni.** Captive sous la couche de sel "Kamra", la plus basse (stratigraphiquement) exploitée, cette nappe de saumure est parfois utilisée en petites quantités : l'eau versée dans les rainures tracées à la surface des couches de sel facilite leur découpage en plaques rectangulaires. Les analyses 3 et 4 proviennent de cette nappe sursalée.

La conductivité est exprimée en microsiemens cm-1 et les quantités ioniques sont en milli-équivalents -1.

	(1) SMIDA (Niamey)	**(2)SMIDA (Berhera) (Thonon)**	**(3) Agorgott Sond. 2 (Thonon)**	**(4) Agorgott (Niamey)**
Unités T		11 ± 1	<3,8	
Conductiv.	8930	8747	67500	49500
pH	7,5	7,56	6,65	6,1
SiO_2	18			
Ca++	0,62	33,75	0,235	= ?
Mg++	0,40	14,60	1400	= ?
Na++	85,50	47,4	3530	470,10
K+	0,37	2,54	151	1,10
Cl	72,50	44	94	519,50
SO_4	8,10	57	2262,5	5,40
HCO_3	1,67	0,29	0,37	1,70
NO_3	0,02	0,24		= ?
NO_2	2,17			

Commentaire (J. Sarrot - Reynauld , Institut Dolomieu , Grenoble)

Les échantillons d'eaux provenant des puits du ksar Smida sont fortement minéralisés (minéralisation totale voisine de 6 g/l). Il s'agit de deux échantillons différents prélevés à des dates différentes sur des puits différents. L'eau analysée à Niamey (1) provient du puits creusé (vers 22°41'4"N-3°59'W) dans les calcaires de la Hammada El Haricha à côté du village de Smida, sur la rive gauche de l'oued. Depuis l'abandon du village, il n'est plus utilisé que par quelques résidents du bordj militaire. Il est réputé meilleur que les puits situés à l'aval (prélèvement Th. Monod, 1986). Niveau de la nappe, en février 1959 : - 6,50 m par rapport au niveau du sol ; le 23 février 1988 : - 7,25 m. L'eau est essentiellement chlorurée sodique et relativement pauvre en sulfates et bicarbonates de calcium et de magnésium.

L'échantillon d'eau analysé à Thonon (éch. 2) proviendrait du puits de Bekhera, situé à 500 m au SSE, à l'aval du précédent, à côté du bordj, dans les mêmes calcaires. C'est là que viennent s'alimenter les caravanes ; les prélèvements y sont donc importants. Par rapport au niveau du sol, ici coté 137,60 m, le niveau de la nappe se trouvait en 1959 et le 23 février 1988, après deux périodes sèches, à la même cote relative : - 7 m. On n'observerait donc pas la même baisse de niveau relative que dans le puits de Smida. De nouvelles mesures plus précises seraient nécessaires. Cet échantillon est sulfaté, chloruré sodique et calcique ; il correspond très vraisemblablement à un mélange entre une eau chlorurée sodique (celle analysée à Niamey) et une eau fortement chargée en sulfates de calcium et de magnésium mais, ici encore, faiblement bicarbonatée, ce qui conduit à une augmentation de la minéralisation totale du deuxième échantillon par rapport au premier. Les deux analyses présentent un équilibre acceptable entre la somme des anions et la somme des cations exprimées en milliéquivalents par litre.

Les analyses d'eaux d'Agorgott sont difficiles à interpréter car, ,en raison de la très forte minéralisation de ces eaux, semble-t-il supérieure à 200 g/l, les interférences entre les divers ions enlèvent beaucoup de précision aux techniques habituelles de mesure. L'échantillon (3), analysé à Thonon, aurait été prélevé en février dans un sondage situé à 22°37'N-4°2'30"W, par pompage dans la nappe de saumure sous-jacente aux couches de sel mais qui n'affleure pas ici. C'est une eau essentiellement sulfatée sodique et magnésienne qui, curieusement, est assez pauvre en chlorures. Il s'agit probablement du liquide résiduel lors d'un phénomène de précipitation. L'échantillon d'eau (4) analysé à Niamey a été prélevé en janvier 1986 par Th. Monod dans un puits à main situé environ 1 800 m au SE, vers 22°36'10"N-4°1'5"W, et creusé par la mission N. Petit-Maire un an auparavant, dans le même horizon, au fond d'une fosse d'exploitation des couches de sel sus-jacentes. L'échantillon est, au contraire du précédent, essentiellement chloruré sodique et les sulfates y sont peu abondants, soit qu'ils aient déjà précipité, soit que l'eau chlorurée sodique n'ait pas été en contact avec les couches sulfatées du sous-sol. Rappelons que, dans les deux cas, on observe, au sein de la nappe le développement de cristaux de thénardite (Canals-Sabaté *et al.,* 1990) qui, dans le second, peuvent atteindre ou dépasser 10 cm. Les analyses de ces échantillons d'Agorgott montrent une somme des anions très différente de la somme des cations exprimées en milliéquivalents par litre, ce qui laisse très perplexe sur la valeur des résultats de ces analyses.

Dosage de sept élements dans les couches de sel* et les intercalaires.

Echantillons Prélevés Dans La Coupe Relevée En 1961 A Agorgott *S.S.*
(Analyses BRGM, 1962, Villemur-Fabre , n° 3182)

Horizons	Cl	Na	SO_4	K	Ca	Mg	Li
5. Harma Lemné	10,0	7,1	3,0	1,2	1,2	0,9	<0,05
6. Wara Fereh	4,8	16,1	48,5	0,15	11,12	1,0	0,1 env.
7. Wara *	59,0	39,5	0,2	traces	0,5	traces	<0,05
8. Zoko Fereh	15,6	20,7	45.0	0,08	9,7	1,05	0,1 env.
9. Himmamya Fereh	4,1	16,0	54,7	0,10	12,20	1,10	0,15
10. Himmamya	38,6	29,7	23,8	0,10	5,2	0,75	0,1
11. Baera Fereh	6,0	15,7	49,9	0,12	11,3	1,7	0,1 env.
12. Baera *	59,2	38,3	3.5	0,10	0,9	traces	0,07
13. Baeramya *	59,6	39,7	0,2	traces	0,5	traces	0,06
15. Kuks Al Kamra *	59,6	39,5	0,2	0,05	0,5	traces	0,06

Iode non décelé sur les dix échantillons. Bore : traces.

Le produit a été solubilisé à l'eau bouillante, et, dans cette solution, on a dosé les éléments précités. La teneur en NO_3 est très faible. Les échantillons n° 6, 8 et 9 présentent un copieux insoluble.

LE QUATERNAIRE PRE-HOLOCENE DE LA REGION DE TAOUDENNI

J. RISER

Le petit nombre de formations géologiques pré-holocènes attribuables au Quaternaire dans le bassin de Haijad et la cuvette de Taoudenni peut être attribué à des causes topographiques, géologiques et paléoclimatiques, propres à ces régions. La période recouvrant l'ensemble du Pléistocène n'a laissé que quelques modelés dispersés, comme des lambeaux de glacis et de terrasses, ou des éboulements et glissements de terrain sur certains versants, alors que les 5 000 ans de l'Holocène ancien sont d'une richesse exceptionnelle.

Le relief de ces régions est de trois types : des plateaux, représentés par des hammadas calcaires et des tables gréseuses sub-horizontales, des inselbergs façonnés dans les formations argileuses et gréseuses du Carbonifère supérieur (comme, par exemple, les inselbergs d'Hammou Salah, de Zengane ou du Ksar Djouder) et, enfin, des dykes ("agators") de direction N-S, SW-NE ou W-E. D'une manière générale, ces reliefs ne présentent pas de bassin de réception suffisant pour donner naissance à des réseaux hydrographiques très hiérarchisés susceptibles, par leur compétence, d'avoir transporté, au cours du Pléistocène, de grandes quantités de matériaux. Ces réseaux hydrographiques sont endoréiques et les eaux qu'ils ont pu drainer, au cours du Quaternaire, sont venues se rassembler dans les deux cuvettes de Taoudenni et de Haijad (fig. 6).

Il faut donc rechercher l'origine de la sédimentation détrito-carbonatée de Haijad et de celle, saline et argileuse, de la cuvette de Taoudenni, non pas uniquement dans le ruissellement de surface mais aussi dans l'alimentation par des sources karstiques de la hammada calcaire. Si cette alimentation était plus active au cours du dernier optimum humide, pourquoi les périodes humides précédentes n'ont-elles pas laissé de traces dans les colluvions et alluvions des versants et des vallées ou dans les dépressions de Taoudenni et de Haijad ? On sait, par d'autres dépôts à une cote nettement supérieure (Fabre, 1983 ; Petit-Maire, 1986), que la région a connu d'autres phases lacustres, à Sbeita et à Telig par exemple.

Le Pléistocène, dans son ensemble, n'est représenté que par quelques éboulements et glissements de terrain sur les flancs des inselbergs, des glacis d'ablation au pied des corniches et quelques lambeaux de terrasses.

Les éboulements, éboulis et bourrelets de solifluxion se situent le long des escarpements de l'inselberg d'Hammou Salah (Ch.I-1). Il est très difficile de dater, même approximativement, de tels modelés car certains peuvent être contemporains de l'optimum holocène et même être encore plus récents, comme par exemple le long de l'Agator Nous, où des blocs de plusieurs mètres cubes reposent sur une argile grise lacustre holocène à *Melania* et où d'autres éléments d'éboulements ne sont pas patinés et seraient donc sub-actuels. Toutefois, sur le versant sud d'Hammou Salah, les blocs des éboulements reposent sur la surface d'un glacis d'ablation de bas de versant. Sa position relative par rapport à l'Holocène de la plaine d'Agorgott le situe dans le Pléistocène récent (fig. 6).

Au pied des principaux inselbergs, on observe quelques lambeaux de glacis, recouverts de blocs ou de blocaille provenant des versants par colluvionnement. A la base de l'inselberg d'Hammou Salah, ces lambeaux de glacis, au nombre de deux, sont étagés. Le plus élevé et le plus

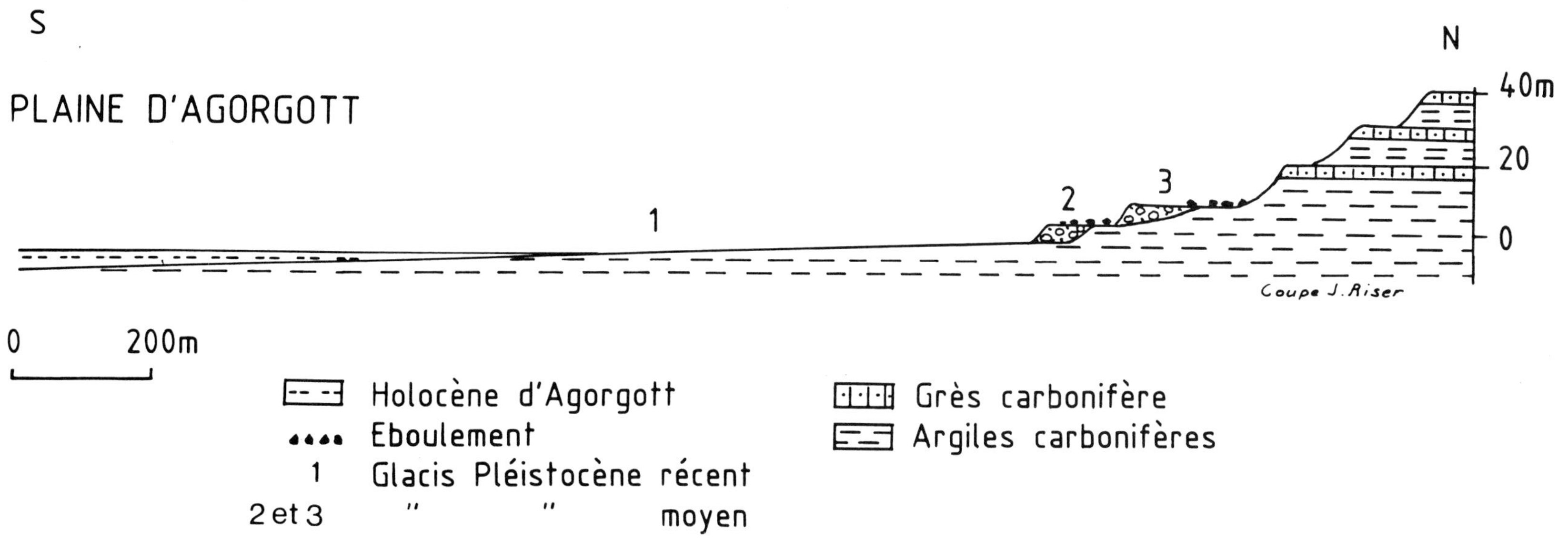

Fig. 6 - Coupe schématique du Pléistocène sur le versant sud d'Hammou Salah.

ancien domine de 4 m le plus récent, lui-même situé 2 m au-dessus du lit sub-actuel de l'oued se raccordant au plancher topographique de la plaine.

L'indigence du ruissellement pendant de longues périodes et la faible superficie des bassins versants n'ont pas permis non plus un développement important des terrasses. Autour d'Hammou Salah, à environ 500 m du lit actuel de l'oued Smida, une terrasse s'étend sur 1 km de long et 100 à 200 m de large. Elle correspond au glacis le plus récent. La coupe de cette terrasse est la suivante, de haut en bas (fig. 7) :

- 20 à 30 cm de blocaille faiblement émoussée, à matrice sableuse ;
- 20 cm de sable légèrement grésifié contenant quelques *Melania* ;
- 30 cm d'argile gréseuse rouge carbonifère, remaniée par le ruissellement.

Cet ensemble repose sur les argiles gréseuses rougeâtres ou violacées du Carbonifère supérieur qui forme ici un banc sub-horizontal.

L'existence de cette terrasse, assez bien développée, s'explique par la présence de l'oued de Smida qui draine une partie du bassin compris entre les dykes d'El Emir et de l'Agator Djouder. Cependant, elle repose sur un banc gréso-argileux relativement résistant et il semble qu'elle ait subsisté grâce à ce banc structural.

Il est difficile, dans la cuvette de Taoudenni, à cause de la faible importance de ces dépôts, d'esquisser l'évolution qui leur est postérieure.

Cependant, ils dominent les étendues argileuses lacustres holocènes d'environ quatre mètres. D'après leur topographie, le niveau de base général au moment de leur sédimentation était moins déprimé qu'à l'Holocène et tout le cycle érosion-sédimentation de cette période s'est déroulé en contrebas de ces formations. Ceci signifie que le creusement de la dépression de Taoudenni s'est effectué après la fin de la sédimentation du glacis le plus récent et de la terrasse de l'oued de Smida. Ce creusement, compte tenu des pendages du substratum, n'a pas dû dépasser une douzaine de mètres. Le volume des matériaux accumulés au-dessus du niveau actuel de la nappe à Agorgott a été estimé à 387 millions de m^3 (Ch.II-2). C'est donc un cubage bien supérieur qui a dû être enlevé avant le dépôt des formations holocènes. Compte tenu des dénivellations faibles, des exutoires incertains de la plaine, il paraît peu probable que le creusement soit dû au ruissellement. En revanche, l'intensité de la déflation éolienne pourrait être le facteur d'ablation (Fabre et Mainguet, 1984). La période pré-holocène où l'intensité de l'érosion éolienne pouvait être suffisante était l'Ogolien, entre 20 000 et 10 000 BP. La période humide précédente, autour de 25 000 BP, aurait permis l'édification du glacis le plus récent.

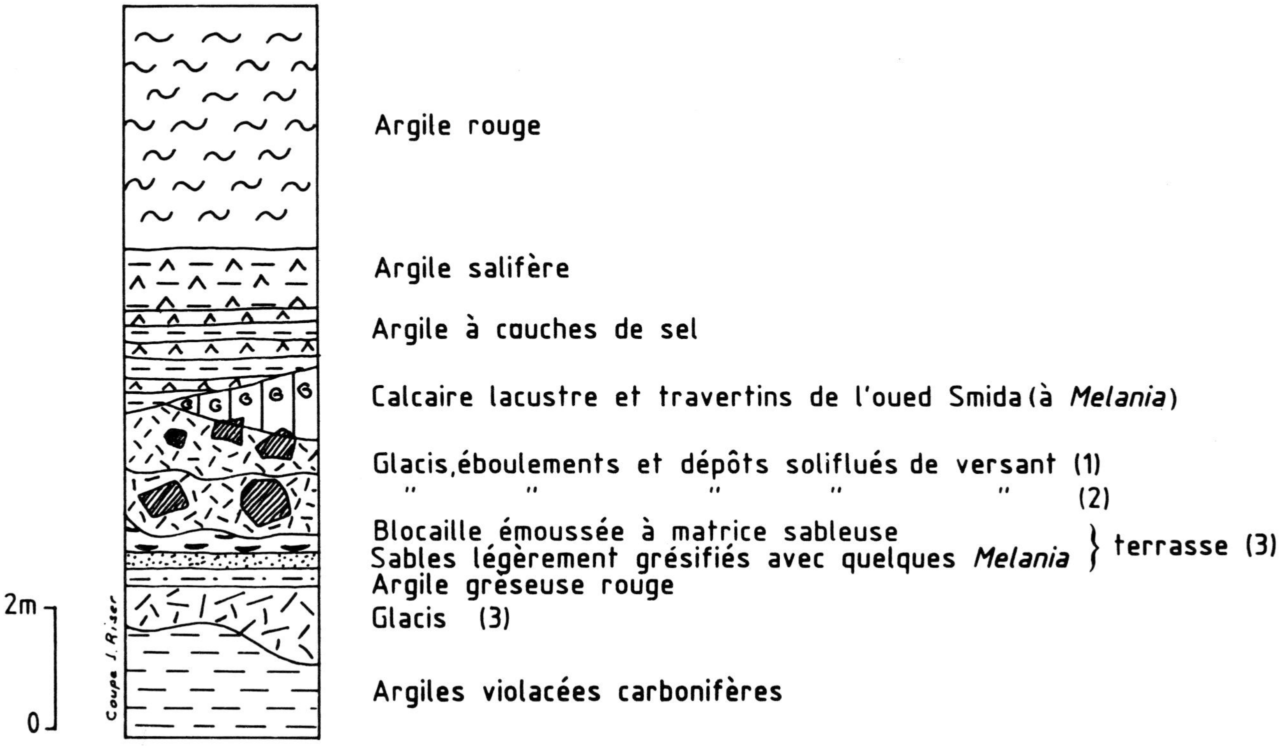

Fig. 7 - Coupe schématique de la situation des différents niveaux et faciès quaternaires aux environs d'Hammou Salah, d'Agorgott et de l'oued Smida.

PRESENT SEDIMENTARY PROCESSES, THE TAOUDENNI BASIN S.S.

I. ØXNEVAD

RESUME

Le bassin de Taoudenni (*s.s.*) est maintenant caractérisé par une forte déflation. La sédimentation éolienne se manifeste localement au niveau d'une nappe de sable, sous le vent de la sebkha d'Agorgott, formée de petites dunes (dont des barkhanes) le long des crêtes des dykes, ainsi que dans les lits d'oueds. Le relief contrôle la sédimentation éolienne locale. Une humidité de surface discontinue et l'abondance de la fraction grossière favorisent le développement des nappes de sable. Les alluvions holocènes sont une source importante de matériaux clastiques.

*
**

INTRODUCTION

The Taoudenni basin (*s.s.*) is located within the northern trade wind belt in central, hyperarid Sahara. NE and NEE winds dominate throughout the year, transferring sand from north to south across the desert. Studies of the Taoudenni basin (*s.s.*) show extensive aeolian deflation, but also local aeolian deposition. The present discussion aims at describing the sedimentary environments within the basin, the sedimentary processes and the character of the deposits. Furthermore, to consider factors controlling the aeolian deposition and the significance of preceeding climatic regimes on the present sedimentary evolution.

1 - BASIN DESCRIPTION

The Taoudenni basin (*s.s*) (fig. 8) is situated between a calcareous plateau (lower Carboniferous limestones and marls) to the north and red sandstones and gypseous clays (upper Carboniferous) to the southwest. The structure is defined by topographically pronounced doleritic dykes (the agators), and is also affected by "en échelon" fractures and NS and EW trending dykes. The basin is asymmetric and the topographically lowest area shifted south of the basin centre. The basinal low is occupied by the Agorgott sebkha. The area north of the sebkha is dominated by an extensive wadi system, draining into the basin from the calcareous plateau to the north. The wadi system partly interfingers with smaller scale alluvial fans developed along the foot of intrabasinal highs. The alluvial fans are dissected by braided stream channels. The channels are filled with aeolian sand, whereas the interchannel areas are deflated, covered by coarse, pebbly lags. The alluvial systems grade basinward into a sandflat along the sebkha margin (Pl.I-a). Approaching the sandflat, the channels gradually loose their identity and the predominant surface feature of the

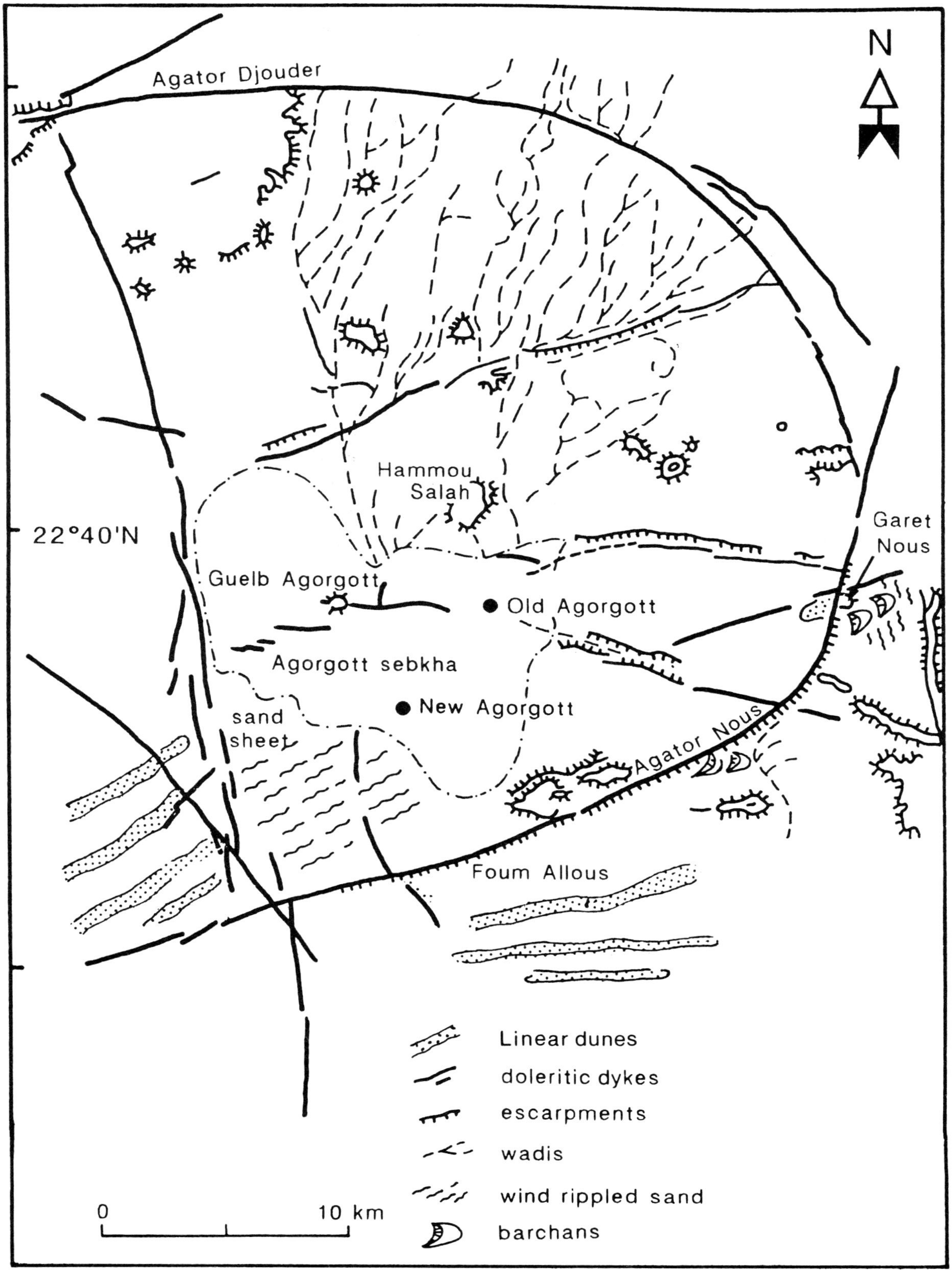

Fig. 8 - The Taoudenni depression, *s.s.* : main morphological traits.
La dépression de Taoudenni, *s.s.* : principaux traits morphologiques.

sandflat is aeolian ripples. SW of the sebkha, a sand sheet extends downwind into linear dunes which are located SW of the extant basin. Climbing barchans and lee dunes occur along the agators. Vegetation is limited, and restricted to sparse salt-tolerating *Tamarix* along the sebkha margin and rare grass in the dry wadis.

2 - SEDIMENTARY ENVIRONMENTS, SEDIMENTARY PROCESSES AND DEPOSITS

- Agorgott sebkha

The flat surface of the Agorgott sebkha covers an area of 150 km^2. The surface shows red silty sand, thin evaporitic crusts and patchy veneers of wind rippled sand (Pl.I-b) that grade into the fringing sandflat and downwind sand sheet. In central parts of the sebkha, a large scale polygonal fracture pattern defines flat to slightly concave-up surfaces, measuring 4-5 m across (Pl.I-c) ; the intervening fractures are up to 40 cm wide. They contain red silts and sand and are devoid of evaporitic crusts. Small scale, shallow polygonal mudcracks affect the uppermost surface sediments, reflecting wetting and drying by direct surface precipitation. The highly saline subsurface sebkha brine is at nearly 6 m depth and has no effect on the present surface processes. During rain, the evaporitic crusts were dissolved and water accumulated in cracks and shallow depressions on the sebkha surface. As the ponded rain water evaporated to dryness, saline crusts again formed on the sebkha surface. The rain water did not percolate down through the sebkha sediments and had no effect on the local groundwater table.

- Sand sheet

The sand sheet SW of the Agorgott sebkha is flat to gently undulating with small slipfaceless dunes (< 3 m) which trend NE-SW. The sand sheet deposits measure up to 90 cm, but are commonly thinner, often forming merely a thin veneer of wind rippled sand above deflationary surfaces of Carboniferous sandstones and shales (Pl.II-a). Sediment grain size varies from fine to very coarse sand and granules. Shallow trenching shows alternating finer and coarser horizontal lamination (Pl.III-a) indicating shifting wind strengths and a discontinuous pattern of aeolian deposition. At the surface, the coarsest grain fractions define ripple crests and the finer fractions ripple troughs. Aeolian ripples range from simple to combined and form characteristic surface patterns :

- simple transverse and sinuous crested impact ripples (wavelength 5-10 cm, height 1 cm (Pl.II-b)
- sinuous crested impact ripples with longitudinal elements combining to form "fishscale" patterns (Wilson, 1972) (Pl.II-a)
- transverse impact ripples and wider longitudinal elements of aerodynamic ripples (wavelength 40-42 cm, height 2.5 cm) forming "grid-iron" patterns (Wilson, 1972) (Pl.II-c) ;

The simple transverse and sinuous crested impact ripples are most common on thin sand veneers and deposits less than 15 cm thick. The grid-iron patterns tend to dominate the thicker accumulations, suggesting a correlation between sand cover thickness and wind ripple surface pattern. The aerodynamic ripples form longitudinal NNW-SSE trending ridges. The transverse ripples have NE-SW trending crests and migrate towards SSE. During rain, the shape of ripples were slightly modified and their surface covered by well defined drop imprints (Pl.II-b). Moisture was largely retained in the uppermost thin surface sediments, leaving the sands below largely unaffected by the surface precipitation.

The bedforms of the sand sheet reflect two different wind directions. The linear dunes are parallel to the NE trade winds whereas the ripples indicate NNW winds. Small scale bedforms, in general, respond more easily to short term variations in wind pattern. The NNW-SSE direction recorded by the aeolian ripples may therefore represent a temporal change in the general wind direction, associated with the low pressure system that brought rain to Taoudenni at the time of the study. Alternatively, the aeolian ripples reflect local wind directions controlled by the basin configuration.

- Climbing barchans and lee dunes

Aeolian sand is deposited on both sides of the ridge forming agators, within the basin and at the basin margins. Along the southern basin rim, barchans climb obliquely up along the windward slope partially burying deflated Holocene alluvium at the slope base (Pl.III-b). Large lee dunes develop on the lee side where sand is transported across the ridge. The deposits reflect ENE winds crossing the agator at an oblique angle and are parallel to the trade winds.

3 - AEOLIAN DEFLATION VERSUS DEPOSITION : CONDITIONS FAVOURABLE FOR DEPOSITION

The predominant sedimentary process in the Taoudenni basin (*s.s.*) is aeolian deflation. The finer grain fractions of the Holocene alluvium are winnowed, leaving the coarser material behind as pebbly lag surfaces. Winnowed material is incorporated in the transsaharan NE-SW currents of sand transport but is also deposited locally, providing favourable conditions.

The agators form topographic obstacles which affect wind velocities and sand transport capacities. Sand accumulations on the steep, upwind ridge slopes result from a resultant drop in sand carrying capacity of sediment laden winds as they cross the dyke. On the leeward side, expansion of flow lines causes the wind to decelerate and sand that was carried across the dyke is deposited as lee dunes. The effect of wind deceleration and acceleration on sediment transport capacity and deposition is also reflected in the wadis, where aeolian sand is trapped in the channels and the interchannel surfaces are subjected to aeolian erosion.

The sand sheet represents another area of local aeolian deposition. Sand winnowed from the upwind sebkha and Holocene alluvium is trapped in the sand sheet. The abundance of coarse grain fraction and record of discontinuous sand deposition suggest that the sand sheet itself is subjected to winnowing, supplying material to the dunefield at its SW margin. Factors considered favourable for the formation of warm-climate sand sheets (Kocurek and Nielson, 1986) are : a high water table, surface cementation or binding, periodic flooding, significant coarse grained sediment population and vegetation. In the present example, the coarse grained population probably have contributed to prevent the formation of slipface dunes. Intermittent wetting of the Carboniferous sandstones constituing the basin floor may have been sufficient to initiate the sand sheet accumulation ; the impermeable shaly sandstones tend to retain moisture within the uppermost layers, hence maximizing the surface moisturing effect of intermittent rains. Factors considered unimportant with respect to the Taoudenni sand sheet development are groundwater, flooding and vegetation. The sedimentary record of the Agorgott sebkha shows increasingly arid conditions during the last 4 000 yrs, with a groundwater table well below the surface, no major surface flooding and sparse vegetation. The balance between input and winnowing will determine the further development of the sand sheet. Gradual depletion of the local sediment sources, combined with continued aeolian winnowing, may eventually lead to the development of a coarse grained lag surface.

4 - SIGNIFICANCE OF PRECEEDING CLIMATIC REGIMES

Alluvial fans, wadis and the flat Agorgott sebkha are characteristic features of the present-day Taoudenni basin (*s.s.*). They represent the Holocene humid phase (9 000-4 000 yrs BP) and are largely the result of action by water. In the following arid period (4 000 yrs BP and onwards), the deposits have been subjected to the action of wind and have provided an important source for sand sized clastic material in an area generally characterized by sand deficit (Mainguet and Chemin, 1983). Surface relief related to the alluvial deposits have contributed to modify the local wind flow pattern and thereby influenced the distribution of aeolian erosion and deposition. By winnowing and redepositing sand sized material, the wind tends to level out alluvial surface relief. Coarser alluvium are left behind as deflated pebbly surfaces, in sharp contrast to the sand filled braided stream channels, emphasizing the alluvial surface pattern with channel and interchannel areas.

CONCLUSION

1) The Taoudenni basin (*s.s.*) is today an area of major aeolian deflation. Aeolian deposition occur locally, triggered by topographical obstacles and surface irregularities. Sand sheet development is favoured by intermittent surface wetting and coarse grain fractions.

2) Holocene alluvial deposits provide a local clastic source and create local surface irregularities that may trigger sand deposition.

3) Aeolian winnowing and redeposition of sand sized material modify Holocene alluvial surface relief and emphasize alluvial surface patterns.

Pl. I - Agorgott sebkha
La sebkha d'Agorgott.

a - View from Hammou Salah towards the Agorgott sebkha. Deflated alluvial fans are dissected by sand-filled braided stream channels and grade basinward into sandflat fringing the muddy sebkha surface.

Vue de Hammou Salah en direction de la sebkha d'Agorgott. Des cônes alluviaux, érodés et disséqués par des chenaux réticulés remplis de sable, se perdent dans les sables du bassin au bord de la surface argileuse de la sebkha.

b - The Agorgott sebkha showing red muddy (M) surface with white evaporitic crusts (E) and thin venneers of wind rippled (WR) sand. Hammer for scale 25 cm.

La sebkha d'Agorgott avec sa surface argileuse rouge (M) à évaporites blanches (E) et son voile de sable à "ripplemarks" (WR). Marteau : 25 cm.

c - Large scale polygonal fractured pattern of the Agorgott sebkha. Polygons diameter 4-5 m, fractures width 30-40 cm. *Tamarix* in the background.

Fentes de dessiccation et surface craquelée à grands polygones de la sebkha d'Agorgott. Diamètre des polygones : 4 - 5 m. Largeur des fentes de dessiccation : 30-40 cm . *Tamarix* à l'arrière plan.

a
Agorgott sebkha
sandflat

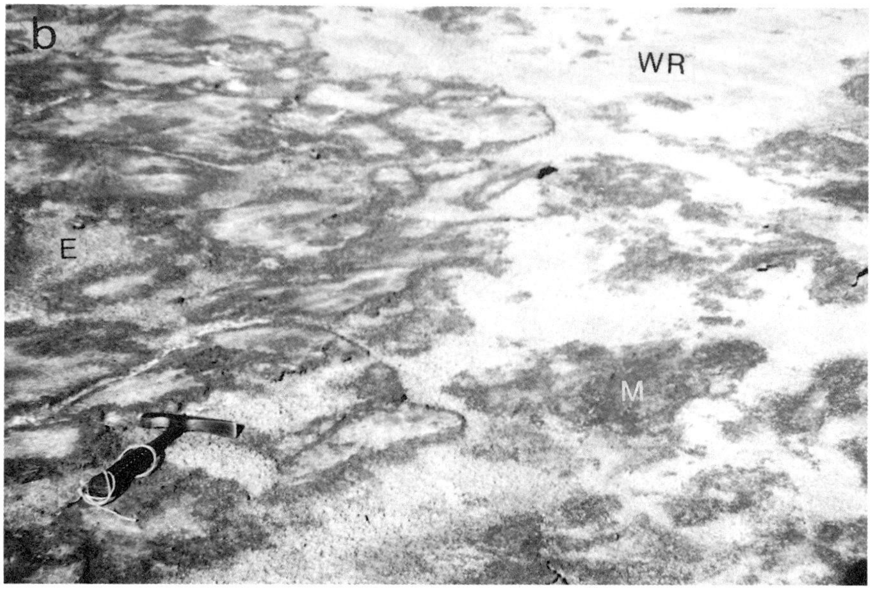
b
WR
E
M

c

Pl. II - Aeolian action in Taoudenni depression, *s.s.*
Action du vent dans la cuvette de Taoudenni, *s.s.*

a - Thin, wind rippled sand sheet showing "fishscale" pattern formed by sinuous crested transverse impact ripples. Wind direction towards left. Shoe for scale 25 cm.

Voile de sable en "écailles de poisson" formé par des rides à crêtes sinueuses. Vent soufflant de la gauche. Chaussure : 25 cm.

b - Sand sheet with transverse impact ripples. The ripples have been modified by rain and are covered by rain drops marks. Sand cover thickness 15-20 cm. Wind direction towards left. Hammer for scale 25 cm.

Voile de sable à rides d'impact transverses. Les rides ont été modifiées par la pluie et sont couvertes d'empreintes de gouttes d'eau. Epaisseur du sable : 15-20 cm. Vent soufflant de la gauche. Marteau : 25 cm.

c - Gently undulating wind rippled sand sheet surface. Longitudinal aerodynamic ripples with superimposed transverse impact ripples forming "gridiron" pattern. Sand cover thickness : 90 cm. Wind direction towards left. Hammer for scale 25 cm.

Voile de sable légèrement ondulé. Rides longitudinales aérodynamiques et rides d'impact transverses superposées formant un quadrillage. Epaisseur du sable : 90 cm. Vent soufflant de la gauche. Marteau : 25 cm.

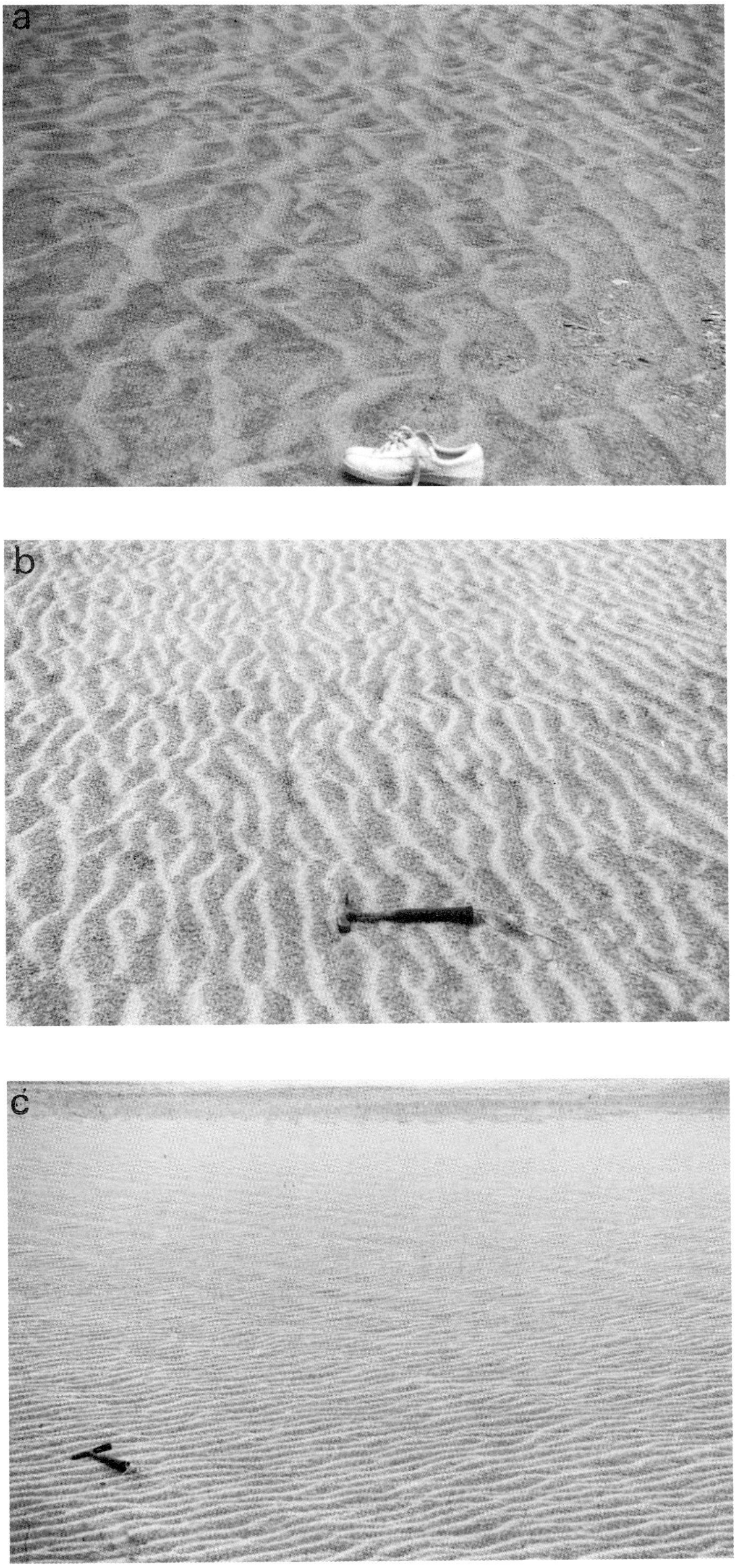
a
b
c

Pl. III - Aeolian deposits in the Taoudenni depression, *s.s.*
Dépôts éoliens dans la cuvette de Taoudenni. *s.s.*

a - Trench through wind rippled sand sheet showing alternating coarser and finer lamination. Pen for scale : 7 cm.

Tranchée dans la couverture sableuse à "ripplemarks" montrant l'alternance de lamines fines et grossières. Stylo : 7 cm.

b - Aeolian sand deposits and climbing barchans on the windward side of the Agator Nous defining the southern basin margin. Deflated Holocene alluvial fans are partly covered by the more recent aeolian deposits. Wind direction towards left.

Dépôts éoliens et barkhanes sur le côté au vent de l'Agator Nous, marquant l'extrémité sud du bassin. Les cônes alluviaux érodés sont en partie recouverts par des dépôts éoliens plus récents. Vent soufflant de la gauche.

LE CLIMAT ACTUEL DE LA REGION DE TAOUDENNI (MALI)

M. LEROUX

La cuvette de Taoudenni, sensiblement comprise entre les latitudes 22 et 24° nord, Taoudenni se situant au sud immédiat du Tropique du Cancer, doit à sa position géographique particulière en Afrique occidentale, et notamment à la latitude, à la continentalité, et à son environnement considéré au sens large, ses conditions aérologiques et climatiques particulières.

1 - LES CARACTERES CLIMATIQUES MOYENS DE LA REGION DE TAOUDENNI

La tonalité climatique de Taoudenni représente la version achevée des caractères sahariens ; en témoignent notamment les excès thermiques, la persistante sécheresse de l'air et le caractère très aléatoire des pluies, tonalité résultant de la latitude, de la faible altitude et de la platitude, de la continentalité et des caractères advectés par les flux d'alizé et de mousson.

La précision de la description climatique souffre fortement, sur l'ensemble du Sahara, de la rareté des données ; ces données sont très fragmentaires et proviennent en outre de stations marginales par rapport au Sahara lui-même.

Cette insuffisance est encore beaucoup plus pénalisante pour la région de Taoudenni où n'est réalisée aucune observation suivie. Taoudenni se trouve en effet presque au centre de la "Grande traversée" ou "Majâbat al-Koubrâ" d'Al Bakri, de "l'Empty Quarter" ouest saharien selon l'appréciation de Th. Monod (1958), immensité bordée par les stations de Bir Moghrein, Fdérik, Atar, Tidjikja, Néma (en Mauritanie), Araouane (fermée depuis longtemps), Tessalit (au Mali), Ouallen, Adrar, Tindouf en Algérie (fig. 9). La précision de la description climatique, qui ne repose que sur un nombre restreint de données d'observations (dont la fiabilité n'est pas toujours indiscutable), s'en trouve ainsi fortement affectée et nous ne pourrons ici étayer le raisonnement qu'à partir des données des stations précédentes et de la cartographie réalisée avec ces données.

Les données climatiques présentées ci-dessous ne sont ainsi que des estimations :
(à partir des cartes de l'Atlas du "Climat de l'Afrique tropicale" - Leroux, 1983)

Taoudenni (Mali) valeurs estimées (# : de l'ordre de)	
1	Tn = Température minimale moyenne (°C)
2	Tx = Température maximale moyenne (°C)
3	Ecart thermique diurne moyen (°C)
4	HR = Humidité relative (%)
5	R = précipitation (mm)

	J	F	M	A	M	J	J	A	S	O	N	D
1	7-8	10-11	15-16	16-17	20-21	25-26	>30	>30	27-28	22-23	14-15	9-10
2	24-25	27-28	31-32	36-37	40-41	43-44	>46	44-45	>42	35-36	29-30	23-24
3	>17	>17	>16	>20	>20	>18	>16	#15	>16	>13	>15	>14
4	25-30	25-30	<20	<20	<20	<15	15-20	#20	#20	20-25	30-40	30-40
5	<1	<1	<1	<1	<1	1	1-2	5	1-2	<1	<1	<1

Ces estimations permettent de cerner, mais de manière très imparfaite, les traits climatiques moyens qui règnent dans la cuvette de Taoudenni :

- **Les températures** (fig. 9) caractérisées par leurs excès, résultent principalement de l'influence dominante de la continentalité s'exprimant notamment par la siccité de l'air qui réduit à sa plus simple expression l'effet de serre naturel :

* l'association latitude/continentalité détermine des contrastes saisonniers importants ; l'amplitude thermique annuelle, écart entre la température moyenne des mois les plus frais, décembre-janvier (de l'ordre de 15-16 °C), et celle des mois les plus chauds, juillet-août (de l'ordre de 38 °C) est supérieure à 22 °C, c'est l'une des plus élevées d'Afrique ;

* les écarts diurnes, supérieurs à 15 °C et pouvant dépasser 20 °C sont importants et les variations sont rapides ; l'intense rayonnement nocturne (associé au champ perturbé) peut amener des températures minimales relativement basses : la valeur de 2,6 °C a par exemple été enregistrée à Araouane, au sud de Taoudenni, le 31 décembre 1940 (SM-AOF, 1941) ;

* les températures maximales moyennes, élevées toute l'année, sont de mars à novembre supérieures à 30 °C, supérieures à 40 °C de mai à septembre inclus, dépassant 45 °C, voire 46 °C, en juillet-août ; des températures réelles supérieures à 50 °C ont été observées à Araouane, (52,4 °C le 14 juin 1938 - SM-AOF, 1941) ; le facteur continental explique la très faible inertie thermique par rapport au mouvement zénithal du soleil, les températures les plus élevées étant déjà atteintes fin juin et en début juillet, à la latitude du Tropique. Ces températures maximales moyennes mensuelles sont les plus élevées observées sur le continent africain.

- **L'humidité relative** moyenne est très faible, les flux parvenant dans la cuvette étant très fortement continentalisés ; la période hivernale est relativement moins sèche, le minimum se produisant en juin (fig. 10), juste avant l'arrivée en juillet du flux de mousson .

La comparaison avec les valeurs mesurées de l'humidité relative (en %) des stations les plus "proches" de Taoudenni, Ouallen (**O** - à 600 km à l'E.NE) et Araouane (**A** - à 430 km au sud) permet de juger de la représentativité des estimations, la station méridionale bénéficiant d'une meilleure advection de mousson :

HR%	J	F	M	A	M	J	J	A	S	O	N	D
O	33	29	26	22	18	17	16	22	23	27	34	36
A	27	24	22	17	17	21	34	41	36	25	29	35

Le déficit de saturation atteint ainsi des valeurs considérables ; des hauteurs d'évaporation potentielle annuelle (mesurées au Piche) de 3 898 mm comme à Tindouf, ou de 4.522 mm comme à In Salah, les valeurs les plus élevées intervenant pendant la période estivale, mériteraient d'être ici encore majorées en raison des températures atteintes dans la cuvette.

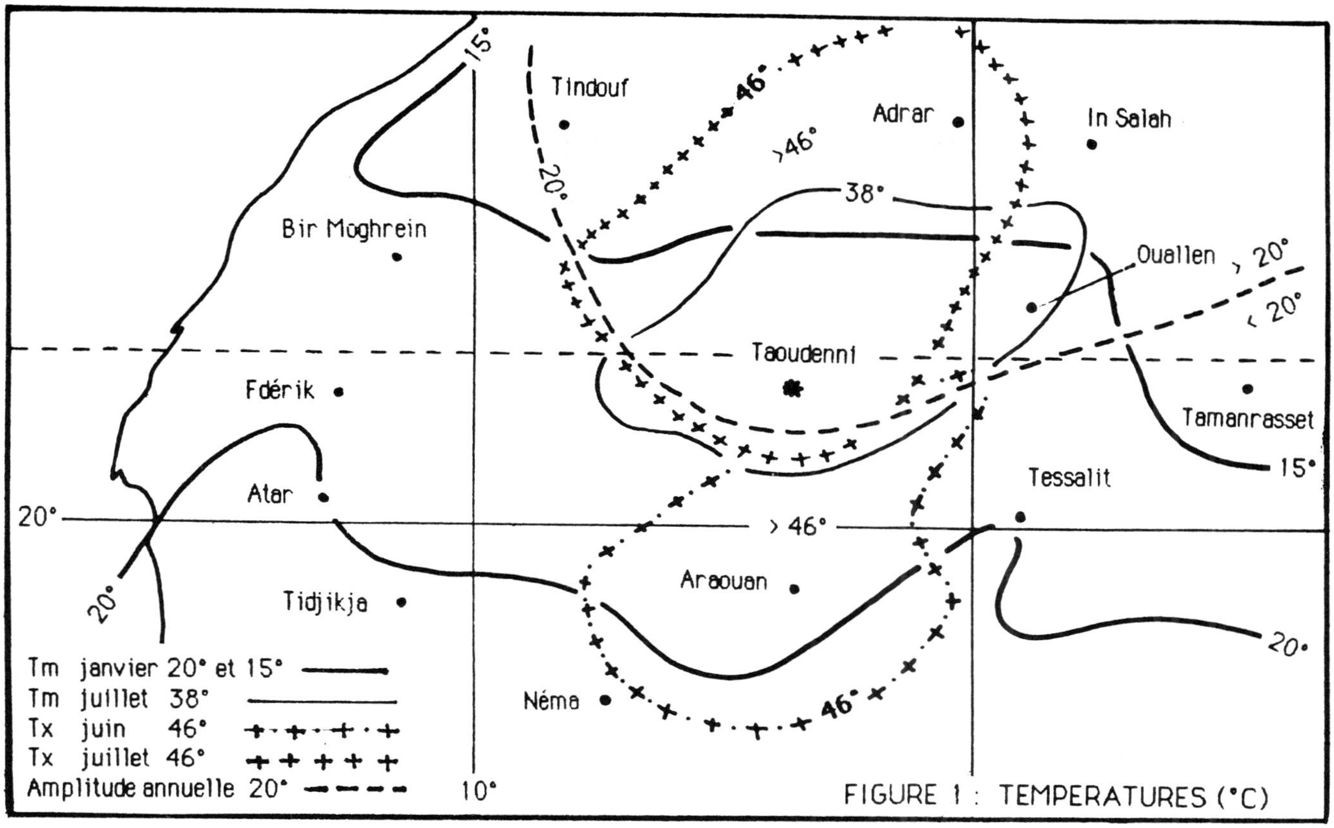

Fig. 9 - Températures au Sahara occidental.

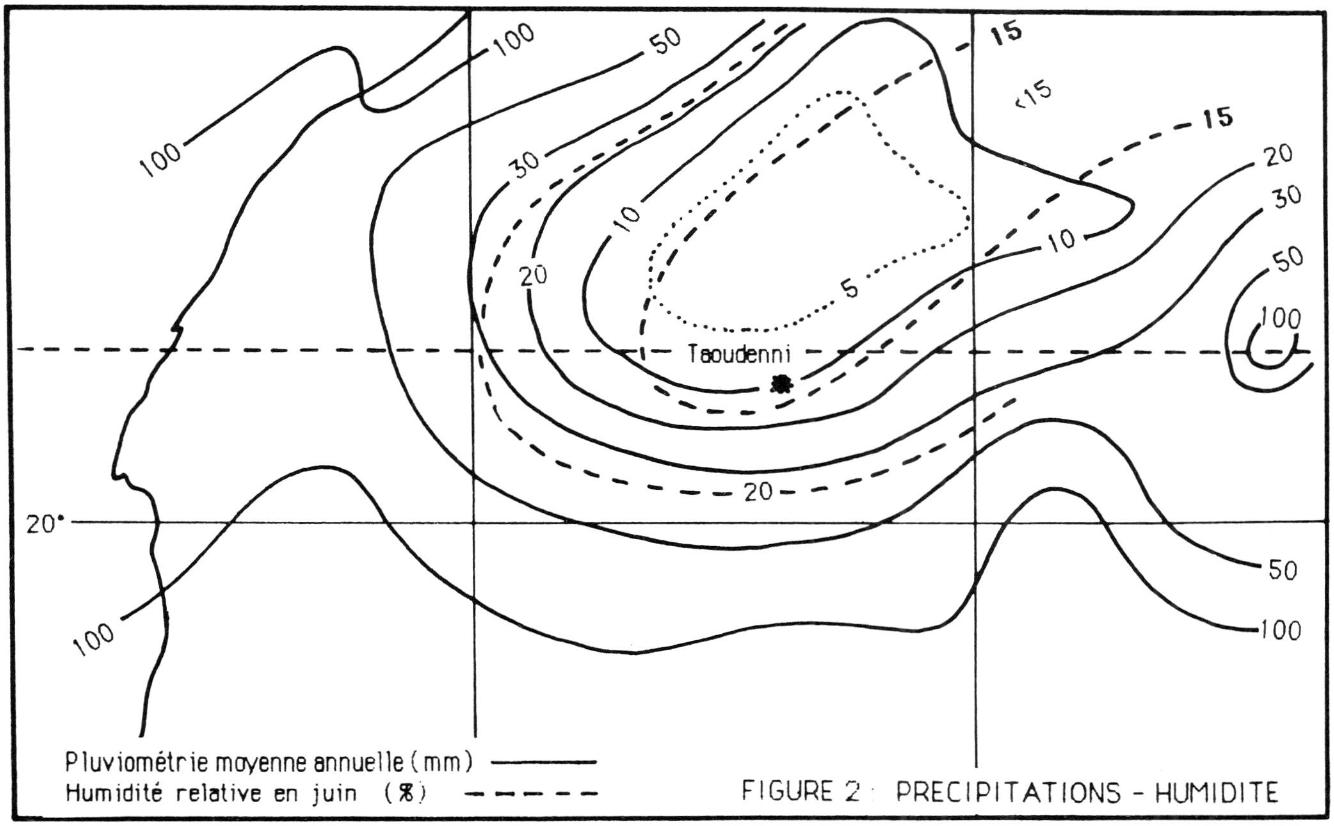

Fig. 10 - Précipitation - humidité au Sahara occidental.

- **Les précipitations**, de l'ordre de 10 mm par an (fig. 10), sont marquées par une forte indigence, aucun facteur favorable, comme le relief, n'intervenant ici (In Salah : 9 mm/an, Adrar : 11 mm/an, Ouallen : 15,9 mm/an ; 46,6 mm à Tamanrasset, à la même latitude que Taoudenni mais à 1 377 m, 115,8 mm à l'Assekrem à 2 710 m). Même indigence à Araouane qui bénéficie, à cause de sa position méridionale, de meilleures précipitations estivales (période 1931-1940 ; SM-AOF, 1941) :

Arouane	J	F	M	A	M	J	J	A	S	O	N	D
Rmm	0,3	1,0	0	0	0	5,4	4,8	11,5	15,9	1,3	1,3	0,5

L'irrégularité pluviométrique interannuelle est très forte, enlevant ici beaucoup plus qu'ailleurs toute signification réelle à la notion de "normale", une seule forte pluie pouvant déterminer la valeur 'moyenne' mensuelle de toute la période. Il en est ainsi, par exemple, à Araouane de la pluie de 30 mm du 5 juin 1933, ou de celle de 62 mm du 20 septembre 1931 (SM-AOF, 1941). Bien qu'il soit délicat de parler de régime pluviométrique avec des valeurs aussi faibles et aussi variables, on peut cependant reconnaître deux saisons de probabilité de pluie, une hivernale et une estivale ; la probabilité plus élevée en été correspond toutefois aux plus fortes chaleurs et à la plus forte évaporation.

En conclusion, la cuvette de Taoudenni représente l'aboutissement des conditions sahariennes, elle en est l'une des régions les plus sèches, l'une des moins pluvieuses, et elle est surtout la région la plus chaude d'Afrique, aussi bien par ses températures moyennes que par ses températures maximales moyennes.

2 - LES CONDITIONS DYNAMIQUES MOYENNES : LA CIRCULATION

La tonalité climatique de la cuvette de Taoudenni résulte principalement (en sus de la latitude et de la continentalité), comme dans l'ensemble du Sahara, des particularités du champ permanent de pression et de vent de basses couches (fig. 11), situé sous la subsidence des Hautes Pressions Tropicales (ou bien, en d'autres termes, sous la branche descendante de la cellule de Hadley septentrionale).

Dans la ceinture nord des Hautes Pressions Tropicales (HPT), ceinture continue et d'orientation zonale, s'individualisent, à l'échelle de la définition statistique, à l'ouest la cellule anticyclonique atlantique dite des Açores et, pour l'essentiel, la cellule anticyclonique saharienne, plus précisément saharienne en hiver et, en raison de la translation saisonnière d'ensemble, maghrébo-saharo-méditerranéenne en été (Leroux, 1983).

Les coupes verticales méridiennes moyennes de la basse troposphère à la longitude de Taoudenni, du pied de l'Atlas jusqu'au littoral du golfe de Guinée, révèlent la permanence, non seulement en surface mais aussi en altitude, de la ceinture des Hautes Pressions Tropicales et des mouvements subsidents qui les construisent (fig. 12).

La circulation dans les basses couches, formée d'air provenant de la zone tempérée, est régulièrement alimentée par les Anticyclones Mobiles Polaires (Leroux, 1986), qui effectuent le transport en masse de l'air polaire vers les Tropiques à travers la zone tempérée ; ils parviennent sur le nord de l'Afrique avec une fréquence moyenne d'un anticyclone mobile tous les trois jours, le renouvellement de l'alimentation se traduisant par un accroissement corrélatif de la vitesse de l'alizé qui suit ce rythme moyen. L'augmentation de vitesse, plus vigoureuse en hiver, qui correspond à la puissance maximale des Anticyclones mobiles, est accompagnée de chasse-sable d'accélération, voire de vents de sable, provenant de l'erg Chech situé au nord-est de la cuvette.

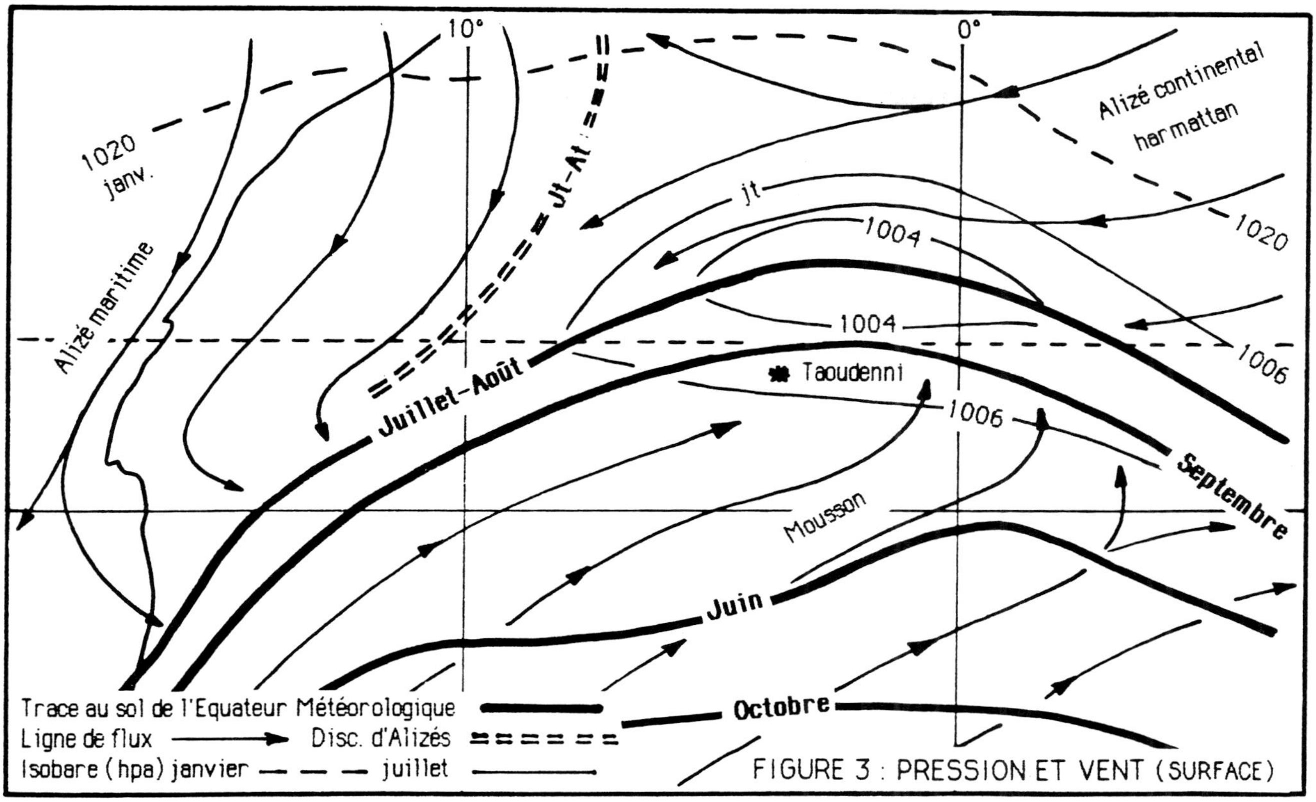

Fig. 11 - Pression et vent de surface au Sahara occidental.

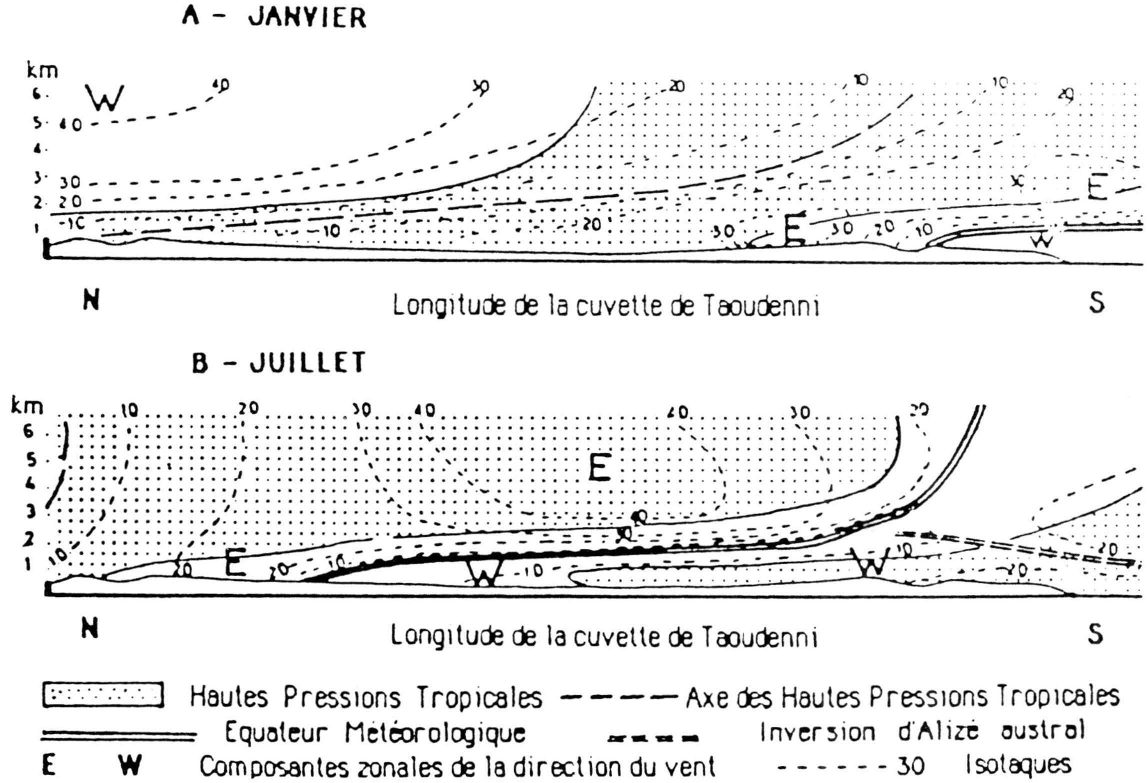

Fig. 12 - Coupes verticales méridiennes de la basse troposphère.

La disposition d'ensemble du relief détermine les modalités de la circulation dans les basses couches sur l'Afrique septentrionale (fig. 13).

Le massif de l'Atlas, en canalisant et en fragmentant les Anticyclones Mobiles Polaires (qui réalisent le transport de l'air "en masse" compacte) détermine deux trajectoires d'écoulement :
- la trajectoire occidentale forme l'alizé maritime, qui ne concerne que le littoral, l'humidité atlantique advectée par ce flux ne pénétrant que de façon très limitée sur le continent, les qualités initiales de l'alizé maritime se dégradant très rapidement vers l'intérieur, sans atteindre la cuvette ;
- la trajectoire orientale, après contournement de la chaîne par le nord, alimente l'alizé continental à partir de la Tunisie. Cet alizé débute sur la Méditerranée par des caractères maritimes (flux humide et thermiquement peu contrasté) et se transforme assez rapidement en alizé continental, appelé harmattan dans sa branche méridionale la plus chaude et la plus sèche.

Le Massif du Hoggar offre à son tour deux couloirs d'écoulement à l'alizé continental :
- un couloir au nord du Hoggar, selon les grands ergs du sud-tunisien et algérien, trajectoire directe, relativement plus "fraîche" et moins sèche,
- un autre couloir, au sud, après contournement du Hoggar, soit entre Hoggar et Tibesti par les plateaux du Jado, soit par le sud du Tibesti ; trajectoire indirecte, plus longue, beaucoup plus chaude, beaucoup plus sèche qui confère à l'harmattan ses caractères les plus typiques.

Lors de la rencontre des deux flux d'alizés au voisinage du littoral occidental, le long de la Discontinuité d'Alizés (D.Al.), le plus léger/chaud (l'alizé continental) s'élève au-dessus du plus frais/dense (l'alizé maritime).

Les mouvements subsidents permanents, issus du jet d'ouest d'altitude, qui couvrent la strate d'origine extratropicale de basses couches, entraînent une stratification aérologique dans la circulation d'alizé. L'inversion d'Alizé (I.Al.) qui sépare ces deux strates, d'origines et de caractères différents, est ainsi stérilisante, interdisant toute précipitation, dans l'alizé maritime où la strate inférieure possède cependant un potentiel précipitable et, à plus forte raison, dans l'alizé continental où le déficit de saturation est excessif ; l'Inversion de subsidence n'y représente que le sommet d'un niveau de concentration de poussières (la couche "sale" située, selon la saison, entre 1 500 m et 3 500 m), la "brume sèche" en suspension étant susceptible de diminuer de 10 % la radiation solaire directe (avec toutefois une forte compensation par la radiation diffuse).

La dépression thermique profondément creusée, dite saharienne ou "du Tanezrouft", dans laquelle l'Equateur Météorologique atteint sa position africaine la plus septentrionale, attire sans entrave le flux de mousson, lointainement originaire de l'Atlantique sud, jusqu'à la cuvette de Taoudenni, en période estivale, de juillet à septembre (fig. 11).

Le flux de mousson est fortement réchauffé, son arrivée se manifeste par la rotation du vent au sud-ouest, par une légère augmentation de l'humidité relative. Cependant, la mousson est peu épaisse, ne formant ici qu'une mince pellicule, surmontée par la structure inclinée de l'Equateur Météorologique (EMI), structure également appelée "FIT", caractérisée par une stratification aérologique particulièrement stérilisante (fig. 12-B).

De telles dispositions aérologiques expliquent aisément les caractères climatiques moyens et notamment l'extrême faiblesse des précipitations associée :
- à la grande pauvreté du potentiel précipitable qui résulte de la continentalisation des flux atteignant la cuvette, alizé continental et mousson,
- à la subsidence supérieure qui a le double effet d'écraser et d'évaporer les éventuels développements nuageux, l'air descendant (donc réchauffé et asséché) exerçant son pouvoir évaporateur aux dépens de la strate inférieure de l'alizé continental dont le potentiel est déjà très médiocre,
- en été, au rôle stérilisant de la structure inclinée de l'Equateur Météorologique.

Les précipitations (l'eau étant ici l'élément crucial) sont toutefois possibles car, si la ceinture

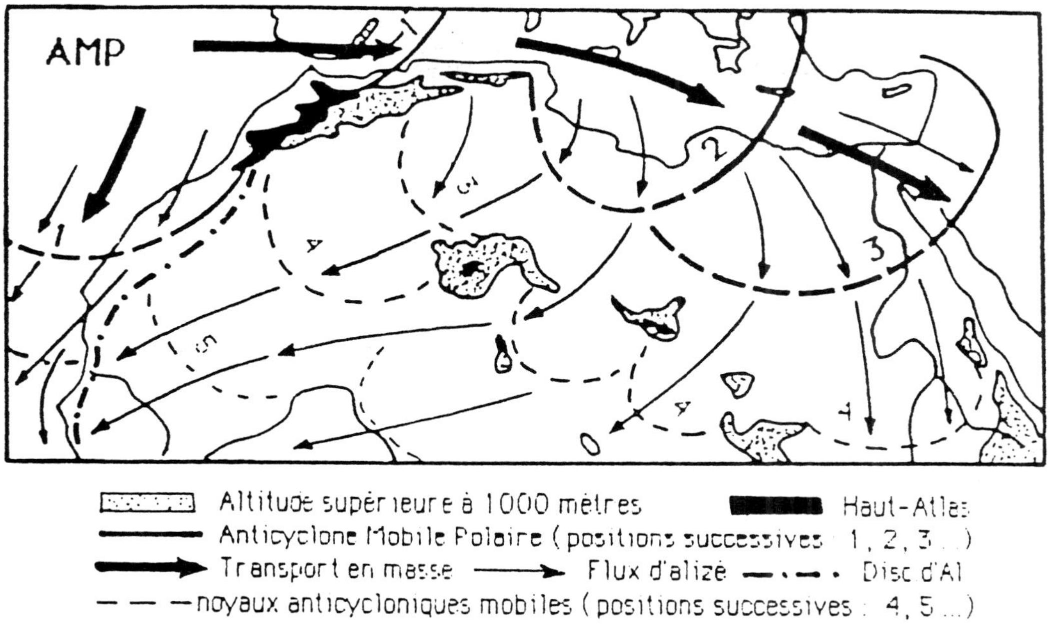

Fig. 13 - Anticyclone Mobile Polaire (AMP), relief et circulation de basses couches.

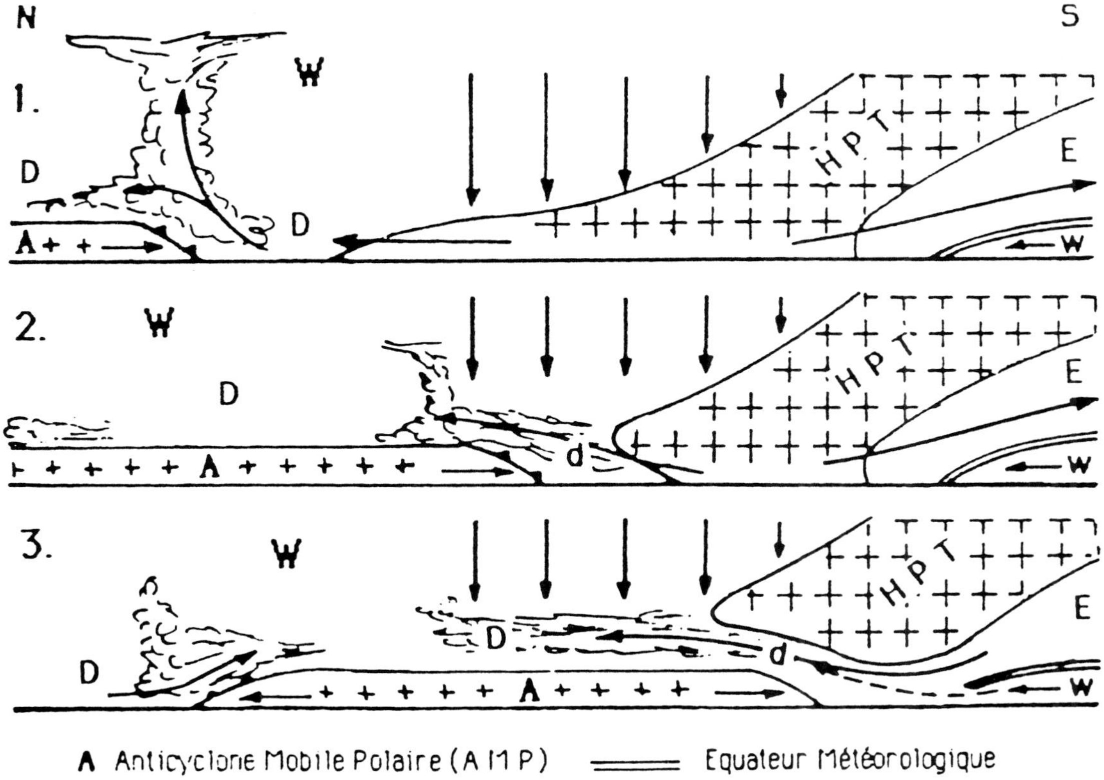

Fig. 14 - Interférence entre Anticyclone Mobile Polaire et Hautes Pressions Tropicales. Coupe verticale méridienne.

anticyclonique est toujours présente, elle est relativement peu épaisse en hiver sur le Sahara septentrional (fig. 12-A), ou bien sapée dans les basses couches par la dépression thermique en été sur le Sahara occidental (fig. 12-B). La pluviogenèse nécessite toutefois, en raison de la grande vigueur des facteurs contrariants, l'intervention de processus extérieurs puissants, capables d'annuler - de façon momentanée - le caractère stérilisant des structures aérologiques saisonnières.

Ces circonstances météorologiques favorables peuvent être observées et interprétées de manière relativement satisfaisante, grâce aux cartes synoptiques et aux clichés de satellites (notamment Météosat) qui offrent une vue d'ensemble des phénomènes. Ainsi, paradoxalement, la dynamique du climat peut être mieux connue que les caractères climatiques de la cuvette elle-même.

3 - LA DYNAMIQUE HIVERNALE : L'INTERVENTION DES ANTICYCLONES MOBILES POLAIRES

Les phénomènes météorologiques étant appréhendés à travers des écoles de pensée différentes à l'intérieur de chaque zone, mais aussi séparément dans chacune des zones tempérée et tropicale, la question n'est pas souvent posée de savoir ce que deviennent les perturbations dites "du Front Polaire", lorsqu'elles quittent les marges des zones tempérées. Le lien entre les phénomènes de la zone tempérée et de ceux la zone tropicale est en effet souvent mal établi, les phénomènes étant désignés par des formulations vagues, ou inadaptées, par exemple, en Afrique tropicale septentrionale, "les dépressions soudano-sahariennes", les "dépressions printanières du désert *spring lows*", les "khamsin depressions", les "dépressions méditerranéennes mobiles" ... . En fait, le principal acteur de la dynamique des marges tropicales, l'Anticyclone Mobile Polaire (AMP), n'est généralement pas identifié puisque, anticyclone, il "s'intègre" (ce n'est qu'une apparence) dans une ceinture anticyclonique dans laquelle il devient relativement plus difficile de le suivre.

Les Anticyclones Mobiles Polaires, ou AMP (Leroux, 1983, 1986), moteur des perturbations tempérées, sont de vastes masses mobiles (diamètre moyen de 2 000/2 500 km) de hautes pressions d'origine thermique et donc pelliculaires (épaisseur moyenne de 1 500/1 000 mètres, décroissant avec la latitude), issues des régions polaires et traversant les latitudes moyennes d'ouest en est, avec une forte composante méridienne en direction de la zone tropicale. Ils passent aisément dans les basses couches, à travers la ceinture des Hautes Pressions Tropicales formées d'air subsident donc chaud, en raison de leur densité associée à leur caractère froid (en valeur relative ou absolue). Ils alimentent ainsi régulièrement, sous la forme de noyaux anticycloniques mobiles, la strate inférieure de la circulation d'alizé (fig. 13).

Les plus puissants Anticyclones Mobiles Polaires parviennent à ouvrir une brèche à travers la ceinture des Hautes Pressions Tropicales dont l'épaisseur sur l'Afrique septentrionale est relativement faible en période hivernale (fig. 12-A), le couloir dépressionnaire ainsi ouvert sur la face antérieure de l'AMP mettant en communication directe les zones tempérée et tropicale (fig. 13 et 14). Les conséquences climatiques sont multiples, avant et lors du passage de l'AMP :

- à l'avant de l'AMP, où un couloir dépressionnaire remplace alors l'habituelle situation anticyclonique, l'air tropical (c'est-à-dire l'alizé continental ou harmattan), dévié de sa trajectoire habituelle, remonte vers le nord (fig. 15-3) en provoquant une vague de chaleur et de sécheresse (situation dite "chergui" au Maroc, "sirocco" en Algérie et Tunisie, "gibli" en Libye , "khamsin" en Egypte). La poussière saharienne, dont une partie peut être arrêtée par un relief placé sur la trajectoire (comme le versant sud de l'Atlas), est aisément transportée jusqu'en Europe et se retrouve bien au-delà dans les glaces polaires. Ce flux chaud, soulevé par l'approche de l'AMP, est en outre le vecteur vers le nord des nuages de criquets issus des points d'eau sahélo-sahariens.

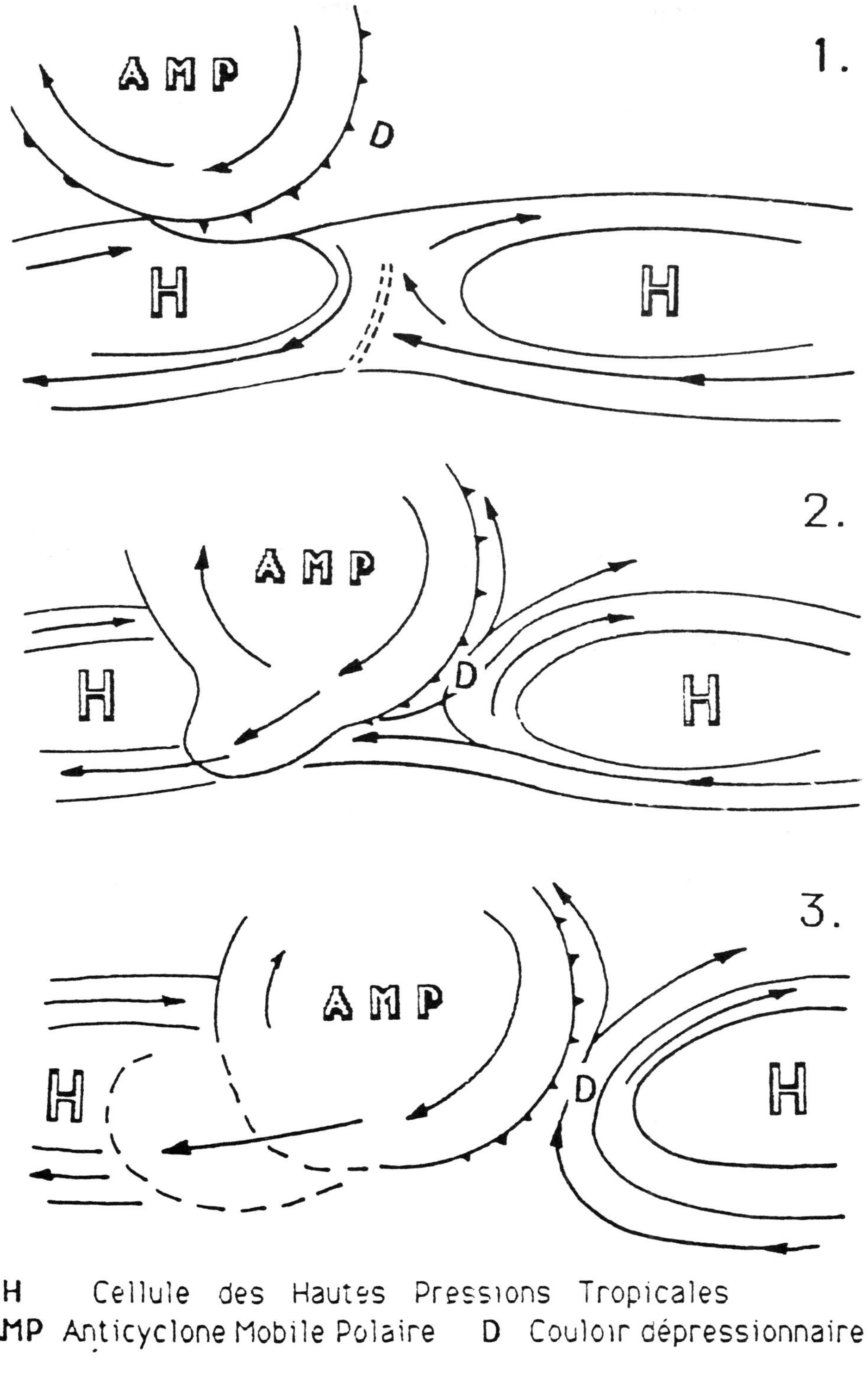

Fig. 15 - Interférence entre Anticyclone Mobile Polaire et Hautes Pressions Tropicales (surface).

- au-dessus de l'AMP, sur sa face avant et dans les couches moyennes (fig. 14-3), des formations nuageuses peuvent se développer, leur densité étant fonction des caractères du flux soulevé : alizé maritime, à l'ouest, ou alizé continental dont l'humidité spécifique dépend principalement de la fourniture méditerranéenne. Les formations de l'étage moyen (altocumulus, altostratus), organisées en bande d'orientation sud-ouest / nord-est (parfois dites "de jet") sont souvent peu denses, en raison de la subsidence supérieure et de la médiocrité du potentiel précipitable, mais d'éventuels développements verticaux (avec manifestations orageuses) peuvent accompagner des AMP puissants ou une fourniture d'humidité plus abondante. La plus grande partie des précipitations est rapidement évaporée, avant d'atteindre le sol, par l'air sec des basses couches. Les reliefs ont cependant la possibilité d'intercepter la pluie avant son évaporation, améliorant ainsi leur pluviosité de façon substantielle ; tel a été le cas, par exemple, lors de l'hiver 1987-88 dans le massif du Hoggar voisin (Mimouni, 1988) : en fin décembre 1987, 4 mm tombent à Tamanrasset (à la latitude de Taoudenni), à Djanet l'oued est alors en crue, du 9 au 10 février 1988, la neige (30 à 50 cm) couvre les hauts sommets du Hoggar (des événements identiques s'étaient produits en décembre 1964, janvier et février 1976), les 3, 4, et 5 mars 1988, on enregistre des pluies copieuses, même en plaine : 10,6 mm à Illizi, 25 mm à Ideles, 26 mm à Silet, 27,2 mm à Djanet, 52 mm à Tamanrasset (l'oued roulant des flots violents). 126,8 mm tombent à l'Assekrem (record de la période 1955-1988) où ont été précédemment enregistrés 23 mm en mars 1979, 110,5 mm en février 1983 et 111 mm en novembre 1958 (O.N.M.,1990).

Cet épisode pluvieux de mars 1988 a été vécu par N. Petit-Maire à Taoudenni : pluie faible dans la nuit du 1er au 2 mars, forte pluie orageuse dans la nuit du 2 au 3 mars, le 3 au matin une forte pluie intervient encore à 10 heures tandis que la perturbation se déplace vers l'est. De telles pluies hivernales, dites "hors saison" sont enregistrées également plus au sud sur toute l'Afrique occidentale (Leroux, 1970, 1983), comme par exemple sur le Sénégal et la Mauritanie en janvier 1990 (Sagna,1990), ou encore à Araouane, 7,5 mm le 22 novembre 1936 ou 10 mm le 9 février 1935 (SM, AOF, 1941). Ces pluies tombant pendant la période fraîche et au cours d'épisodes "froids" ont, malgré leur modicité, une efficacité comparativement plus grande que celles de la période estivale.

- lors du passage de l'AMP, dans les basses couches, l'air polaire pénètre dans la zone tropicale (l'AMP se fragmentant alors en "noyaux anticycloniques mobiles", fig. 13 et 15-3). La strate inférieure de l'alizé ainsi alimentée apporte la fraîcheur, voire une réelle vague de froid. Les accélérations (pulsations ou "surge") qui se propagent dans l'alizé continental, se traduisent par des lithométéores, du chasse-sable d'accélération (sables brassés près du sol) jusqu'au vent de sable, voire la tempête de sable, en fonction de la composante verticale des flux. La brume sèche formée par les particules les plus fines se maintient en suspension bien longtemps après le passage du phénomène générateur.

La remontée vers le nord de la ceinture des Hautes Pressions Tropicales met progressivement fin à la période hivernale, tandis que les Anticyclones Mobiles Polaires voient graduellement leur puissance diminuer ; le relais est alors pris par la dynamique tropicale qui triomphe au coeur de la période estivale.

4 - LA DYNAMIQUE ESTIVALE : LES LIGNES DE GRAINS DE LA STRUCTURE INCLINEE DE L'EQUATEUR METEOROLOGIQUE (STRUCTURE EMI)

Au cours de la période estivale, et plus précisément de juillet à septembre, le flux de mousson atlantique n'atteint que le sud du Sahara oriental, mais pénètre profondément vers le nord dans la cuvette de Taoudenni, en raison de l'effet attractif de la dépression thermique du Tanezrouft (fig. 11), et de la relative position "d'abri" orographique par rapport à la dynamique polaire (fig. 13).

Le flux de mousson, après un long trajet continental, est fortement réchauffé et donc très instable mais il est peu humide, peu épais, et surmonté par la structure inclinée (EMI ou "FIT") de l'Equateur Météorologique (fig. 12-B). Cette structure inclinée, voire subhorizontale, dite de "Front Intertropical" (le terme "front", inadapté mais consacré par l'usage, traduisant ici uniquement la pente de la discontinuité) est particulièrement stérilisante en raison des contrastes entre les strates ; la strate supérieure (formée par l'harmattan soulevé), très sèche, évapore le potentiel précipitable (déjà médiocre à la latitude saharienne) de la mousson de basses couches, tandis que les éventuelles formations nuageuses sont cisaillées, les directions de la mousson et du flux supérieur étant diamétralement opposées. Dans ces conditions structurales, et surtout à proximité de la trace au sol de l'Equateur Météorologique où se situe Taoudenni, la mousson est très mince et la pluviogenèse est impossible. Le temps habituel est donc non-pluvieux, mais chaud, voire torride, l'arrivée de la mousson ne se traduisant pas ici par un relèvement significatif de l'humidité relative et ne modifiant pas le rythme thermique. Dans ces conditions drastiques il apparaît très difficile que puissent se développer des orages "isolés", c'est-à-dire simplement associés à des facteurs locaux, dont la convection thermique, l'instabilité des basses couches étant écrasée par la subsidence supérieure et les éventuels développements nuageux, très rapidement cisaillés et évaporés. En dépit de la modicité des manifestations pluvieuses ici provoquées, les précipitations estivales sahariennes s'inscrivent donc dans une échelle de phénomènes nettement supérieure.

La puissante stérilisation est en effet atténuée, voire momentanément annulée en situation perturbée, lorsqu'intervient un facteur allogène dans la structure inclinée de l'Equateur Météorologique (EMI), facteur assez puissant pour déclencher l'ascendance nécessaire à la formation d'une ligne de grains et pour en commander ensuite la trajectoire et l'évolution, l'alimentation en eau étant, quant à elle fournie par la mousson. Des divergences existent quant à l'origine de ce facteur allogène, associé sans démonstration convaincante tantôt aux "ondes d'est", tantôt au Jet d'Est Tropical (JET) ou au Jet d'Est Africain (JEA) ; il suffit ici de considérer la structure de vent dans les basses couches (fig. 16), qui révèle l'intrusion brutale de la circulation d'est dans le flux de mousson, provoquant sur la face avant du noyau d'accélération dans le flux d'est un soulèvement du flux humide d'ouest, accompagné de développements nuageux puissants (cumulonimbus) et de manifestations orageuses violentes (Leroux, 1970, 1983, 1988). Les noyaux d'est qui empruntent la circulation d'alizé continental (fig. 13) peuvent être aisément suivis avant leur pénétration dans la mousson, car ils s'y manifestent par des noyaux mobiles de hausse de pression, responsables de lithométéores. Dans leur déplacement vers le sud, ces lithométéores, parfois sous forme de "mur de sable" (haboob), se transforment progressivement en hydrométéores au fur et à mesure qu'est utilisé le potentiel précipitable de la mousson atlantique.

Le facteur déclenchant des lignes de grains emprunte nécessairement les couloirs d'écoulement de l'air d'origine extratropicale (basses couches). La région de Taoudenni, située au débouché du corridor entre Atlas et Hoggar, est ainsi une zone de formation des lignes de grains. Au début de son intrusion dans le flux de sud-ouest, le noyau de vent de nord-est provoque sur sa face avant (occidentale) une puissante remontée de la mousson et un transport momentané d'humidité vers le nord. Mais dès que la ligne de grains est bien formée, le corps nuageux principal s'éloigne vers l'ouest, sous la poussée du noyau anticyclonique mobile, et les chances de pluies, déjà très limitées dans la phase de formation, s'éloignent alors rapidement avec la perturbation. La région de Taoudenni n'est donc essentiellement concernée que par le "coup de vent" (rafales de la partie avant de la perturbation à l'origine de l'appellation de "tornade", ici "tornade sèche"), par les lithométéores brassés et soulevés, mais, dans la majorité des cas, par des pluies insignifiantes immédiatement évaporées (pluies déjà moins déficientes à quatre cent kilomètres au sud, comme en témoignent les données d'Araouane).

La période estivale, au cours de laquelle la circulation de mousson est la plus ample, offre ainsi les moins mauvaises "probabilités" de pluie. Cette période, très courte à Taoudenni, correspond aussi aux plus fortes chaleurs et donc à la plus forte évaporation potentielle, susceptible de dépasser en juillet 545 mm à Tindouf, 676 mm à In Salah et 743 mm à Adrar (ENEMA, 1970).

Cette distribution particulière des pluies sahariennes rappelle, si besoin est, que les processus pluviogéniques hivernaux et estivaux analysés ci-dessus ne s'excluent pas mutuellement mais, bien au contraire, se combinent en permanence pour utiliser le (maigre) potentiel précipitable, puisque les noyaux anticycloniques mobiles prolongent l'action des Anticyclones Mobiles Polaires. La hiérarchie entre les facteurs déclenchants connaît toutefois une variation saisonnière graduelle, les Anticyclones Mobiles Polaires ne perdant au Sahara la prééminence comme facteur "mécanique" de l'ascendance qu'au coeur de la période estivale.

CONCLUSION

Les traits climatiques de la région de Taoudenni, qui représentent la version achevée du climat saharien, sont fortement marqués par la chaleur et les grands écarts thermiques, par l'hyperaridité et la non-pluviosité. Cette uniformité, cette "stabilité" apparente des caractères climatiques moyens, imposée de manière écrasante par des facteurs aérologiques tyranniques, masque en fait une très grande variabilité, commandée par les dynamiques respectives des zones tempérée et tropicale, variabilité qui se traduit en particulier dans les excès diurnes et saisonniers, dans la soudaineté des changements de vitesse du vent et dans le caractère très aléatoire de la pluviométrie.

L'intensité des échanges entre zones climatiques relevant de la dynamique générale de l'atmosphère, les manifestations climatiques dans les régions sahariennes-aérologiques, thermiques, et pluviométriques - sont ainsi sujettes à d'importantes variations, à l'échelle actuelle comme a fortiori à l'échelle paléoclimatique. En raison de sa latitude et de sa position géographique la région de Taoudenni - qui se trouve dans une position charnière - apparaît ainsi particulièrement sensible aux changements globaux.

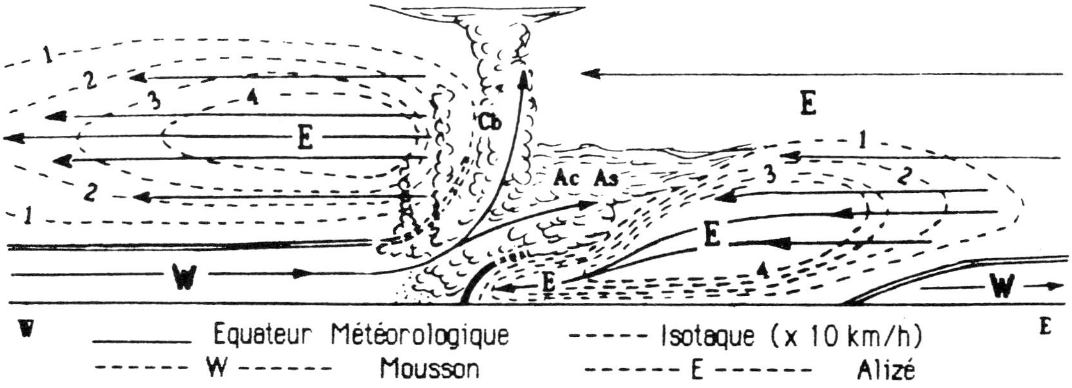

Fig. 16 - Champs de vent de basses couches et lignes de grains.

APPORT DES IMAGES SPOT A L'ETUDE DE LA REGION DE TAOUDENNI (AGORGOTT - JERFA - TELIG - HAIJAD)

N. PAGE, B. SIMON, J. FABRE

Deux images multispectrales du satellite SPOT, datées respectivement du 6 mai 1986 et du 27 mai 1986 *, ont été analysées en vue d'une étude préliminaire de la région comprise entre Taoudenni et Kesret-el-Gani (Ch.I-1, fig. 3). Une seule scène a été choisie (Pl.IV-a) en raison de sa grande qualité d'enregistrement. Elle recouvre la région comprise entre les salines d'Agorgott, la Hammada el Haricha, les dépressions de Telig et d'Haijad, ainsi qu'une partie du Pays Rouge. Cette scène a été découpée en fenêtres de 1O24 x 1024 pixels, puis des polygones d'essai ont été sélectionnés en fonction de leur intérêt thématique**. Une cartographie simplifiée (téléanalyse), basée sur des seuillages radiométriques, a été extraite de cette image, en distinguant cinq thèmes caratéristiques : dépôts blancs (salins, carbonatés ou gypseux), marnes claires, dalle hammadienne, grès et argiles du Pays Rouge, dunes (Pl.IV-b).

Les recherches précédentes sur l'évolution holocène de cette région (Fabre, 1983 ;Petit-Maire *et al,* 1987, Fabre et Petit-Maire, 1988) ont abouti à une cartographie des différents paléolacs d'Agorgott, Telig et Haijad en particulier, à partir d'une interprétation photogéologique appuyée sur l'étude de terrain. Une première analyse des données satellitaires (compositions colorées) a, pour sa part, mis en évidence et permis de synthétiser un certain nombre de faits stratigraphiques, structuraux ou morphologiques, entrevus sur le terrain mais que les moyens classiques de cartographie n'avaient pu représenter.

1 - TELEANALYSE DES COMPOSITIONS COLOREES

Plusieurs types de faciès apparaissent nettement sur les compositions colorées. Ils se retrouveront, avec plus ou moins de détails, sur les différentes fenêtres sélectionnées :

- Une zone à dominante bleue, correspondant à l'extension réelle de la dalle calcaire de la Hammada el Haricha.

- Une zone à dominante bleu pâle à jaune vert correspondant aux couches de transition de la Hammada (marnes claires), connues dans certaines coupes verticales, mais jusque là impossible à distinguer (en cartographie) de la précédente.

* Les données SPOT ont pu être acquises grâce à une subvention du CNES/INSU (Programme ISIS) (N.Petit-Maire, LGQ Marseille) et de la DAGIC (J.Riser, Université d'Avignon).

** Traitements numériques effectués au Service de Télédetection et Science de l'Image, Faculté des Sciences de Marseille St Jérôme, dans le cadre d'un projet soutenu par le C.E.C.V.D (Centre Européen de Compétence en Visualisation de Données), sur deux images SPOT (44/305 et 45/305).

- des croûtes marginales, claires et morcelées, cernant irrégulièrement les dépressions.

Les dépôts les plus récents sont caractérisés par :

- des surfaces très réflectantes, blanches : fonds salés ou gypseux actuels, localisés dans les dépressions. Leur surface d'occupation n'excède pas, pour la partie visible de l'image, 1% de la dépression actuelle.

- des étendues sombres : fech-fech

- des zones d'absorption radiométrique : elles apparaissent en noir et représentent, dans la sebkha d'Agorgott en particulier, les zones d'exploitation ou des zones de croûtes gypso-sableuses craquelées en larges polygones.

2 - AGORGOTT (Pl.V-a)

Le bassin versant des salines d'Agorgott (dont on ne peut voir, sur la scène SPOT, que la partie orientale) apparaît comme une large structure semi-circulaire, de soixante-dix à quatre-vingt kilomètres de diamètre dans le sens N-S. Elle est délimitée par un faisceau de dykes sub-méridiens à l'ouest, par deux grands dykes courbes à l'est (Nous et Djouder), et cloisonnée par un dyke E-NE (El Emir), ainsi que par deux petits fossés E-W et ESE-WNW (Arweicha et Haino). Ces dykes canalisent ou sont recoupés (selon les cas) par les oueds qui alimentent la sebkha de Taoudenni. L'un des fossés (Arweicha) a préservé, au sein des calcaires (bleutés), des témoins de la couverture argilo-gréseuse(brun).

La synthèse des données (radiométriques et de terrain) a permis de répondre aux questions posées par l'étude de terrain sur le prolongement vers l'ouest, dans la sebkha d'Agorgott, des deux fossés (Arweicha et Haino), et la distinction possible de deux sous-bassins. L'analyse des images SPOT a montré, d'une manière assez exemplaire :

- que les deux fossés convergent vers l'ouest ;

- qu'ils encadrent et et déterminent la cuvette d'Agorgott *s.s.*, dont on savait qu'elle avait emmagasiné des sédiments après 4 000 BP, à l'inverse de la cuvette sud ;

- que cette structure se complique d'un bloc subméridien soulevé (au sud de Smida-Berkhera) limitant à l'est la zone exploitable des salines ;

- que cette tectonique peut être assez récente : une analyse ultérieure permettra peut être de le déterminer.

3 - MASSIF DE JERFA ET PAYS ROUGE (Pl.V-a)

Le segment méridional de l'agator Nous, de direction ENE- à NE-SW, sépare deux domaines bien différents.

- Au nord-ouest de l'image, la dépression de Taoudenni et son substrat essentiellement calcaire qui apparait sous son faciès caractéristique bleuté et rose. Les rives du paléolac d'Agorgott sont soulignées par des affleurements blancs (dépôts salins) et présentent une succession de lignes emboitées (paléorivages ?).

- Au sud et au sud-est, c'est le "Pays Rouge" de la dépression de Taoudenni *s.l.* (par opposition avec les Hammadas El Haricha et Safia qui le dominent). Les argiles et grès du Namurien supérieur, qui apparaissent en rouge sombre, sont couverts en grande partie par un voile sableux et un système dunaire actif, orienté NE-SW (direction de l'harmattan et de la mousson). Ces dunes, après un vent de sable, peuvent être saupoudrées de paillettes d'argile rouge, ce qui expliquerait la teinte plus foncée jaune orange apparaissant sur les compositions colorées. Ce système dunaire montre de belles figures de résonance, mais aussi un semis de petites taches rouges correspondant à une végétation temporaire clairsemée.

Les dykes de dolérite prennent, dans ce milieu argileux ensablé, leur faciès caractéristique d'agators, c'est-à-dire de crêtes filiformes sur lesquelles s'accrochent de courtes dunes linéaires. Sur cette scène, ils appartiennent à deux des familles dominantes : subméridienne et E-NE.

Entre les deux domaines, le massif du guelb de Ras Jerfa, appuyé sur l'agator Nous, est déterminé par le métamorphisme thermique du dyke et d'un petit dyke voisin qui lui est parallèle, au nord. Il se présente ainsi comme un gros massif, témoin d'argiles indurées et de grès rouge à patine noire, allongé dans la direction des dykes. Sa réplique au sud-est, sans nom connu, constitue une sorte d'inselberg dominant une dépression sombre bordée de blanc. Là encore, apparait un paléolac alimenté depuis le NE, comblé d'argiles gypseuses pulvérulentes (fech-fech) de teinte sombre, et, sur le bord ouest, montrant des croûtes sulfatées, blanches, de forte réflectance.

4 - TELIG (Pl.V-b)

Le secteur de Telig, 30 km à l'est de Taoudenni, montre également un contraste entre Hammada, au centre et au NE de l'image, et "Pays Rouge" au SW. Ces deux types de paysages sont là encore, séparés par un des grands dykes de dolérite régionaux, mais cette fois-ci, de direction NW-SE. Comme l'agator Nous (Pl.V-a), le dyke de Telig paraît avoir rejoué récemment. Il revêt le faciès "agator" sur toute la fenêtre. Ce faciès disparaît au-delà, vers le SE, faute d'encaissant argilo-gréseux. Ce secteur est remarquable à bien des égards :

Le Pays Rouge

La structure cloisonnée en horsts et graben triangulaires ou losangiques, évoquée plus haut, est ici presque caricaturale. Les argiles et grès rouges, préservés dans les compartiments affaissés, sont bien reconnaissables à la couleur sombre donnée par la composition colorée. Certaines des fractures, injectées de dolérite, ont dû rejouer au Quaternaire comme le suggèrent la fraicheur des reliefs et (sur le terrain) l'existence de brèches à peine cimentées, qui forment la pointe de Bou Legrara (SW de l'image). Celle-ci domine une dépression où se sont alimentés, à l'Holocène, des travertins qui apparaissent en taches mauves (t). On est ici dans l'impluvium qui alimentait le paléolac au Sud de Jerfa (*supra).*

L'agator de Telig

Deux dykes (au minimum) injectés dans une zone de faille NW-SE, en indurant les argiles, ont créé l'un des plus puissants agators de la région. Leurs sommets dominent de 60 à 80 m le plancher calcaire de la hammada située à l'amont. Ce dyke a manifestement joué le rôle de barrage et déterminé la formation du lac pléistocène puis du marais holocène. Mais, là encore, on peut se demander si la dénivelée actuelle entre les panneaux NE et SW n'a pas été accentuée par des mouvements verticaux quaternaires qui seraient en outre responsables de la bréchification des roches au voisinage. Il semble bien, d'après l'image satellite, qu'une faille longe le flanc SW de l'agator. Il a été mesuré un dénivelé, de l'ordre de 5 à lO m, de la surface topographique au niveau du puits aval de Telig.

La hammada

La variété des faciès dans cette large zone d'affleurement de la hammada El Haricha en fait un remarquable exemple de ce que l'on peut attendre des compositions colorées.

Du point de vue structural, elle est, au premier abord, assez simple : une dalle plongeant doucement vers le S-W et, dans sa partie amont, une large dépression fermée de six à huit kilomètres de diamètre (bien visible au nord de l'image), et soulignée par son réseau hydrographique centripète.

Les calcaires francs de la hammada apparaissent en bleu pale. Les teintes verdâtres à jaunâtres pourraient correspondre à des reliques de couches marneuses de transition, de réflectance moindre.

Les dépôts quaternaires :

Ils présentent trois aspects :

- des affleurements roses (T) "vermiculés", correspondant aux travertins anciens du Pleistocène, découverts lors de la mission de 1982.
- les travertins holocènes (t), comme les croûtes gypseuses, apparaissent en blanc, parfois mauves, en contrebas, accumulés contre l'agator. La similitude d'aspect entre les travertins holocènes et les croûtes, habituellement beaucoup plus réflectantes, vient sans doute du fait qu'ici les travertins sont beaucoup moins éolisés qu'ailleurs, protégés par leur position "au vent" de l'agator, leur surface elle-même étant encroûtée. Les talwegs sont soulignés de traces de végétation (en petites taches rouges).
- des encroûtements gypseux très réflectants, localisés dans de petites zones dépressionnaires et à Telig. De ce fait, la dépression de Telig *s.s*, au SE de l'image, s'indivisualise nettement de son contexte environnant. Un contour de "paléolac", couvrant une surface de 7.3 km^2, a pu être ainsi délimité sur l'image (Pl.V-b).

5 - HAIJAD (Pl.V-c)

Sur cette fenêtre, on retrouve un grand agator N-S, recoupé par deux autres E-W, sur lesquels s'appuient plusieurs dépressions cordiformes formant le paléolac d'Haijad. Le contraste entre zone hamadienne (en bleu), Pays Rouge (en brun) et dépôts quaternaires ou récents (en blanc) est particulièrement net. La dépression de Haijad, installée à la limite dalle hamadienne-Pays Rouge est recouverte soit de dépôts gypseux pour les cuvettes externes, soit de dépôts argileux pour la partie centrale, ce qui rend son extension réelle peu distincte. Les limites d'un "paléorivage" ont été appuyées sur des encroûtements gypseux blancs marquant des lignes de rivage (NW de l'image) et complétées par les données de terrain. La surface calculée est de 64,6 km^2, ce qui est supérieur de près de 20 km^2 à celle évaluée précédemment. Les zones de déflation (maader) sont bien visibles au NW et SE de la zone observée. Cette région pose cependant encore plusieurs problèmes : différenciation délicate entre les encroûtements gypseux et les dépôts salins ; possibilité de confusion entre les dépôts argileux lacustres et les zones de déflation de réflectance similaire ; limite discontinue de l'extension maximale des " hauts niveaux lacustres".

CONCLUSION

Que pouvait apporter une étude préliminaire de scènes SPOT sur une région hyper-aride, fortement éolisée, et donc idéalement nue ? Quelle performance attendre des traitements numériques d'image dans l'appréhension de structures assez simples, tout en étant variées, et sur des objets où l'on disposait d'études de terrain détaillées mais très ponctuelles (en raison des difficultés de déplacement) et d'une couverture de photographies aériennes classiques.

1/ Du point de vue structural, les fausses couleurs, en permettant une analyse très fine des aspects du terrain, offrent, à qui se donne la peine de la déchifrrer, une représentation des horizons de composition (et de réflectance) différentes et, dans le cas particulier, met en relief, d'une façon continue et sur une très vaste surface, les rejeux de failles, même minimes (quelques mètres, Pl.V-a et b), et donc une première approximation efficace de la néotectonique, à sa véritable échelle : régionale et non plus locale.

2/ La carte géologique détaillée qu'elle rend ainsi possible pourrait servir de base à une évaluation quantitative du volume du matériel terrigène manquant sur la Hammada el Haricha, et donc celui des sulfates et chlorures remis en circulation et *pro parte* concentré par les eaux.

3/ C'est sans doute dans les formations quaternaires que son utilisation est des plus délicates, pour plusieurs raisons, dont la dimension des objets.

- les dépôts subactuels, salins ou sulfatés, sont les plus visibles par leur forte réflectance, mais, se produisant après la désorganisation du système hydrologique depuis l'installation d'un régime hyper-aride, ils ne sont significatifs que de dépressions locales.
- les travertins et sédiments lacustres de l'Holocène présentent encore des couleurs relativement claires lorsqu'ils sont conservés. En effet, tant à Taoudenni nord qu'à Jerfa, à Telig ou Haijad, il n'en subsiste en général que des témoins d'extension limitée. Le cas de Haijad est caractéristique : les remarquables buttes témoins de sédiments lacustres sont souvent trop petites pour apparaitre sur l'image. Il faudrait une définition inférieure à 10 m pour pouvoir les distinguer. Il en est de même de bien des formes d'érosion éolienne, comme les yardangs.
- les calcaires et travertins pléistocènes fortement indurés ont pu être repérés sur l'image au NE de Telig (pl.V-b). Ils offrent un aspect très particulier, à réflectance assez basse, et une vermiculation qui pourrait traduire l'ancienne dissection éolienne observée sur le terrain. Une contre-épreuve intéressante serait de comparer leur signature à celle des dépôts analogues de Sbeita, au nord ouest de Taoudenni (Fabre, 1983 ; Petit-Maire, 1986).
- les zones sombres demeurent, dans l'état actuel de l'analyse, aussi ambigües que sur les photographies aériennes classiques. Elles correspondent, en effet, à la fois aux faciès de sebkhas craquelées (Agorgott *pro parte*), aux zones de fech fech, qui elles-mêmes peuvent représenter aussi bien une sédimentation lacustre holocène à *Melania,* que des dépôts récents argilo-gypseux (Pl.V-c), ou des surfaces de déflation sur les argiles du Carbonifère, ou encore d'un Quaternaire indéterminé.
- on peut relever deux signatures moins ambiguës : celle des cuirasses ferrugineuses et des surfaces patinées de noir coiffant les dalles gréseuses et certains versants d'âge quaternaire "ancien", et celle des croûtes de gypse, ou localement de palygorskite, sur les têtes de bancs d'argile, qui soulignent les structures géologiques dans le "Pays Rouge". Dans les deux cas, il s'agit d'objets de petites dimensions.
- enfin si, pour la région de Taoudenni *s.s.* (Agorgott), il n'est pas encore possible de limiter un "paléolac" (image incomplète), les contours des paléodépressions de Telig et de Haijad ont pu être précisés. Cependant, la composition colorée laisse subsister les difficultés inhérentes aux faibles déclivités de ces dépressions et ne permet pas des distinctions fiables entre encroûtements gypseux et dépôts salins, argiles de déflation et dépôts argileux lacustres, d'où une relative imprécision quant à l'extension maximale des paléolacs telle qu'elle a pu être tracée actuellement sur l'image.

La réputation de Taoudenni, comme des traversées rapides le long de zones fréquentées par les caravanes de sel, laissent croire à une absence quasi totale de végétation dans cette région, où la pluviosité est réputée être inférieure à 5mm par an (Dubief, 1963 ; Leroux, 1983). Pour la première fois, l'image SPOT fournit une vue globale de la question dans les différents milieux :

- la hammada et son réseau hydrographique qui paraissait mort depuis fort longtemps : les défilés jouent un rôle, au franchissement de failles, dans la survie d'arbustes ou de graminées, invisibles sur les photographies aériennes, où l'on ne peut les distinguer des blocs éboulés.
- le Pays Rouge et son habitat botanique très dispersé : il serait intéressant de vérifier si tous les oueds sont favorables (comme sur la hammada), ou seulement ceux qui coulent depuis la formation argilo-gréseuse supérieure (Jakania) dépourvue de sulfates, ou beaucoup plus pauvre que la formation de Hammou Salah qui surmonte la dalle calcaire.

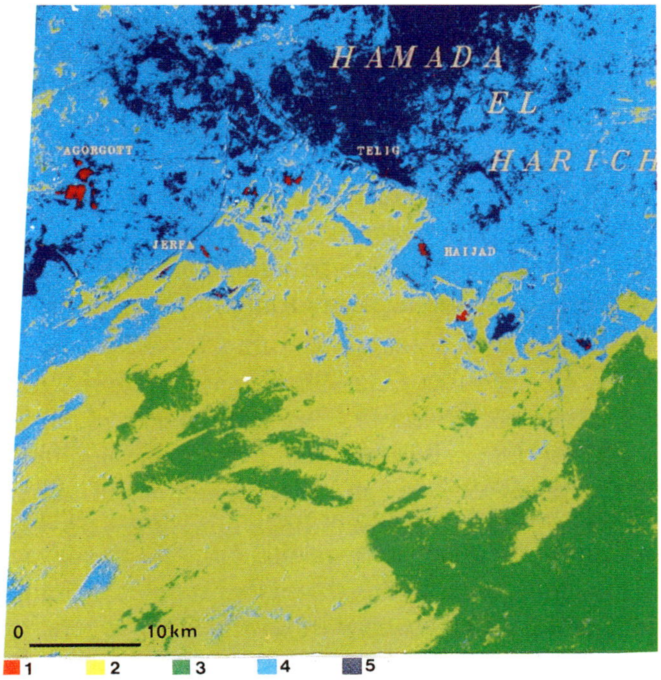

Pl. IVa - La dépression de Taoudenni, vue par SPOT (scène 44/305 du 6 mai 1986), entre Agorgott et Kesret-el-Gani. Composition colorée non dynamisée.

A : Agorgott - J : Jerfa - T : Telig - H : Haijad - PR : Pays Rouge.

Pl. IVb - Téléanalyse préliminaire de la région de Taoudenni (scène 44/305) (distinction des différents thèmes par seuillages radiométriques).

1 - dépôts lacustres salins ou carbonatés.
2 - couverture sableuse sur grès namuriens du Pays Rouge.
3 - Pays Rouge (grès).
4 - carbonates et marnes hammadiennes.
5 - dalle calcaire hammadienne.

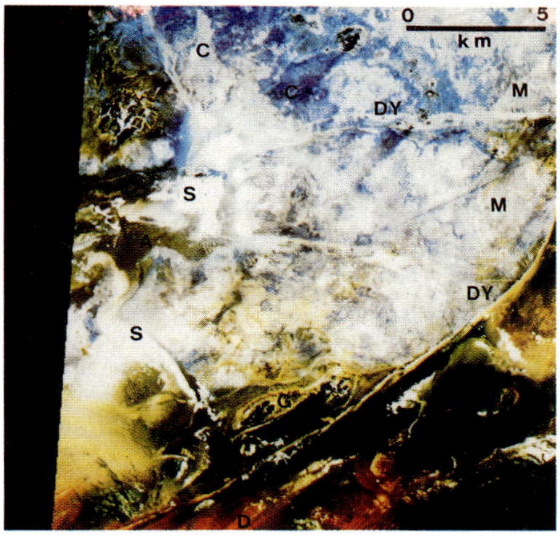

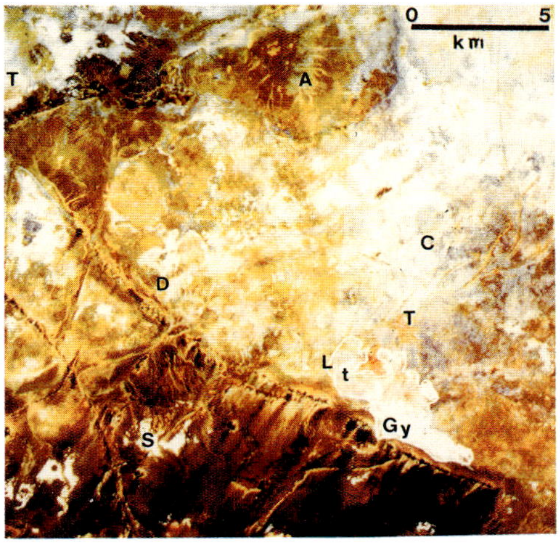

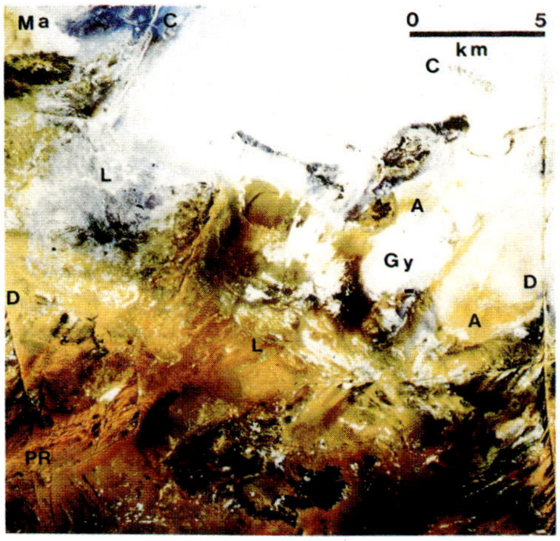

Pl. Va - Traitements numériques des zones test : Agorgott et Jerfa (composition colorée).

Ar : argiles - C : calcaires hammadiens - D : dunes - Dy : dyke - f : fech fech - G : guelb - M : marnes - S : sel - PR : Pays Rouge.

Pl. Vb - Traitements numériques des zones test : Telig (composition colorée).

A : argiles - C : calcaires hammadiens - Dy : dyke - Gt : gypse - T : calcaires lacustres et travertins du Pléistocène supérieur - t : dépôts lacustres récents - S : sel - PR : Pays Rouge (grès) - L : limite de paléorivage : superficie du "paléolac" : 7.3 km^2.

Pl. Vc - Traitement numériques des zones test : Haijad (composition colorée).

A : argile - C : calcaire - Dy : dyke - Gy : gypse - Maa : maader - PR : Pays Rouge - L : limites de paléorivages : superficie du "paléolac" : 64.6 km^2.

CHAPITRE II

Les paléolacs et l'environnement terrestre

1 - le lac Haijad

Pl. VI - Vue générale de la dépression de Haijad.

1 - Vue générale de la dépression de Haijad. Au premier plan, les dépôts de rivage ; au fond, à gauche, le principal groupe de buttes témoins. **2** - Buttes témoins du paléolac Haijad.

Pl. VII -1 - Les dépôts lacustres devant la gara Maglizen (au fond à droite), à l'extrémité NW de Kesret-el-Gani. **2 -** Buttes témoins du paléolac Haijad. **3 -** Niveau noir, daté à 6790 ± 70 BP, infiltrant la principale couche à mud-cracks dont l'un des blocs basculé montre la paléosurface à sol polygonal.

LE LAC HOLOCENE DE HAIJAD :
Cadre géologique et Evolution

J. FABRE

Le paléolac de Haijad, à trente kilomètres au SE de Taoudenni (fig. 3), peut être pris comme référence pour l'histoire de l'Holocène sous le Tropique, loin de toute mer et de toute montagne. Il n'est alimenté, semble-t-il, que par son bassin versant.

Certes, la plus grande partie des sédiments qui s'y sont déposés ont disparu, enlevés par l'érosion, surtout l'ablation éolienne, mais les témoins conservés représentent encore, en temps, les trois quarts de la sédimentation de l'humide holocène. Des sédiments, il subsiste des buttes-témoins, la plupart près du rivage ouest où de petites collines les ont abritées du vent (fig. 17). Mais on en connaît aussi au NE et au SE du lac. Moins spectaculaires, elles ont été beaucoup moins étudiées. Par leur dispersion, ces buttes permettent d'esquisser une image globale du paléolac. En somme, elles constituent l'équivalent de ce que donneraient des sondages en pays couvert.

L'autre intérêt majeur du lac Haijad est qu'il est contemporain d'un autre (Agorgott), proche, situé dans un cadre géologique comparable, mais où une sédimentation très différente traduit cependant, à sa manière, les mêmes variations du climat.

1 - SITUATION GEOLOGIQUE ET MORPHOLOGIQUE

A la limite de la dalle calcaire de la Haricha et de la formation argilo-gréseuse rouge qui la surmonte (formation "Hammou Salah", Fabre, 1983), le lac de Haijad est le sixième et le plus bas d'un groupe que l'on suit sur 800 km depuis El Guettara au SE (fig. 3). La hammada El Haricha a là une pente d'environ 6°/oo vers l'ouest. Elle correspond, au moins dans ses deux tiers inférieurs, à une surface structurale : le toit des calcaires du Namurien, caractérisé par une brèche intraformationnelle (Villemur, 1967) qui surmonte quelques mètres d'argilites violettes, de marnes mauves à lits calcaires et gréseux plus tendres (Fabre et Villemur, 1959). Cette surface est incisée par un réseau hydrographique, parfois assez bien hiérarchisé. C'est le cas de l'oued Glimin, le plus important, qui se jette à l'extrémité sud est du paléolac et prend sa source près de la crête ("kreb" de la Hammada, fig. 18). Par contre, les oueds qui débouchent dans la zone centrale de Haijad sont courts et quelques petites cuvettes fermées laissent penser à des pertes dans les calcaires. Le karst y est pourtant peu développé. Les formes de dissolution sont peu profondes. Depuis qu'elle a été dégagée de sa couverture imperméable d'argiles, probablement à la fin du Tertiaire, les agents de dissolution n'ont pas été assez actifs : les précipitations à cette latitude n'auraient pas été suffisantes pour dissoudre profondément la roche, soit directement par la pluie, soit par l'intermédiaire de sols riches en matière organique et en acides humiques, enrichissant en CO_2 les eaux de percolation.

L'essentiel de la perméabilité de ces calcaires paraît être due ici, mais moins qu'à Taoudenni, à une fracturation tectonique. Celle-ci est déterminée d'abord par la mise en place des dykes de dolérite. En pays calcaire, ces derniers apparaissent comme de minces lignes sombres ; parfois aussi comme deux fines crêtes parallèles (les épontes) bordant une dépression creusée dans la dolérite plus altérable mais ne créent pas d'"agators" comme dans le pays argilo-gréseux. Enfin, leur

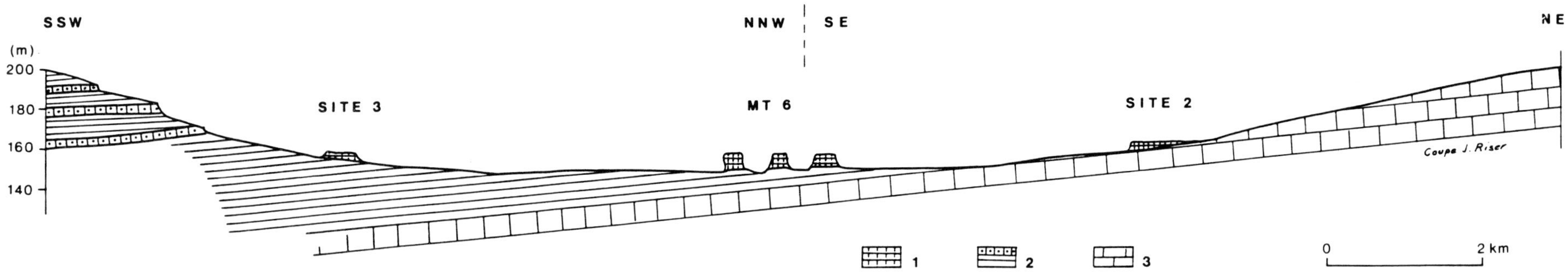

Fig. 17 - Coupe schématique des formations holocènes de Haijad et de leur substratum carbonifère.

1 : Dépôts lacustres holocènes ; **2** : Argilite à gypse et grès rouge Carbonifère supérieur ; **3** : Calcaires inférieur (Hammada el Haricha).

répartition dans le bassin versant est telle qu'ils ne paraissent pas avoir constitué de barrages, hormis à l'amont, ni concentré des résurgences comme à Telig.

D'autres fractures, notamment la petite falaise EW qui apparaît sur la carte au 1/1 000 000 (mais hors des limites de la fig. 18) 20 km au NE du Ksar Djouder, pourraient être plus jeunes. Cette falaise, rectiligne, longue d'une dizaine de kilomètres, est encore très fraîche. Sa lèvre, à regard nord, est à peine incisée par des ravines longues de 100 à 250 m au maximum. Deux phases de fracturation ont donc dû jouer un rôle dans la constitution du réseau de diaclases qui, à défaut de karstification, donne à ces calcaires leur relative perméabilité.

Un autre caractère de cette surface est l'existence de larges zones qui, sur photographies aériennes, apparaissent striées et hérissées de centaines de petits reliefs NE-SW. Par comparaison avec ce que nous avons étudié à Telig, on peut les interpréter comme des yardangs datant, au moins en partie, d'une période aride antérieure à l'Holocène, et traduisant une direction des vents dominants du NE vers le SW, comme le sont aujourd'hui les cordons de dunes de l'Erg Chech. Il pourrait être intéressant, pour estimer les vitesses d'érosion, de voir dans quelle roche ils sont sculptés : dans les calcaires massifs, relativement résistants ou dans les formations marno-calcaires qui font la transition avec les argiles et grès rouges ?

Sur le "Pays Rouge", au relief bien différent, plus mou, et dominé par des buttes témoins s'étendent 12 à 13,5 % du bassin versant. Des bancs de grès massifs ou en plaquettes forment des ressauts dominant les pentes argileuses et constituent les tables horizontales qui couronnent certains sommets. Dans cette partie du bassin versant, où seule affleure la formation Hammou Salah, les argilites sont sillonnées de filonets de gypse secondaire. Leur dissolution amène aujourd'hui dans la dépression des sulfates que l'on trouve disséminés soit sous forme de cristaux secondaires dans le Quaternaire, soit sous forme d'encroûtements. Les petites quantités de halite dans les fonds orientaux du paléolac ont peut être la même origine mais pourraient aussi venir de la nappe des calcaires.

Les dykes de dolérite qui traversent les argiles et grès rouges et les métamorphisent sur quelques décimètres ou mètres constituent l'armature de collines allongées. Ce Pays Rouge s'étend bien au-delà du bassin versant, dans toute la dépression de Taoudenni, sous un voile de sable qui s'épaissit parfois en dunes accrochées aux agators. Son modelé sera décrit plus loin, en prenant comme type la Gara Hammou Salah de Taoudenni.

Le plancher du lac est constitué partie par les calcaires de la Haricha, partie par des argiles rouges plus ou moins gypseuses.

D'une superficie de 55 km^2, le lac de Haijad, allongé le long du contact Haricha-Pays Rouge, recevait les eaux d'un bassin versant de 732 km^2 (ou 813 suivant les extrapolations admises), dont la plus grande partie sur la Hammada El Haricha et 100 km^2 dans les argiles et grès rouges du sud-ouest.

Les eaux tombées sur la Hammada Safia (Ch.I-1) s'écoulent, ici, pour un tiers au moins vers le Nord et ne peuvent être prises en considération dans une première analyse.

Bien que le fond de la cuvette soit situé à une dizaine de mètres plus haut que celui de la cuvette de Taoudenni, on ne connaît à Haijad aucun exutoire de surface. La dépression qu'il a occupée à l'Holocène, comme l'ablation des sédiments qui s'y sont ensuite déposés, est le fait des vents du NE qui, descendant de la Hammada El Haricha sans rencontrer d'obstacles, atteignent là leur vitesse maximum (Fabre et Mainguet, 1984). Ce fut le cas sans doute pendant la période aride ogolienne d'abord puis, à l'évidence, depuis le début de l'aride que nous connaissons aujourd'hui. La sculpture en yardangs des témoins holocènes conservés, comme des argiles de leur substrat (mini yardangs d'argile de quelques décimètres de haut dans la partie médiane du lac), en est une preuve.

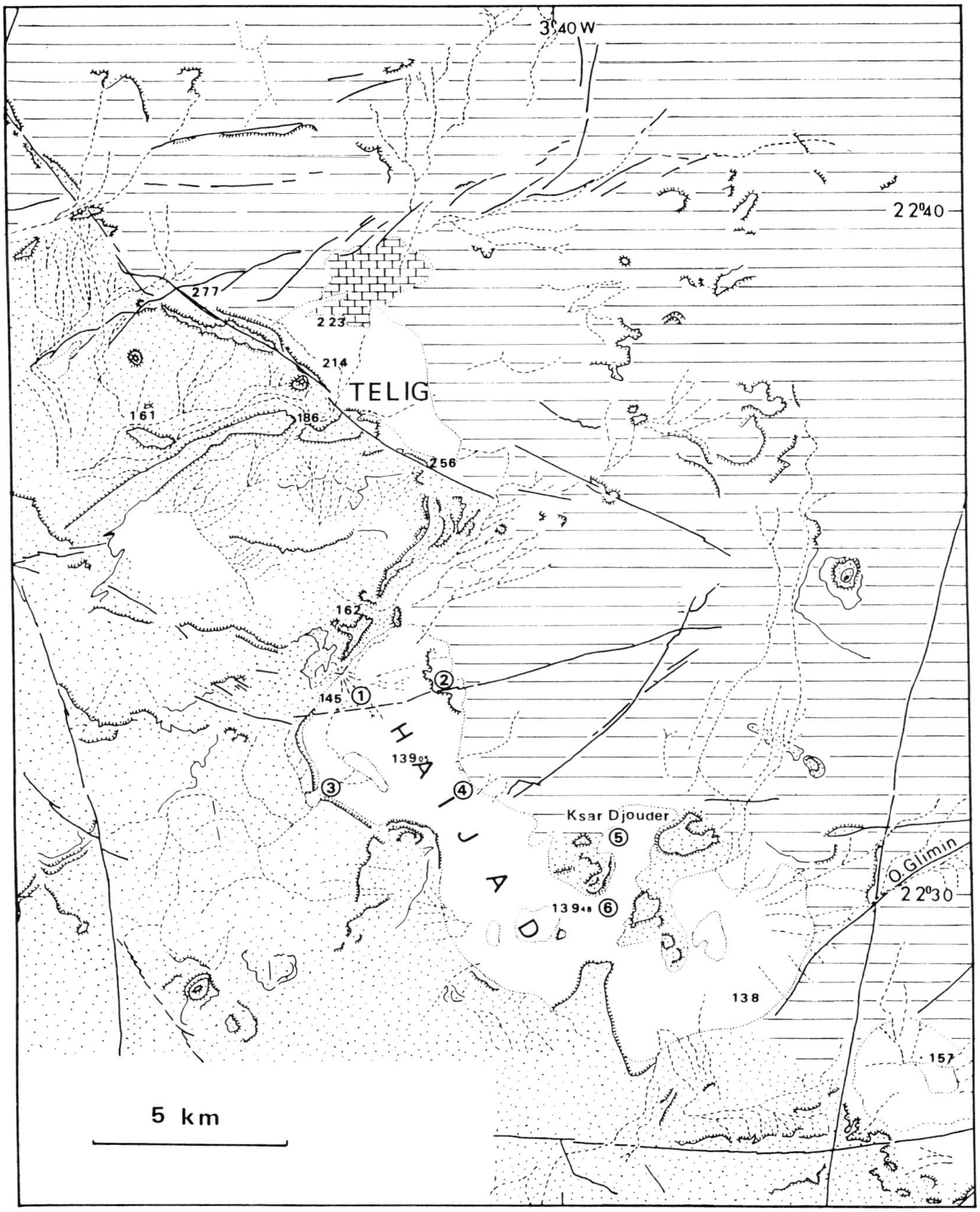

Fig. 18 - Situation du paléolac holocène de Haijad (MT6) et des paléolacs et paléomarais voisins : Telig (au nord) et El Maghlizen (au sud-est).

.substrat calcaire (Hammada El Haricha) d'âge carbonifère inférieur-moyen, à pendage sud-ouest
.argilites à gypse et grès rouges du Carbonifère moyen-supérieur
.filons de dolérite Permo-Jurassique
.dépôts lacustres pléistocènes
.maaders ayant ou non conservé des témoins lacustres ou palustres holocènes

Les chiffres cerclés renvoient à des sites décrits dans le texte.

D'après carte photogéologique : J. Fabre, 1982; Fabre et Petit-Maire, 1988, sur mission photo IGN XIV-XVI (1954) complétée sur le terrain.

La cote du rivage holocène, obtenue par nivellement barométrique, se situe vers 152 m. Le fond, occupé aujourd'hui par un maader fortement éolisé s'allonge, parallèle au bord sud-ouest du paléolac, en contrebas des bornes de nivellement IGN cotées à 139,48 et 139,05. On peut estimer son altitude, dans la partie centrale et occidentale, à 136-137 m au maximum, soit une différence de niveau de 14 à 16 m avec le rivage. En admettant une profondeur moyenne de 5 m (en tenant compte de la dissymétrie), on obtient un volume du lac, dans ses débuts, de l'ordre de 220 000 000 m^3. Dans le secteur NW où sont conservés la majorité des témoins holocènes étudiés, la profondeur n'a pas excédé six mètres.

2 - LES TEMOINS DE FORMATIONS LACUSTRES HOLOCENES

Partant des séries conservées au nord-ouest du lac, où les coupes sont les plus nombreuses et les plus complètes, on verra ensuite les rives sud-ouest et nord-est, puisque rien ne subsiste des sédiments déposés dans la partie centrale du bassin.

1 / **Les coupes types du nord-ouest** (site 1 = "MT6") (fig. 19)

René Caillé, en chemin vers le Maroc, avait déjà remarqué, en 1928, avant d'arriver à Telig, des "buttes de terre blanche" "ressemblant à des maisons en ruines". Ces buttes témoins se trouvent entre 100 et 1 000 m du rivage. Les plus éloignées, figurées en couverture du volume *Sahara ou Sahel* (Petit-Maire et Riser éds., 1983), doivent se rapprocher le plus de ce qu'un quaternariste du Néolithique tardif ou du Chalcolithique aurait pu observer en sondage dans le centre du bassin.

Le substrat est formé tantôt par les calcaires de la Hammada, sous leur faciès de brèche intraformationelle caractéristique des couches sommitales, soit par les argilites rouges qui les surmontent. Dans les deux cas, ces roches sont altérées en surface, mais sous une faible épaisseur. On retrouve en effet des calamites conservées dans les argilites violettes du Carbonifère, près de la borne coté 139,05. La sédimentation holocène débute, aussi bien dans les buttes les plus distales que dans les littorales, par des argiles vertes. En quelques points celles-ci contiennent des nodules blancs (pédogénétiques ?). Près du rivage NW, ces argiles sont surmontées par des argiles sableuses rouges emballant des débris d'argilite et de grès du Carbonifère. Epaisses de 0,20 à 1 m, ces couches de base montrent au moins quatre niveaux de paléosols, de surfaces à mud-cracks et même un mince lit blanc qui pourrait représenter une éphémère croûte. Bref, l'histoire du lac commencerait par une phase de pédogenèse plus ou moins palustre, entrecoupée de brefs assèchements. Ces couches, sans fossiles déterminables, n'ont pas été datées. On sait seulement qu'elles sont antérieures à 8 300 $\pm$ 100 BP. C'est en effet la date que donnent les fossiles *(Melania, Biomphalaria)* abondants dans le niveau sus-jacent, d'emblée franchement lacustre. Après l'aride Ogolien, il n'y a donc pas installation immédiate du régime lacustre mais, à la faveur du retour de l'humidité, une période, de durée pour le moment indéterminée, où les sols étaient soumis à de brèves dessiccations.

Rien ne vient s'intercaler entre la formation holocène et son substrat carbonifère. Or, la dépression de Haijad, comme celles de l'amont, préexistait. L'on sait aussi, par les témoins de Telig, tout proche, et de Sbeita (Fabre, 1983), qu'au Pléistocène supérieur, la région avait connu une sédimentation lacustre et palustre. Il faut donc admettre que, juste avant l'Holocène, la cuvette avait été complètement vidée de ses sédiments quaternaires. L'agent de ce grand nettoyage ne peut être ici que le vent.

La première phase franchement lacustre (8 300 à 6 700 BP) qui vient ensuite correspond, on l'a vu (Fabre et Petit-Maire, 1988) à un taux de sédimentation relativement rapide. Sa stratigraphie, comme celle de la phase suivante, a été décrite en détail ailleurs (Aucour, 1988). On y observe, tout au moins dans les témoins situés à 200 ou 300 m du rivage et 7 à 8 m au-dessus du fond de la cuvette actuelle, quelques surfaces à mud-cracks : discrètes au large, elles deviennent plus

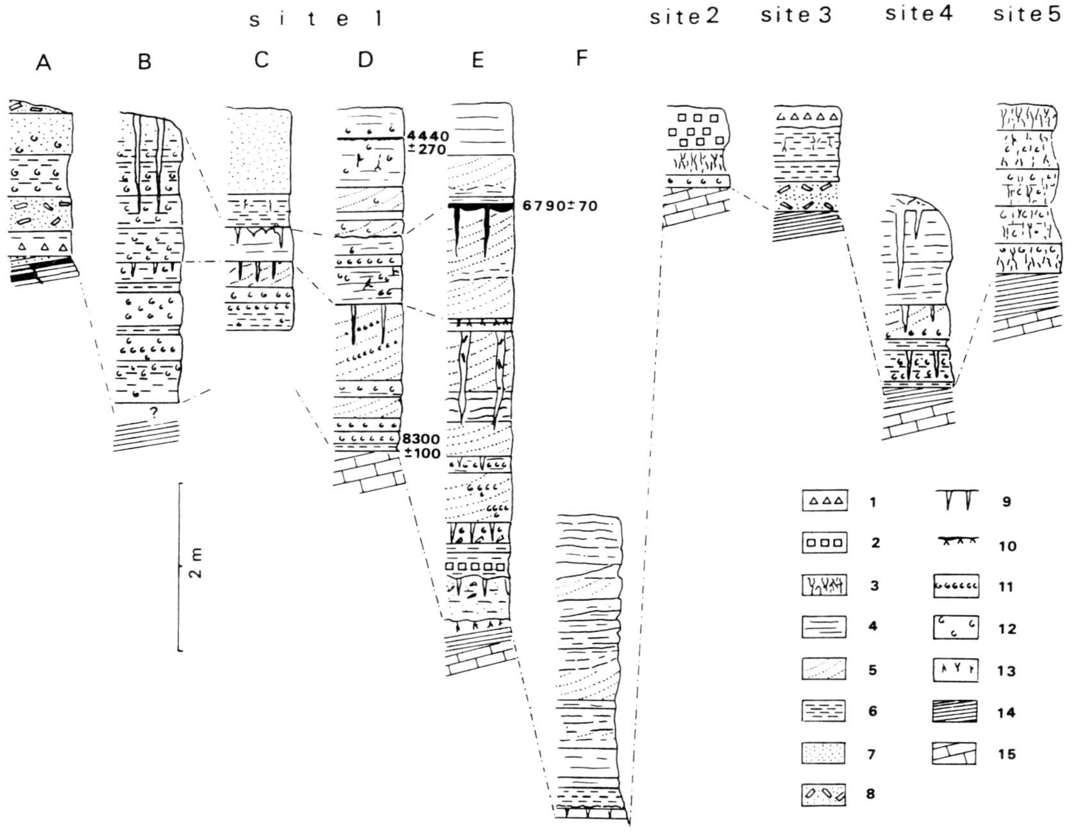

Fig. 19 - Coupes comparées des sédiments holocènes du paléolac de Haijad et indication des auteurs des levés.

Site 1 : Secteur nord-ouest. Coupe A : Rivage nord-ouest, d'après J. Riser. Au-dessus d'une croûte argilo-gypseuse, les colluvions de la base et du sommet sont séparés par des argiles ou des argiles sableuses, vertes puis rouges, à mollusques. Coupe B : Butte témoin au débouché de l'oued Haijad (Riser et Fabre). Au sommet, réapparaissent des argiles détritiques remaniées du Namurien. Coupe C : Butte à une centaine de mètres du rivage, au sud de la précédente. Coupe D : Butte témoin du groupe sud, située à environ 150 m du rivage (Petit-Maire, Fabre, 1982). Coupe E : Levé à environ 500 m du bord du lac (Coffinier, Fabre, 1985). Coupe F : Levé sommaire d'une butte témoin figurée en couverture du volume *Sahara ou Sahel ?* (1983), située à environ 1 km au sud-ouest du rivage (Fabre, 1985).

Site 2 : Rivage nord-est : dépôts plaqués sur la hammada El Haricha (Fabre, Riser, 1988).

Site 3 : En face, dans l'estuaire d'un oued coulant sur les argilites et grès rouges du Namurien (Fabre, 1985).

Site 4 : Butte témoin du rivage nord-est.

Site 5 : Butte témoin du Ksar Djouder : à 5 à 10 m de distance s'opposent des dépôts franchement lacustres à niveaux tendres (carbonatés blancs ou gris à *Melania* et *Biomphalaria)* et des travertins construits de bas en haut de la coupe.

1 : croûte gypseuse ; **2** : croûte calcaire ; **3** : travertins ; **4** : sédiment carbonaté tendre, lité ; **5** : *idem* à stratifications obliques (en général à pendage ouest ou sud-ouest) ; **6** : argiles ou marnes ; **7** : sable argileux . **8** : argiles sableuses remaniées, emballant des débris anguleux de grès carbonifères (colluvions, coulées boueuses) ; **9** : mud-cracks ; **10** : paléosol ; **11** : horizon à mollusques ; **12** : mollusques dispersés ; **13** : tubulures, terriers ; **14** : argilites à gypse et grès rouges du Carbonifère supérieur (Namurien) ; **15** : calcaire bréchique carbonifère (toit de la hammada El Haricha).

On a suggéré les variations d'altitude du plancher, sans pouvoir cependant, sur ce schéma, les figurer de façon précise.

nombreuses en se rapprochant du bord. Des stratifications obliques, dirigées vers l'ouest, l'WSW ou le SW caractérisent les niveaux moyens et supérieurs, épais, de cette phase, tant dans les buttes situées à 100-300 m du rivage nord-ouest que dans celles situées plus au large, à 1 km au SE, comme dans les buttes du rivage est. Ces stratifications obliques, parfois soulignées par un semis de *Melania,* comme aussi l'épaississement de certains lits vers l'aval, peuvent être attribués à l'action de courants légers, unidirectionnels sur les boues calcaires en suspension, dus au vent et non point à l'arrivée dans le lac des eaux d'un oued. En effet, les buttes des groupes sud et centre de ce site NW sont dépourvues du matériel terrigène qu'ils auraient dû apporter. Celui-ci n'apparaît que dans "l'éventail rose" (au NE du point coté 145, fig. 3) sous forme d'argiles apportées par un tout petit oued descendant des collines carbonifères, et qui viennent se mélanger à la boue blanche du lac. Il en découle donc que, pendant la période lacustre, aucun cours d'eau de forte énergie, révélant des pluies d'orage, n'a apporté de matériel grossier (sables et graviers) comme cela avait pu être le cas dans la période précédente.

Dans la seconde phase, on observe moins de stratifications obliques. Les couches élémentaires sont moins épaisses ; les lits riches en matière organique, les lits bioturbés et les surfaces à mud-cracks plus fréquents. Après les hautes eaux quasi permanentes du début, le lac aurait subi plusieurs fortes variations de niveau. Ses marges auraient ainsi vu se succéder les périodes d'eau libre et celles de marais. Mais, pas plus maintenant qu'auparavant, on n'observe (sauf dans le cas ci-dessus) d'apport de détritique terrigène qui aurait pu être amené des collines voisines par des cours d'eau actifs, même temporaires. Le couvert végétal y devait être assez dense pour limiter au maximum l'érosion des argilites et grès tendres du Carbonifère. Il faut alors imaginer un autre agent de transport pour expliquer la présence, en deux points au moins, à quelques dizaines de mètres du rivage, de fragments (plusieurs centimètres) de grès Carbonifère fin, isolés, obliques ou perpendiculaires à la stratification dans des argiles fines à coquilles. Ces fragments ne sont accompagnés ni de matériel détritique terrigène (hypothèse du "mud-flow"), ni de débris végétaux (hypothèse du radeau) : leur venue serait-elle humaine ?

La coupe d'une butte en bordure du groupe sud (100 à 150 m du rivage) se termine par un niveau bioturbé, riche en matière organique où les *Melania* ont été datées à 4 440 $\pm$ 250 BP. Le contexte suggère un milieu plus palustre que lacustre franc. La suite de l'histoire manque ici, au sommet de ces buttes dénudées par le vent. Toutefois, une butte d'argile blanche à *Melania* et mud-cracks (remplis d'argile rouge), située tout près du rivage et plus abritée, donne une coupe un peu plus complète. Le sommet est coiffé d'une brèche à éléments de grès carbonifère, dépassant parfois 20 cm, et de calcaires de la Haricha, dans une matrice mixte d'argilite rouge carbonifère et d'argile blanche holocène remaniées. Cette coulée boueuse marque ici l'arrivée de pluies torrentielles qui caractériseraient le passage de l'humide à l'aride. Mais, ceci mis à part, la suite et la fin de l'histoire de l'humide Holocène manquent ici. On les trouvera à Taoudenni-Agorgott.

Au nord-ouest, le lac est borné (et protégé du vent) par une rangée de collines NE-SW, formées de bancs de grès en plaquettes et d'argilites rouges à filonets de gypse secondaire (les "veines de terre blanche" de René Caillé) : un glacis de quelques dizaines de mètres de large, au maximum, couvert de débris de grès carbonifères disposés à plat et d'argilites rouges remaniées est bordé par les restes, préservés, de la berge (fig. 19, site 1A). Les fossiles holocènes *Melania, Bulinus* et *Biomphalaria* abondent à la rupture de pente.

2 / Les témoins des rives NE et SW

Site 1

Un placage blanc de 2 km sur 1,5 km, sur la marge orientale du lac, paraît se trouver voisin de la cote du rivage, en admettant une pente uniforme de 6 °/∘∘ depuis le fond. Un petit chenal récent permet d'en voir la coupe.

Surmontant les calcaires rubéfiés mélangés d'argile du sommet de la Haricha, quelques centimètres d'argile rouge, plus ou moins sableuse, à cristaux de gypse secondaire, contiennent des *Biomphalaria* et de rares *Melania.* Un mince niveau travertineux, épais de quelques centimètres à 0,50 m, traduit l'installation d'une roselière. Il est coiffé par 0,50 m à 1 m d'un calcaire blanc tendre, contenant quelques *Melania* dispersées. Les couches supérieures, s'il y en eut, ont été érodées.

Site 3 ("MF6")

A l'opposé, sur l'autre rive du lac, au sud-ouest, l'oued qui vient du Pays Rouge entaille, à 250 m en amont de son embouchure dans le paléolac, des couches qui représentent un autre faciès marginal. Sur 1 m environ, on observe deux niveaux bréchiques à débris anguleux (quelques centimètres) de siltites et de grès fins du Carbonifère environnant, surmontés par des argiles grises à tubulures (roseaux ?) et cristaux de gypse secondaire. Le tout est coiffé par une croûte gypseuse. Celle-ci, à l'amont, est recouverte par les atterrissements venus des reliefs voisins.

Site 4

A l'abri d'un petit ressaut formé par un sill de dolérite et qui devait constituer le rivage, trois petites buttes de 2 m à 2,60 m de haut montrent des sédiments comparables à ceux du site 1. La plus proche (100 m) de la rive est la mieux conservée. Soulignons quatre faits :

- 1. la sédimentation débute par des argiles, comme dans les coupes précédentes. Elles sont ici très riches en ostracodes (niveau 1).
- 2. les stratifications obliques dans le bassin inférieur sont ici encore dirigées vers l'ouest ou le sud ouest. Le niveau quatre est beaucoup mieux lité.
- 3. la présence de trois niveaux à mud-cracks qui pourraient se mettre en parallèle avec les plus importants du site 1. Mais, ici, les fentes sont parfois remplies de *Melania,* en particulier dans le niveau i3.
- 4. le développement de roseaux à la partie supérieure, soit en position de vie, soit couchés, et en général concentrés près des fentes de dessiccation.

Site 5

Les buttes témoins de ce site donnent une coupe analogue à celle du site précédent. Ici aussi, des couches bien litées, à concentrations locales de *Melania,* succèdent à des couches à stratification oblique et sont surmontées par un niveau à tubulures. La plus septentrionale a pour originalité de comporter à sa base des argiles grises contenant la partie supérieure des *Melania* et des *Biomphalaria,* associées à des travertins gris indurés, à *Phragmites.* Ces derniers représentent-ils le premier stade palustre du lac holocène ou une relique d'un dépôt pléistocène conservée à l'abri du gros massif oriental du Ksar Djouder ? La question demeure en suspens.

A 4 ou 10 m de là, l'Holocène n'est représenté que par des travertins blancs qui justifient la position du rivage indiquée sur la figure 18.

Site 6 ("MT5")

Dans ce site, plus exposé, seules ont été conservées les couches de base : des argiles et des silts verts, très remaniés et quelques décimètres des dépôts blancs sus-jacents.

Vers la borne de nivellement cotée 138 (138,34), plus rien ne subsiste des dépôts quaternaires. Ce point est situé dans une dépression périodiquement inondée et qui doit correspondre au fond du lac à cet endroit.

CONCLUSION

Du point de vue hydrologique, le lac et son bassin-versant semblent avoir fonctionné comme un ensemble homogène et indépendant, hormis un éventuel déversement à l'amont du lac, depuis le marais d'El Maghlizen, situé à 157 m d'altitude, donc près de 20 m au-dessus du fond du lac de Haijad.

Les témoins conservés montrent des variations de faciès à l'approche des berges du lac (épaisseur moindre, apparition de roselières) et au débouché des oueds venant de la formation argilo-gréseuse rouge. Par contre, on observe peu de variations du NW au SE, sur 4 à 5 km, mise à part la prolifération locale des ostracodes au site 4.

L'apport terrigène demeure limité à des argiles, c'est-à-dire à du matériel en suspension dès que l'on s'écarte de quelques mètres du rivage, ce qui implique un régime de pluies fines pendant la sédimentation lacustre et un couvert végétal sur les reliefs environnants.

Les stratifications obliques demeurent relativement constantes dans le premier stade lacustre, quel que soit le lieu d'observation. L'évolution climatique, telle qu'on peut la déduire de la série stratigraphique, suggère, au début, un climat assez peu humide, à saisons alternées et qui pouvait admettre des écoulements capables de transporter, sur de petites distances, sans les user, des débris de grès de plusieurs centimètres.

Les surfaces à mud-cracks de la seconde phase lacustre paraissent pouvoir se corréler à travers le lac, entre le site 1 et le site 4 (fig. 19). Les deux principales se sont produites alors que les dépôts se trouvaient vers les cotes 149 et 159, c'est-à-dire au moment où, si l'on admet une permanence du rivage vers 152 m, le lac n'avait plus que 2 à 3 m de profondeur. Un tel taux d'évaporation annuelle est parfaitement acceptable pour un climat de type méditerranéen ou sahélien (4 m actuellement dans le nord Sahara, près de Béchar).

A partir de 4 400 BP environ, le régime sédimentaire change, tandis que le lac est presque comblé ; il a moins de 2 m de profondeur à 200-300 m du rivage nord-ouest. Des dépôts palustres, voire même des croûtes calcaires ou gypseuses se forment. Celles-ci dénotent une évolution du climat. Elles sont antérieures (site 3) au début de la période aride, accompagné de quelques pluies violentes.

LES OSTRACODES DU PALEOLAC HAIJAD

P. CARBONEL

INTRODUCTION

Notre propos est ici de donner, dans un premier temps, les caractéristiques fauniques des dépôts du Bassin de Taoudenni puis de voir comment les faunes d'ostracodes et les variations de la morphologie de certaines espèces nous permettent de suivre de manière fine l'évolution chimique du lac.

Les ostracofaunes rencontrées dans les sédiments du Bassin de Taoudenni (Petit-Maire *et al,* 1987) sont les mêmes que celles recensées dans l'ensemble des paléolacs holocènes du Sahara malien (Carbonel, 1983 ; Petit-Maire, 1986). Nous citerons pour mémoire les espèces reconnues sans en faire une taxonomie détaillée. Les ostracodes rencontrés dans les différents sédiments des coupes et forages du site d'Agorgott (MT7) ne comprenant que quelques individus très dispersés de *Cyprideis*, la plupart du temps juvéniles et dissous, nous ne considérons ici que l'ostracofaune des coupes du site de Haijad (MT6).

1 - L'OSTRACOFAUNE

Les espèces rencontrées sont au nombre d'une dizaine, dominées très nettement par *Cyprideis gr. torosa* (généralement plus de 75 % de l'ensemble). Ensuite, les espèces présentes sont, par ordre de fréquence décroissante : *Darwinula sp.1, Limnocythere africana, Cypretta sp.1, Stenocypris sp.1, Potamocypris* cf. *producta, Cypris sp.*.

Les informations apportées par les ostracodes trouvés dans ces sédiments donnent des indications que nous rappelons ici brièvement :

- la densité faunique fournit à la fois une indication sur la richesse trophique du milieu et sur le faible niveau d'énergie.
- le nombre des espèces est le traceur de la stabilité chimique du milieu, en particulier des variations de la salinité et de la composition chimique de l'eau.
- la qualité des espèces indique le type de milieu (littoral, sub-littoral, phytal...).
- la variabilité architecturale de certaines espèces polymorphes est le reflet des variations des équilibres ioniques à l'interface eau-sédiment, variations contrôlées par la dynamique générale du climat.

Dans l'ensemble des niveaux relevés sur les coupes du site de Haijad, la densité faunique est généralement élevée à très élevée (de 1 000 à 15 000 ostracodes pour 100 g de sédiment brut). Cette richesse est liée à des sédiments carbonatés relativement fins. La base des coupes est souvent dépourvue d'ostracodes.

La diversité des espèces est basse à très basse (une à douze espèces, rarement toutes ensembles). Cela est l'indice d'un milieu à fortes contraintes chimiques, c'est-à-dire un système à faible tranche d'eau dans laquelle se succèdent des phases de haut niveau d'eau et des phases d'évaporation intense (Carbonel, 1989). La dominance très importante des *Cyprideis torosa*, espèce très bien adaptée à ce type de milieu, confirme tout à fait cette hypothèse.

Les espèces qui composent cette faune sont toutes dulçaquicoles, mais acceptent toutes une légère salinité. Les *Darwinula* indiquent des eaux peu turbides et relativement calmes. *Acocypris et Stenocypris* sont des genres phytaux avec des représentants de très grande taille. Les *Cyprinotus* rencontrés portent presque tous une crête apicale sur la valve droite, crête dont la finalité reste à découvrir, mais qui ne se rencontre chez ces ostracodes que dans la zone intertropicale entre 23° N et 23° S (Malz, 1976).

Par ailleurs, le genre *Cyprinotus* se rencontre dans des eaux chlorurées. Les *Lymnocythere*, rares ici par rapport à des paléomilieux du Sahara central (Dubar, 1988) ou d'Afrique orientale (Tiercelin *et al*, 1987) sont relativement polymorphes et indiquent des eaux alcalines. *Candona neglecta*, très abondante autour du parallèle 30 ° N (Gasse *et al*, 1987), est beaucoup plus rare ici et surtout localisée. Cette espèce, très active à l'interface eau-sédiment, se développe surtout dans des eaux relativement tempérées. Habituellement, le genre *Candona* est remplacé par le genre *Candonopsis* dans les zones intertropicales. La plupart de ces espèces ont été rencontrées dans les zones situées plus à l'est et plus au sud (Erg Ine Sakhane, Hassi El Abiod, Foum El Alba, Araouane ; Carbonel, 1983).

Les *Cyprideis* sont polymorphes (Pl.VIII). Nous avons distingué, comme pour les populations de MT6 A, des individus lisses, finement ponctués, ponctués ou réticulés (Carbonel, 1989). Il semble que ce polymorphisme soit plus diversifié que lors des études antérieures. Cependant, pour plus de commodité dans la comparaison entre les différentes coupes, nous garderons les classes définies et utilisées précédemment.

2 - REPARTITION DANS LES COUPES

Nous donnons ici la répartition des ostracodes dans chaque coupe avec un schéma du pourcentage des *Cyprideis*, puis, pour des raisons de lecture, un graphique de l'ensemble de la faune moins les *Cyprideis* afin de mieux visualiser l'évolution de celle-ci. Partant du centre du lac (MT6 P), nous irons de proche en proche vers les bords (MT6 B, C, D entre le centre et le rivage nord-ouest, puis MT6 E, L sur le rivage sud-est, enfin, MT6 M, N à l'est, fig. 18).

Au centre du lac (MT6 P, fig. 20), après la base où on constate un monospécifisme à *Cyprideis*, la faune se diversifie avec des *Cyprinotus*, des *Candona* et surtout des *Darwinula sp.1*. La densité faunique est très élevée à la base et au sommet de la coupe. Elle descend à un millier d'individus au milieu. La faune est monospécifique à la base (fig. 21), puis s'enrichit progessivement vers le sommet avec un maximum de diversité en 6 et 7. Au sommet, la faune redevient moins diversifiée.

Les espèces, largement dominées par *Cyprideis*, montrent une apparition des *Acocypris* en 7a, juste avant que ne disparaissent les *Candona* (fig. 22).

Les *Limnocythere* apparaissent après le milieu de la coupe. Cela est le reflet de l'évolution du lac : au moment de la mise en eau, la faune est monospécifique à *Cyprideis* avec quelques *Ammonia*. Ensuite, se développe un milieu à eau très peu salée. La chute de la densité faunique à partir de 4c jusqu'à 6 peut être reliée à des phases d'émersion très brèves (présence de roseaux et de mud-cracks). La position de cette coupe au centre topographique actuel de la dépression n'implique donc pas que l'on se trouve au centre bathymétrique du lac.

Lorsque l'on se déplace vers le bord nord-ouest de la dépression, on atteint les sections dont les sédiments sont les plus épais.

Nous examinerons les données des coupes MT6 B, C, et D comme faisant partie d'une seule et même coupe : en effet, les niveaux C0 et D0 sont situés sous le niveau-repère rouge de MT6 B,

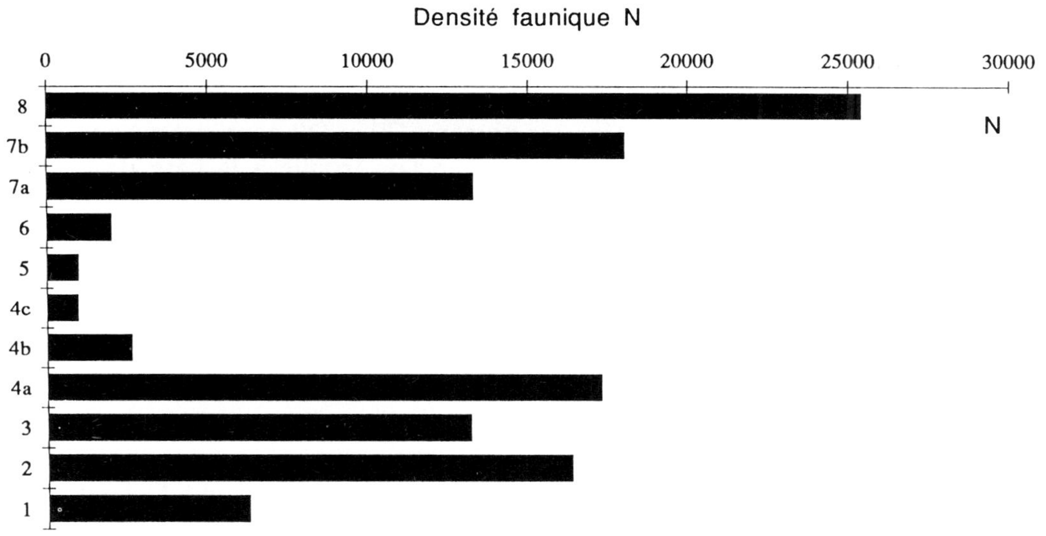

Fig. 20 - MT6P : densité faunique N.

Fig. 21 - Nombre d'espèces S.

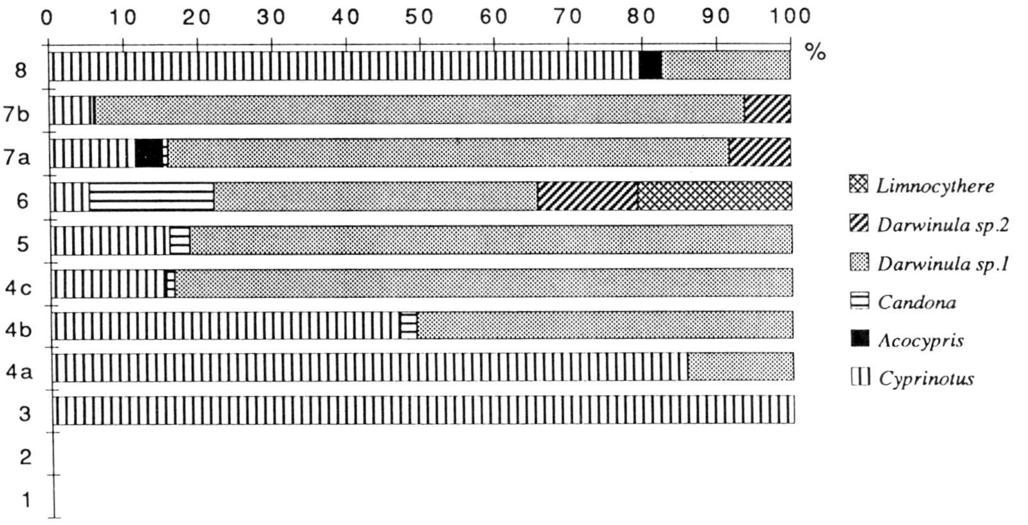

Fig. 22 - Faune sans *Cyprideis*.

niveau visible sur toutes les coupes alentour. De même, les niveaux C4 et D4 sont équivalents de MT6 B4.

La densité faunique est toujours forte après MT6 B1 (fig. 23). Il semble que le niveau 1 corresponde bien à un nouveau cycle lacustre : en effet, les niveaux C0 et D0 contiennent une riche ostracofaune, variée et dépourvue d'*Ammonia*, Foraminifères que l'on trouve à la base de chaque coupe (MT6 A, B, N).

Le nombre des espèces est variable, jamais très élevé (fig. 24).

La diversité apparaît la plus élevée en-dessous du niveau de base (MT6 D) et vers le milieu du cycle suivant (MT6 B 9-10). Cela peut être interprété comme une période de stabilité hydrologique du lac avec relativement peu de fluctuations, par opposition avec les phases précédentes et suivantes, caractérisées par une faible diversité oscillant entre trois et cinq espèces.

Les *Cyprideis* dépassent toujours 70% (fig. 25), ce qui est l'indice d'un milieu à fluctuations importantes que seule une espèce à valence écologique très large peut occuper.

Le reste de l'ostracofaune (fig. 26) se répartit entre *Cyprinotus* et *Darwinula*. Toutes les autres espèces sont rares. Ces deux espèces sont surtout développées entre 4b et 6fs (fig. 27). Dans cette coupe, *Candona* est extrêmement rare et localisée, contrairement à ce que nous verrons sur les bordures (MT6 L, M, N).

Le polymorphisme des *Cyprideis* est également très bien marqué dans cette coupe (fig. 28).

La distribution des morphes de *Cyprideis* montre également une évolution cyclique : fin d'un premier cycle de C0 à D0 avec les quatre morphes, témoignage d'un cycle saisonnier contrasté (Carbonel 1989), puis disparition des *Cyprideis* (émersion relativement longue). Ensuite, après une brève période sans *Cyprideis* ni autres ostracodes (MT6 B 1 à 2c), réapparition des *Cyprideis*, mais avec deux morphes dominantes jusqu'en MT6 B 7d. Les morphes ponctuées et réticulées sont peu représentées (moins de 15%).

La dominance des morphes lisses et faiblement ponctuées rappelle parfaitement ce que nous avions vu pour MT6 A avec une saisonnalité probablement peu marquée (Carbonel 1989). Après ce niveau, il y a de nouveau présence des quatre morphes en proportions variables, mais avec toujours prépondérence des morphes les moins ornementées jusqu'en 11a. (fig. 29). Entre 11a et 14b, les quatre morphes sont en équilibre.

Au sommet de la coupe, les morphes lisses et faiblement ponctuées dominent à nouveau.

Ce schéma met en évidence l'impact de la dynamique du climat sur la morphologie de *Cyprideis*. La séquence montrée ici confirme et précise ce que nous avions vu pour la coupe MT6 A (Carbonel, 1989) : après l'épisode de mise en eau où l'on trouve également des *Ammonia*, se développe très vite un maximum lacustre avec des eaux permanentes relativement stables en relation avec une faible saisonnalité. Le contraste augmente lorsque la somme ponctués + réticulés atteint 30%. Ce point pourrait être rapproché du point daté de 6 790 BP de MT6 A. Le contraste apparaît maximum lorsque les quatre morphes sont regroupées en proportions analogues entre 11a et 14b. La fin de ce cycle rappelle tout à fait la fin du cycle précédent (C0, D0).

Cette section, qui correspond sans doute au secteur le plus profond du lac, montre donc bien qu'il y a succession de deux phases, nettement séparées par une grande émersion.

Si l'on se déplace vers le bord oriental du lac, on atteint les coupes MT6 E et L. Dans les quatre niveaux de MT6, la densité faunique est moyenne et s'échelonne entre 2 200 et 4 750 individus (fig. 30).

Les *Cyprideis* dominent généralement à plus de 95%, sauf à la base où les *Candona* dépassent les 50% (fig. 31). Les quatre morphes sont représentées, mais ici, ce sont les morphes les mieux ornementées qui prédominent, avec une proportion importante de réticulés en L2 (fig. 32).

On peut expliquer ce fait par la position en bordure de ce site, là où la tranche d'eau est faible, donc le milieu plus instable, comme le confirme la faible diversité observée.

Enfin, sur la bordure sud-orientale du site de Haijad, les affleurements sont très peu épais : points MT6 M et N (fig. 17). Le point MT6 N se subdivise en trois affleurements : le point N

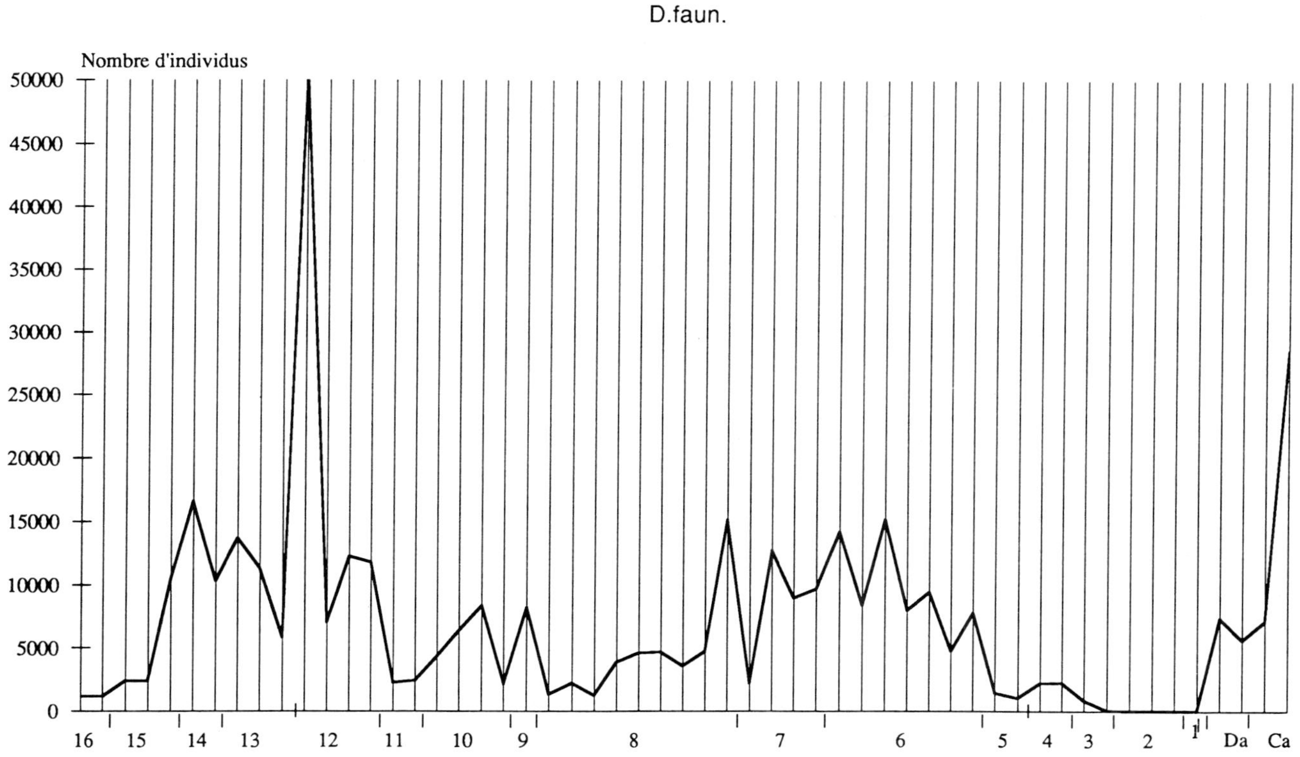

Fig. 23 - MT6B : densité faunique.

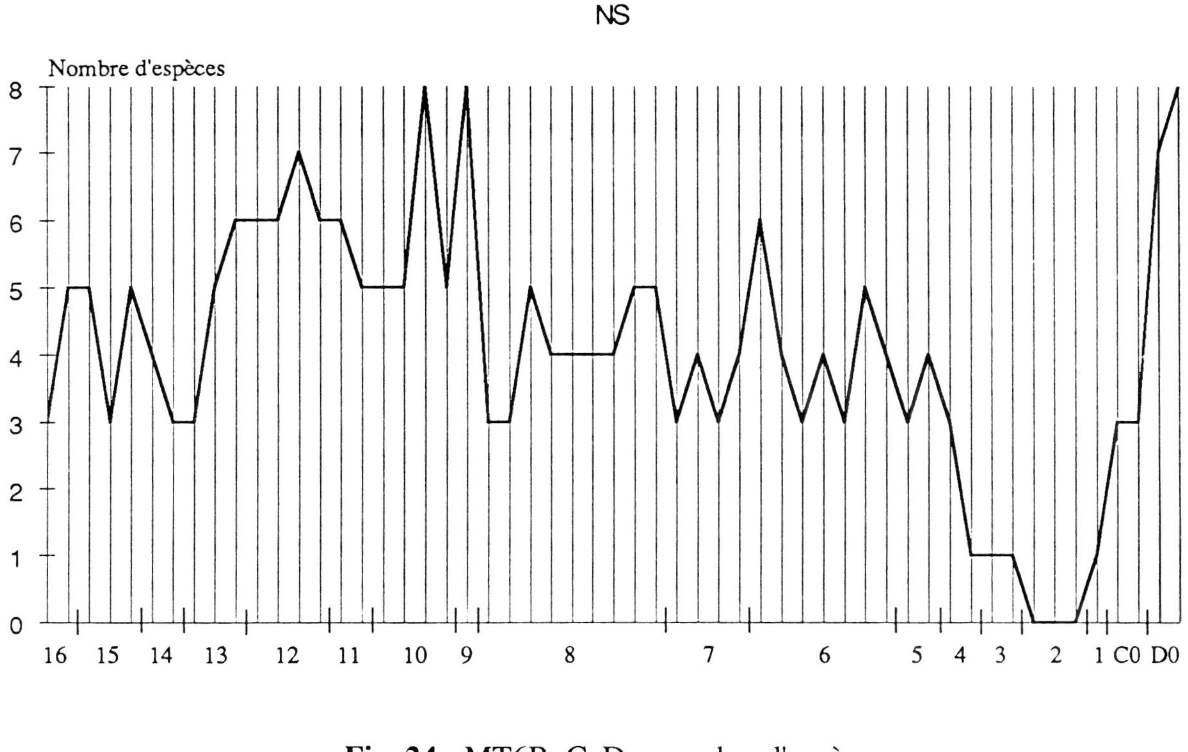

Fig. 24 - MT6B, C, D : nombre d'espèces.

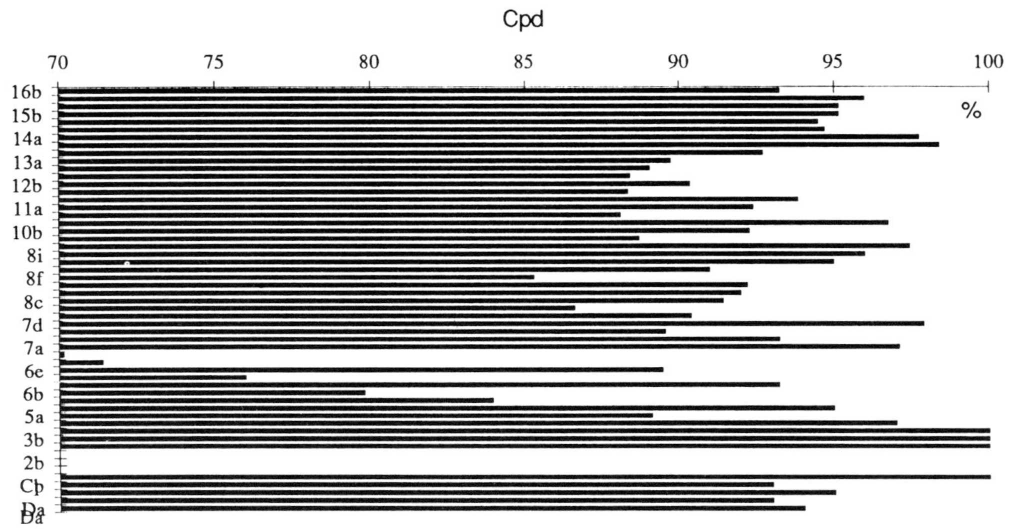

Fig. 25 - Pourcentages des *Cyprideis*.

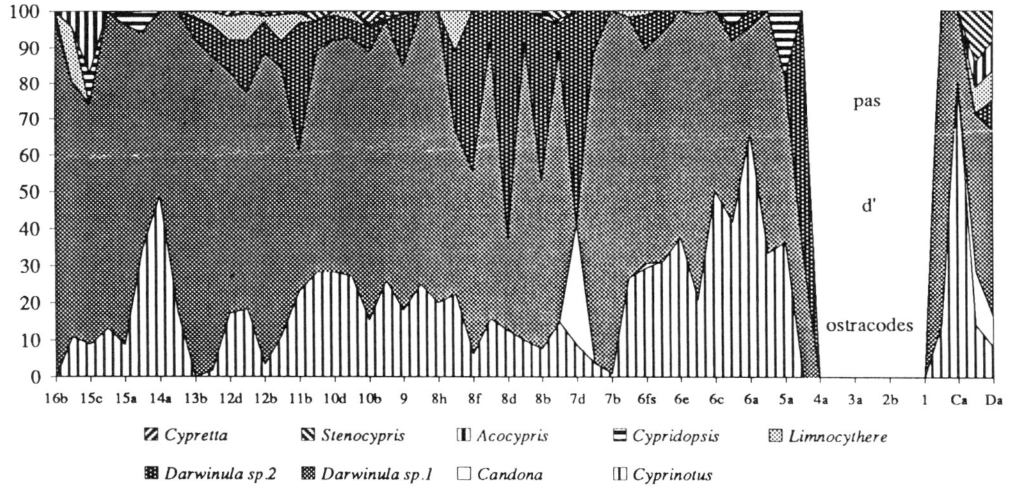

Fig. 26 - Ostracofaune sans *Cyprideis*.

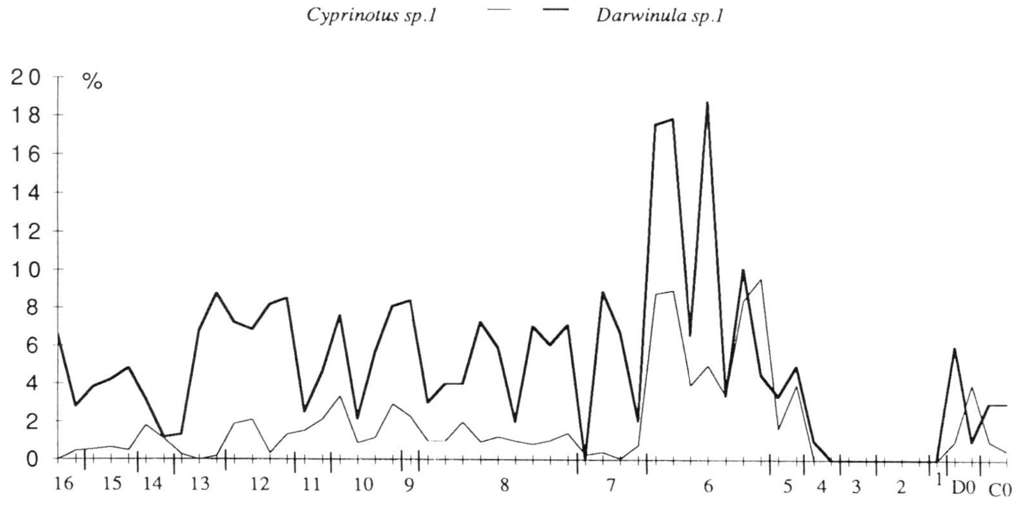

Fig. 27 - MT6B : *Cyprinotus, Darwinula.*

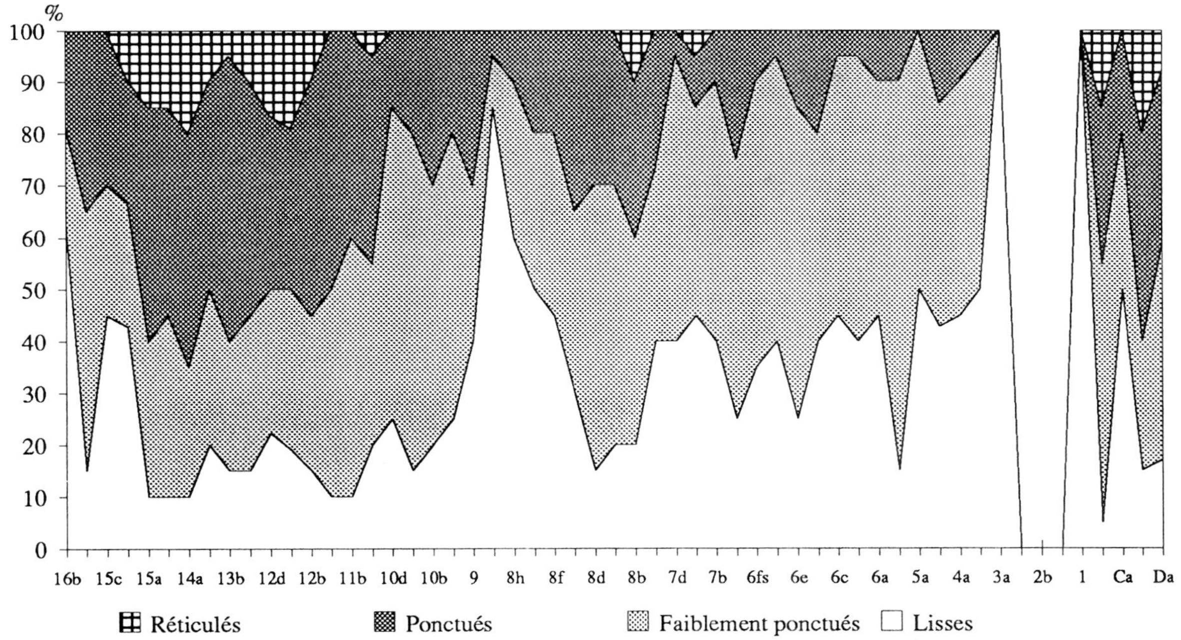

Fig. 28 - (MT6 L, M, N) - Polymorphisme des *Cyprideis*.

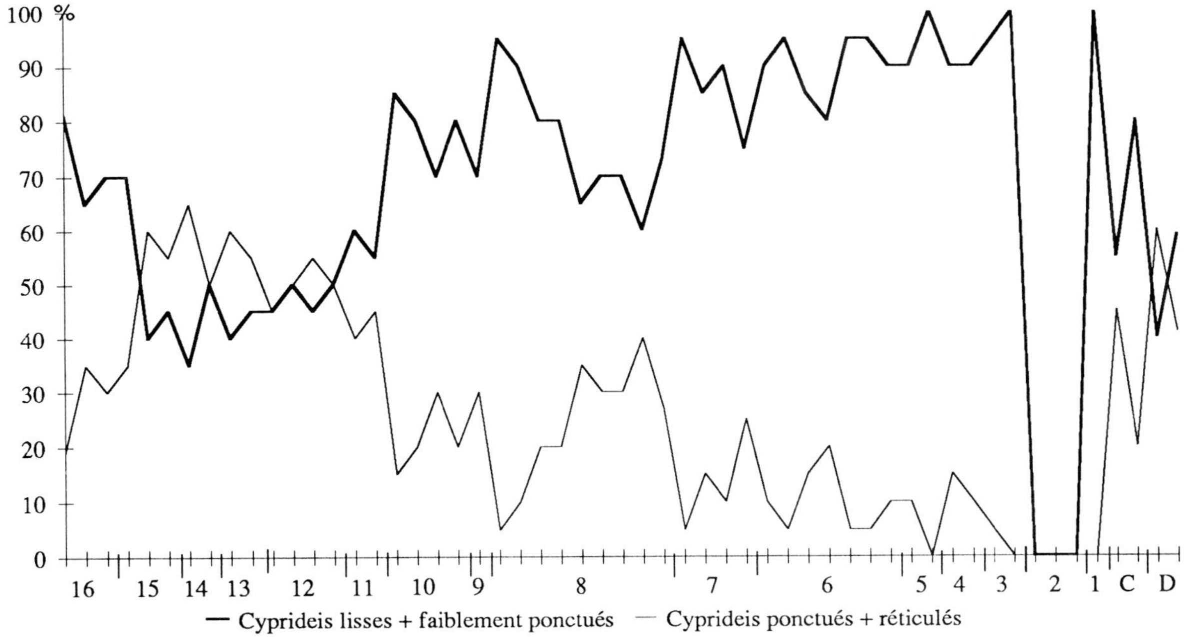

Fig. 29 - Evolution du polymorphisme des *Cyprideis*.

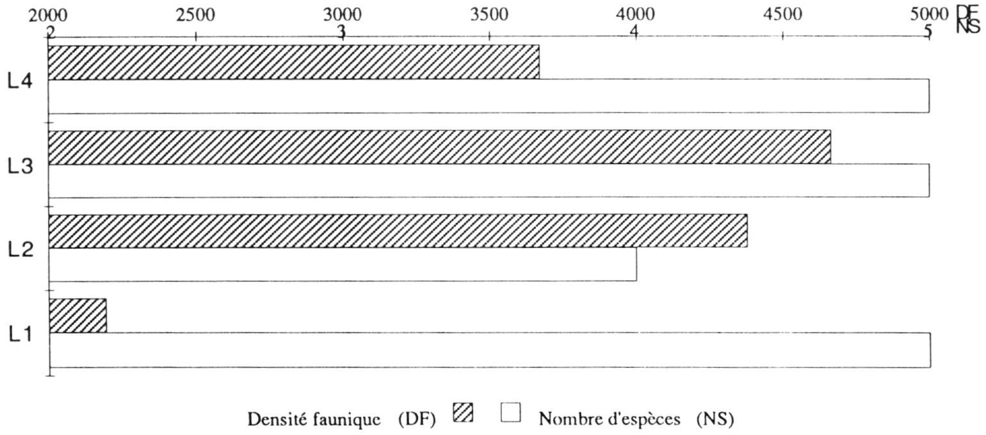

Fig. 30 - (MT6L) - Densité faunique et nombre d'espèces.

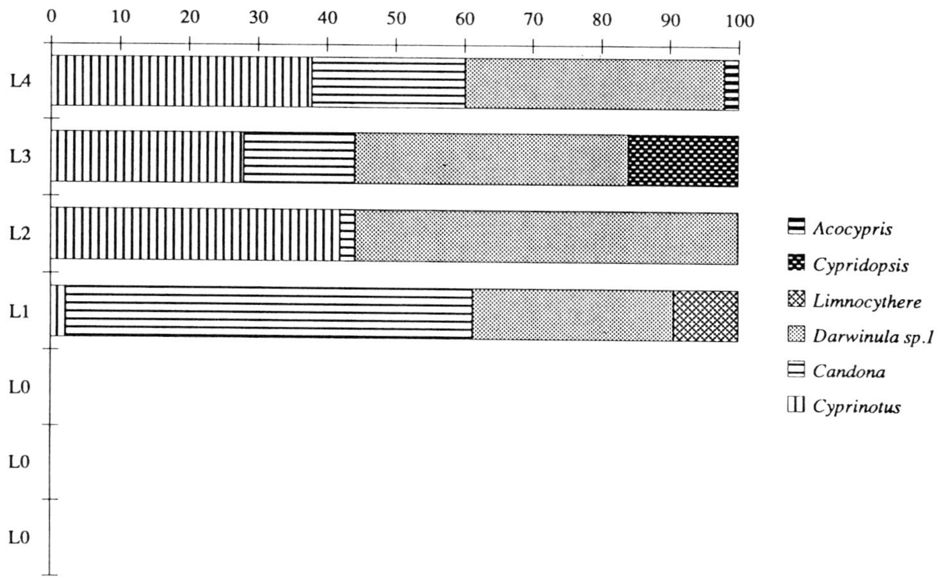

Fig. 31 - (MT6L) - Faune sans *Cyprideis*.

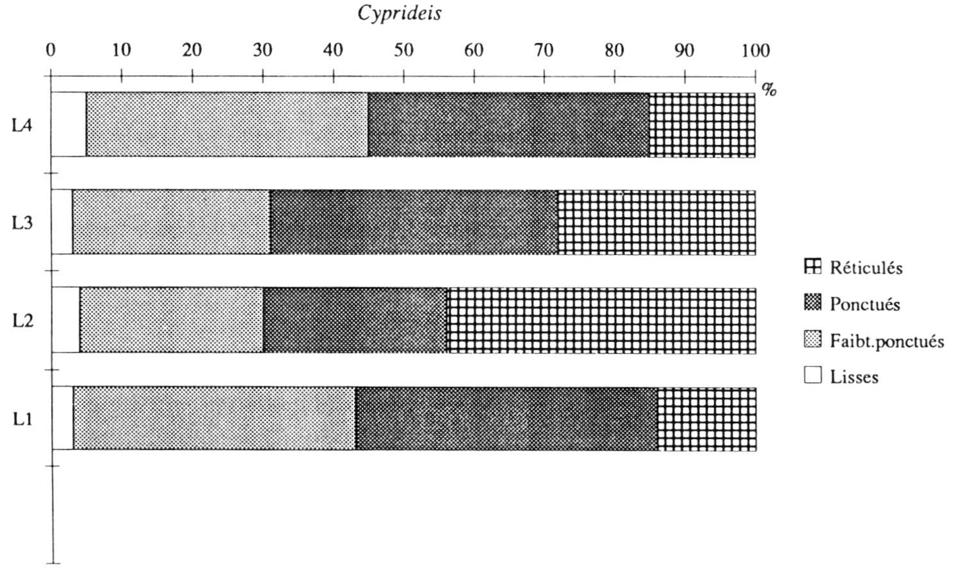

Fig. 32 - (MT6L) - Polymorphisme des *Cyprideis*.

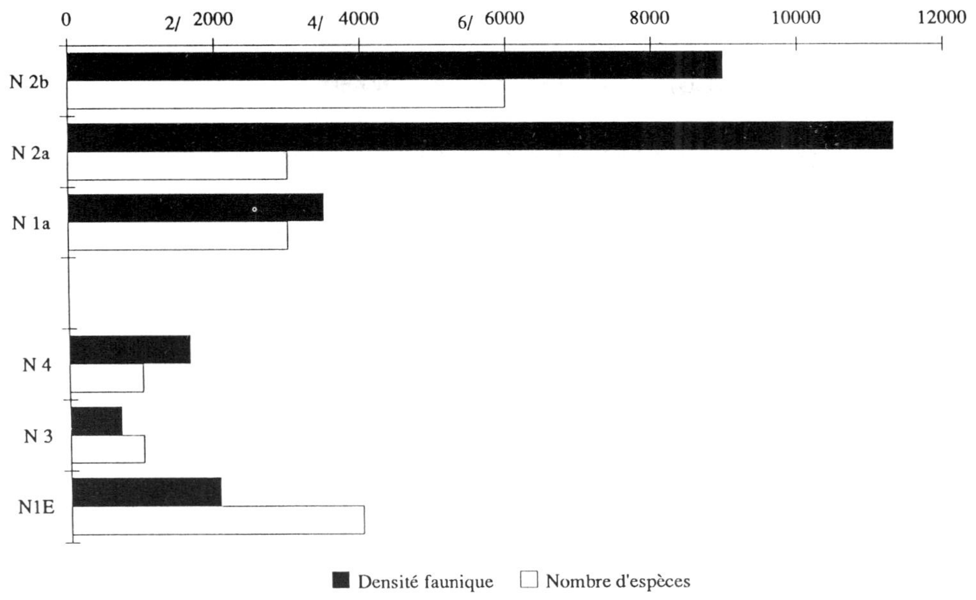

Fig. 33 - (MT6 M et N) - Densité faunique et nombre d'espèces.

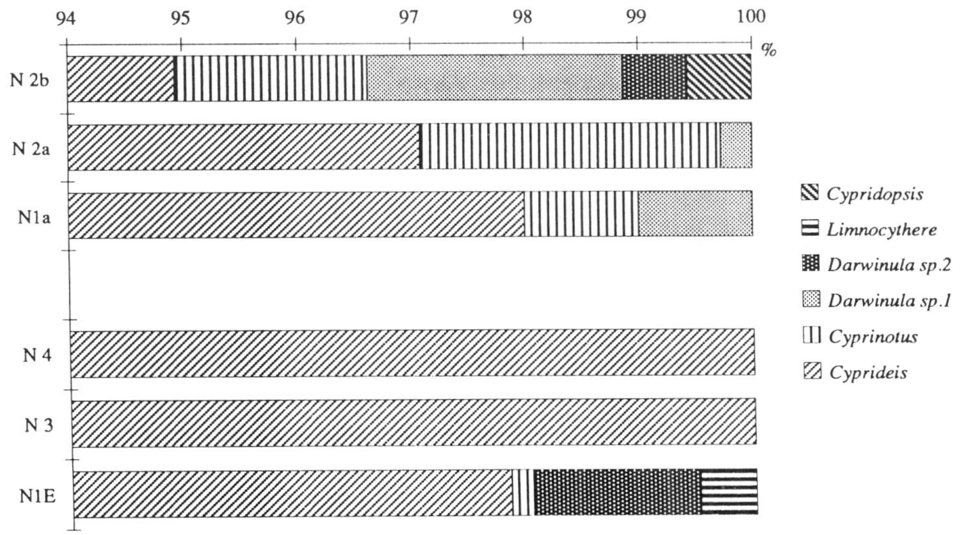

Fig. 34 - (MT6 M et N) - Faune.

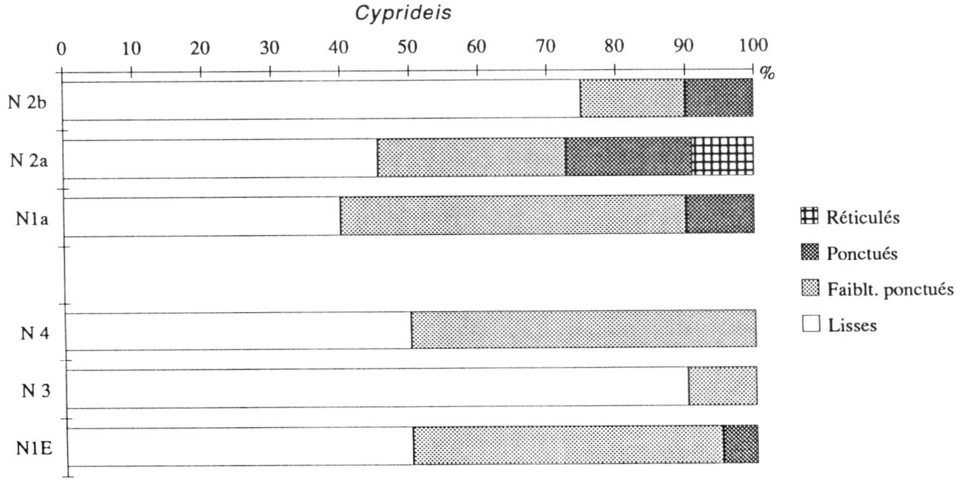

Fig. 35 - (MT6 M et N) - Polymorphisme des *Cyprideis*.

proprement dit (N1a, 2a et 2b) et de petits affleurements situés à l'est du premier, respectivement à 100 m (N1aE) et à 300 m (N3 et N4). La densité faunique est élevée partout (fig. 33), quoique dans une moindre mesure sur la rive (600 à 2 000 individus contre 3 500 à 11 000 sur la butte MT6 N).

La faune n'est pas plus diversifiée que dans les autres sites de bordure (cinq espèces ensemble au maximum, mais rarement plus de trois). Les *Cyprideis* sont toujours majoritaires à plus de 93% (fig. 34). Ils sont monospécifiques au sommet de l'affleurement le plus à l'est (N3-4). Le reste de la faune est constitué de *Cyprinotus* et de *Darwinula.* A noter quelques *Limnocythere* en N1aE.

Le polymorphisme des *Cyprideis* est marqué ici par l'absence des morphes réticulées, sauf en un point, et la prédominance absolue des morphes les moins ornementées, en particulier sur l'extrême bordure (fig. 35). Ce fait est probablement à relier à la grande abondance de végétaux dans cette partie (traces de roselières).

CONCLUSION

L'examen de l'ostracofaune des différentes coupes du site de Haijad montre ainsi à la fois une certaine homogénéité dans les successions, partout où l'épaisseur des sédiments le permet, et une très bonne adéquation entre faune et localisation de la coupe. En particulier, dans les milieux de la bordure orientale, le polymorphisme des *Cyprideis* reflète la perturbation de l'équilibre des carbonates, liée à la présence d'édifices végétaux importants et de marécages. Le résultat important réside surtout dans le fait que le polymorphisme de *Cyprideis* montre une évolution comparable dans plusieurs coupes et que cette évolution apparaît cyclique, correspondant à une succession de cycles climatiques de faible amplitude.

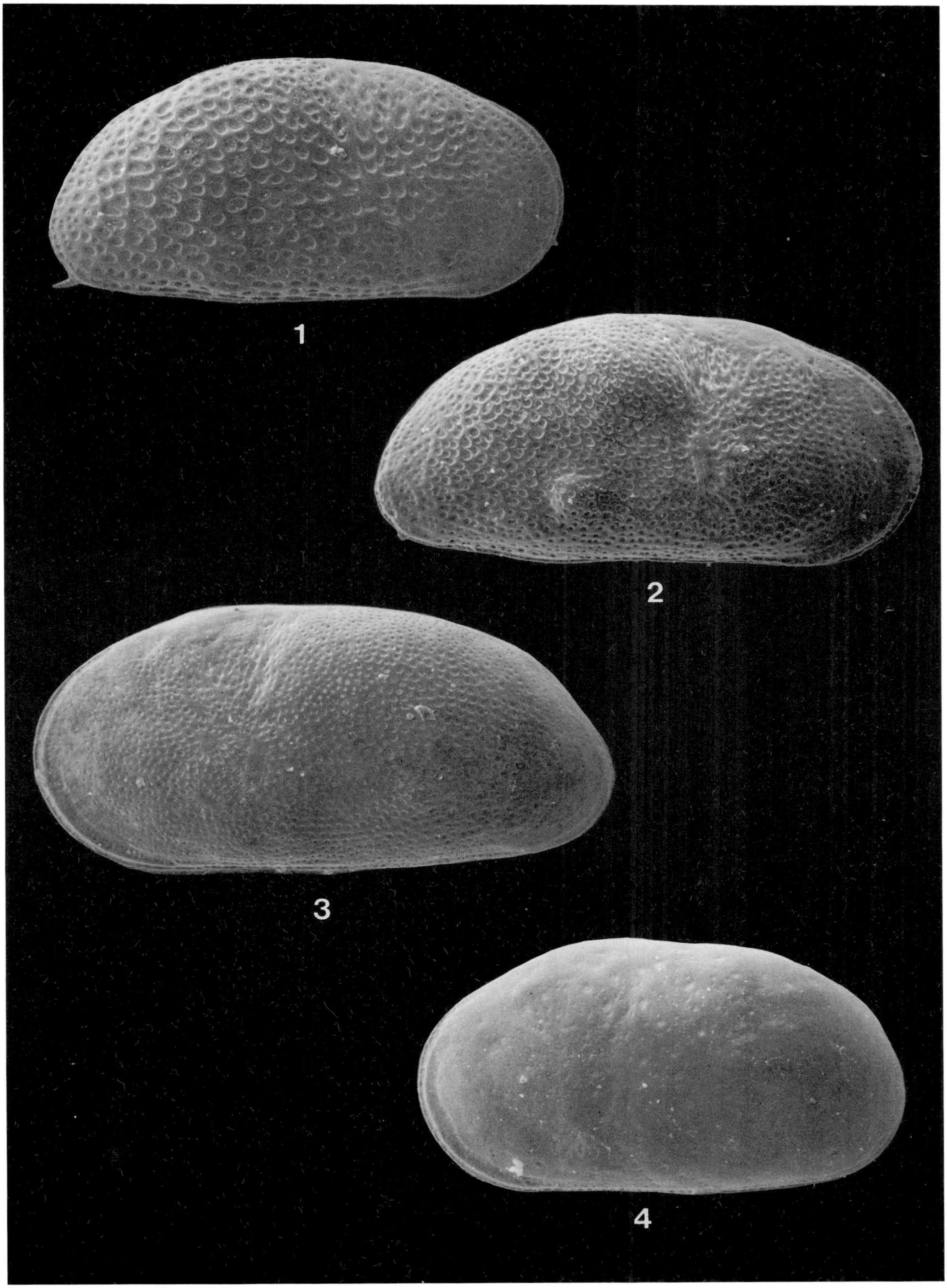

Pl. VIII - *Cyprideis gr. torosa* (JONES, 1856) Site Haijad MT6B - Grossissement environ 100 x (Echelle : 100 µm).

1 - morphe réticulée. **2** - morphe ponctuée (avec développement d'un node). **3** - morphe finement ponctuée. **4** - morphe lisse.

LES ISOTOPES STABLES DE L'OXYGENE ET DU CARBONE : INDICATEURS PALEOCLIMATIQUES ET PALEOHYDROLOGIQUES DU LAC HOLOCENE D'HAIJAD (SAHARA MALIEN)

C. GOETZ, H. ERLENKEUSER

INTRODUCTION

Le paléolac de Haijad n'est plus représenté que par quelques buttes, décrites par Fabre (1983), Petit-Maire (1986), Fabre et Petit-Maire (1988) et ci-dessus par J. Fabre. Les affleurements ont permis de définir une séquence lithologique constituée par des sédiments argilo-carbonatés présentant des stratifications horizontales ou obliques, interrompues dans la partie médiane par des niveaux de "mud-cracks" parfois surmontés par des lits organiques. Cette sédimentation semble donc caractériser deux épisodes de déposition lacustre, séparés par une période d'assèchement (Fabre, 1983). La sédimentation détritique signe une mise en eau de la dépression sous l'influence de précipitations locales et de ruissellement sur le bassin versant. Néanmoins, les niveaux lacustres sont également largement dépendants d'une alimentation par la nappe phréatique dont l'importance relative est difficile à déterminer.

Trois datations ^{14}C effectuées au Centre des Faibles Radioactivités de Gif ont permis de dater le niveau organique du sommet de la série (l1) à 4 440 $\pm$ 270 BP, le lit organique scellant les mud-cracks à 6 690 $\pm$ 70 BP et, à la base de la coupe, des marnes blanches (b) riches en Gastéropodes à 8 300 $\pm$ 100 BP.

L'analyse des diatomées fossiles du lac (Aucour, 1988) caractérise un lac d'eau peu profonde dont la salinité moyenne se situe, sauf vers 6 790 BP dans le domaine oligohalin (0,5 à 5%). Deux phases de sédimentation peuvent être individualisées :

- entre 8 300 et 6 900 BP le lac présente une salinité moyenne suceptible de varier brutalement.
- après une période d'assèchement intervenant vers 6 900 BP, un lac peu profond, aux eaux relativement douces, s'installe jusque vers 4 400 BP Une détérioration rapide du climat s'associe à une disparition du lac, contemporaine de l'évolution vers les conditions arides actuelles.

RESULTATS DES ANALYSES ISOTOPIQUES

Les échantillons d'ostracodes de la coupe MT6 du paléolac de Haijad ont fait l'objet d'une analyse des isotopes $^{16}O/^{18}O$ et $^{12}C/^{13}C$. Les résultats sont présentés ci-après :

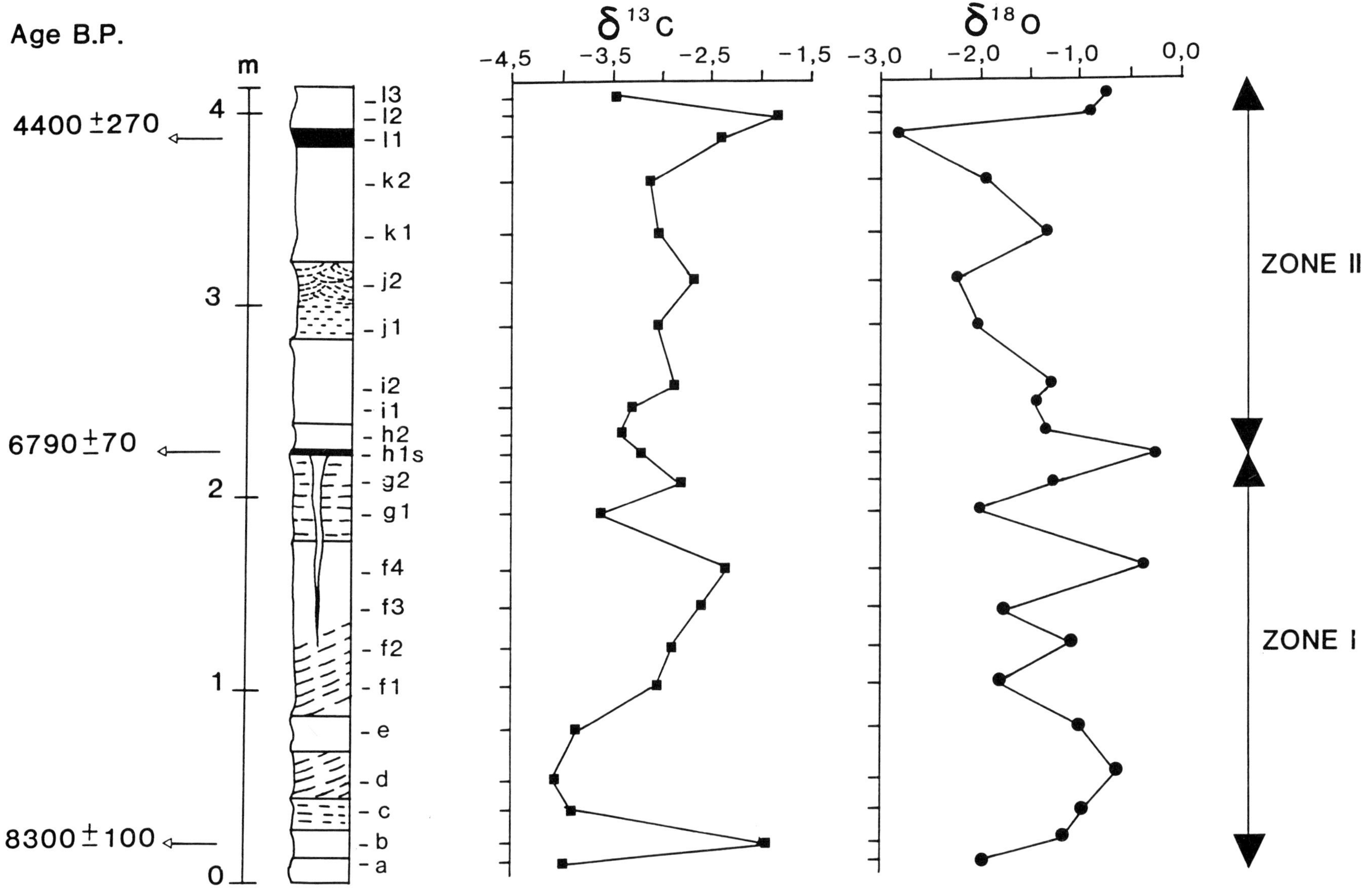

Fig. 36 - Variations de $\delta^{13}C$ et $\delta^{18}O$ dans les ostracodes de la coupe MT6.

N°	Nom	13C	18O
1	a	- 3,89 0,03	- 2,03 0,02
2	b	- 1,91 0,01	- 1,23 0,01
3	c	- 3,95 0,01	- 1,01 0,03
4	d	- 4,10 0,02	- 0,64 0,03
5	e	- 3,90 0,01	- 1,00 0,003
6	f1	- 3,03 0,03	- 1,81 0,06
7	f2	- 2,93 0,01	- 1,08 0,03
8	f3	- 2,63 0,02	- 1,79 0,02
9	f4	- 2,38 0,01	- 0,33 0,02
10	g1	- 3,67 0,02	- 2,05 0,02
11	g2	- 2,79 0,01	- 1,28 0,03
12	h1	- 3,24 0,02	- 0,26 0,01
13	h2	- 3,43 0,02	- 1,38 0,03
14	i1	- 3,34 0,01	- 1,46 0,02
15	i2	- 2,88 0,02	- 1,34 0,01
16	j1	- 3,05 0,01	- 2,04 0,01
17	j2	- 2,71 0,01	- 2,27 0,02
18	k1	- 3,04 0,02	- 1,35 0,02
19	k2	- 3,13 0,02	- 1,98 0,02
20	l1	- 2,38 0,02	- 2,64 0,03
21	l2	- 1,81 0,02	- 0,68 0,01
22	l3	- 3,44 0,01	- 0,75 0,01

1/ Les isotopes de l'Oxygène

La courbe indiquant les variations $\delta^{18}O$ présentées à la figure 36 permet de définir deux zones :

- Zone a

Cette zone comprend les échantillons a à h1, correspondant à la première période de sédimentation lacustre (8 300 BP - 6 790 BP). Elle se caractérise par des valeurs $\delta\ ^{18}O$ relativement élevées mais présentant une forte variabilité entre - 0,5% et - 2,0%.

En considérant que les analyses ont été effectuées sur une même espèce d'individus ayant un même fractionnement biologique, deux causes principales peuvent entraîner une variation des rapports $\delta^{18}O$ dans les tests d'ostracodes. D'une part, les processus d'évaporation contribuent à enrichir les eaux du lac en isotopes lourds, d'autre part, la fixation d'oxygène léger, lors de la précipitation de $CaCO_3$, est favorisée par la baisse de la température.

Les teneurs en $\delta^{18}O$ relativement basses dans les échantillons a, f1, f3 et g1 tracent les périodes d'alimentation en eau importante de la dépression. En revanche, les teneurs $\delta\ ^{18}O$ plus élevées pourraient correspondre à des périodes d'évaporation intense, conduisant à un enrichissement relatif des eaux en isotopes lourds. Ainsi, les niveaux affectés par les figures de dessiccation (mud-cracks) se signalent par des valeurs $\delta^{18}O$ élevées, de l'ordre de - 0,26%.

- Zone b

Cette zone, comprenant les échantillons h2 à 13, correspond à 6 800 BP - 4 500 BP.

Elle se caractérise par des valeurs $\delta^{18}O$ inférieures à celles de la période précédente et pouvant atteindre - 3,8%. Cette plus faible teneur en isotopes lourds de l'oxygène peut être interprétée comme un refroidissement et par une diminution de l'intensité des mécanismes d'évaporation. Les données palynologiques (Schulz, *infra*) indiquant, pendant cette période, un passage progressif d'une flore sahélienne à une flore saharienne, suggèrent une diminution des précipitations et donc l'installation d'un climat plus froid et plus aride que lors de l'optimum 8 300 - 6 800 BP.

2/ Les isotopes du carbone

Les variations $\delta^{13}C$ des isotopes du carbone, présentées à la figure 36, sont importantes dans la zone a où des différences de l'ordre de - 2% sont enregistrées. En revanche, une évolution croissante et régulière de $\delta^{13}C$ = - 3,5 % à - 2% s'observe dans la zone b.

Les modifications de la composition isotopique du carbone peuvent être interprétées en relation avec le confinement et l'installation d'un milieu anoxique au sein du lac, ou, au contraire, avec la turbulence et la réalisation d'un équilibre entre les teneurs $\delta^{13}C$ des eaux du lac et de l'atmosphère. Ainsi, pendant la période d'évaporation continue intervenant peu après la mise en eau du lac (échantillons c, d, b), les valeurs ^{13}C, dans la deuxième moitié de la zone, ont caractérisé une évolution progressive vers l'équilibre avec l'atmosphère, dans un contexte hydrologique instable. Dans la zone b, l'évolution progressive vers un équilibre avec l'atmosphère est significatif du temps de résidence plus élevé des eaux, en raison d'un affaiblissement des mécanismes d'évaporation.

CONCLUSION

L'analyse des isotopes de l'oxygène et du carbone effectuée à partir des tests d'ostracodes révèle l'existence de deux phases hydrologiques distinctes :

- entre 8 300 et 6 700 BP, le lac est alimenté par des arrivées épisodiques d'eaux douces, mais subit une évaporation intense dans un contexte chaud et humide.
- entre 6 700 et 4 500 BP, une détérioration climatique caractérisée par un climat plus froid limite les mécanismes d'évaporation et détermine un temps de résidence plus élevé des eaux dans le système lacustre. Il se traduit par une tendance vers un équilibre avec le carbone d'origine atmosphérique. Les documents paléobiologiques et les analyses isotopiques permettent de définir ainsi un climat relativement plus froid et plus sec que la phase hydrologique positive précédente (8 300 BP - 6 900 BP). Ces éléments, en accord avec l'histoire hydrologique holocène du Sahara malien (Petit-Maire, 1989), complètent les interprétations paléoclimatiques.

Christian GOETZ, 30 ans, est mort quelques semaines après avoir rédigé cet article.
Tout le monde l'aimait.
Que les lecteurs de son article, dans les années et les décades à venir pensent à lui qui repose en paix, dans le ciel aux mille étoiles de Taoudenni.

CONTEXTE ARCHEOLOGIQUE

N. PETIT-MAIRE , M. RAIMBAULT, P. CARBONEL

L'étude récente (1980-1988) des paléoenvironnements du Sahara malien, entre le Niger et Thraza, l'Adrar des Iforas et le Djouf, a démontré l'existence de biotopes sahéliens et de vastes lacs et marais d'eau douce pendant l 'humide holocène, daté dans cette région d'environ 9 000 à 4 500 ans BP (Petit-Maire et Riser, 1981, 1988 ; Petit-Maire et Riser, éds., 1983 ; Petit-Maire, 1986 ; Petit-Maire *et al.*, 1990 ; Fabre et Petit-Maire, 1988). Des gisements atériens (Chavaillon et Fabre, 1960), épipaléolithiques et néolithiques - ces derniers riches en céramique - sont associés aux anciens rivages lacustres (Raimbault, 1983 ; Commelin, 1983 ; Camps-Fabrer, 1983 ; Commelin, 1984 ; Petit-Maire *et al.*, 1983) et des sépultures holocènes ont livré des restes humains tantôt de type méditerranéen, tantôt de type Cromagnoïde (Dutour et Petit-Maire, 1983 ; Dutour, 1989 ; Petit-Maire et Dutour, 1987).

A ce jour, aucune gravure rupestre n'avait été signalée à l'ouest de l'Adrar des Iforas, hormis celles, de facture récente, trouvées à Telig par J. Fabre en 1963 : inscription koufique et quelques figurations animales en traits continus ou en piqueté (Pl. IX).

Une découverte plus importante vient d'être faite à proximité du lac holocène de Haijad. Sa rive orientale est dominée d'environ 15 m par un affleurement des grès du Carbonifère supérieur dont le sommet, aplani, large de 10 m au centre et de 5 m à la pointe, est débité par l'érosion en larges dalles de 0,5 m à 1 ou 2 m de côté. Les dalles les plus proches de la pente sont exposées à des glissements ou des chutes d'autant plus menaçants que la largeur du sommet tabulaire se réduit progressivement, en raison de la très forte érosion éolienne qui caractérise cette région (Fabre et Mainguet, 1984). Un grand nombre d'entre elles sont gravées et l'on distingue encore des traits, points et restes de figures animales plus ou moins effacées. Cependant, à la pointe nord de l'affleurement (Pl. VI), un ensemble animalier très important est encore bien conservé sur quatre grosses dalles. Deux d'entre elles (1,20 x 0,55 x 0,15 m ; 1,20 x 0,85 x 0,13 m) présentent un intérêt tout particulier. On y distingue, d'une part des gravures à trait continu épais (environ 5 mm actuellement) et des gravures aux traits fins plus maladroits, d'autre part des figures piquetées (Pl. X-XI).

Les animaux représentés peuvent être identifiés, parfois avec certitude (girafe, rhinocéros, grand serpent), parfois plus difficilement : grands Bovidés, peut-être *Bos brachyceros* et *Bos africanus* par analogie avec ceux de l'Oued Djérat (Lhote, 1976) et *Tragelaphus scriptus* et *Redunca redunca* .

Des traits longs et droits percent les figures animales et peuvent être interprétés classiquement comme des javelots ou flèches, de même que le quadrilatère à barres perpendiculaires semble piéger le grand bovidé de la seconde dalle, comme sur les gravures de Nubie (Mori, 1973). Si l'on considère que des restes osseux de rhinocéros, éléphant et gros Bovidés ont été observés sur le site de Kesret-el-Gani, situé à quarante kilomètres au SE de Haijad (Petit-Maire, 1986), dans un contexte similaire de rivage lacustre, ces figurations n'ont rien pour surprendre. La girafe et le python ont été, eux, déterminés dans les kjökenmöddings des populations Cromagnoïdes de Hassi-el-Abiod, à trois cent cinquante kilomètres au sud de Haijad (Guérin et Faure, 1983 ; Petit-Maire, 1986). La facilité des déplacements de groupes semi-nomades à travers un paysage sahélien de marais et de lacs implique sans difficulté la connaissance de ces animaux chez les hommes d'Haijad.

L'âge de ces représentations peut difficilement être estimé en fonction du contexte lithique qui jonche l'ancienne plage, au pied de l'éperon à gravures : leur contemporanéité ne peut être prouvée en l'absence de tout matériel datable (charbons, collagène, carbonates) associé. L'industrie en question, étudiée sur un échantillonnage portant sur cinquante pièces retouchées, vingt-six nucléus et deux-cent-quinze éclats bruts, est taillée dans un matériau silicifié. L'outillage est généralement de petite taille (< 20 cm), avec une large prédominance des éclats (68%) sur les lames (24%) et les lamelles (8%). Le groupe dominant est celui des perçoirs (26%), suivi par les grattoirs, les pièces à coche(s) et les éclats et lames à bord abattu. Les microlithes géométriques, burins, racloirs et armatures sont rares. Les pièces à retouche continue sont fréquentes. Ce matériel s'intègre dans le faciès néolithique général de la cuvette de Taoudenni par son matériau, son débitage (petits nucléus non-cannelés) et par la faible proportion des lames et des lamelles. L'absence d'outillage poli et d'industrie osseuse, la rareté des armatures de pointes de flèches plaident cependant en faveur d'un néolithique ancien, peut-être contemporain des gravures.

Du point de vue paléohydrologique, la position du site à gravures donne à penser qu'il est contemporain d'un haut niveau du lac (au contraire de certains autres gisements, situés sur les dépôts lacustres périphériques). Il est d'ailleurs logique que l'homme ait vécu dans cette région durant la période où les sources au pied de la hammada karstique alimentaient abondamment le lac en eau douce et permettaient une vie animale et humaine, peut-être sédentaire (bien que l'absence de céramique et de gros matériel de broyage permette d'en douter).

Cet optimum hydrologique correspond, à Haijad, à l'intervalle approximatif de 8 000 à 7 000 ans avant nos jours.

L'étude et le sauvetage des gravures de Haijad seraient de grande importance pour la connaissance de l'art rupestre du Sahara malien.

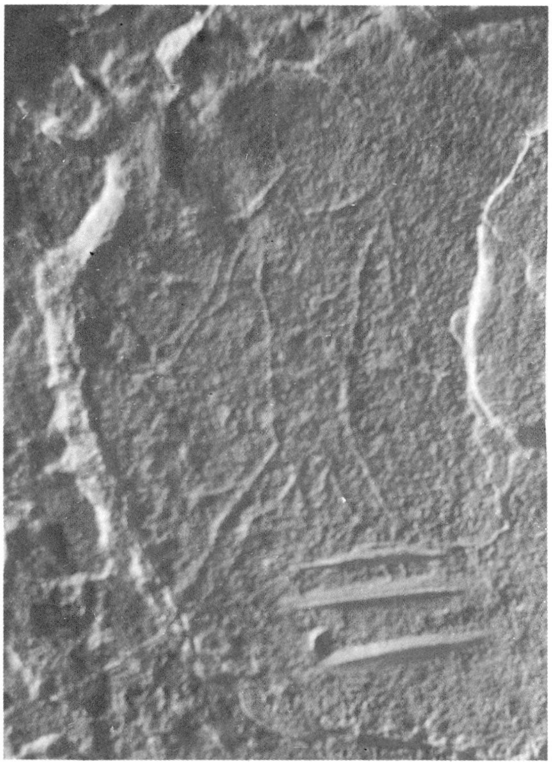

Pl. IX - **1 - Telig :** Figuration humaine.
2 - Telig : Inscription koufique datée de l'an 1002 de l'Hégire, en l'honneur de Ahmdiz El Hadad. Traduction Brahim Damnati). Elle correspond au début de l'exploitation des salines.

Pl. X - Antilopes avec signes de piégeage.

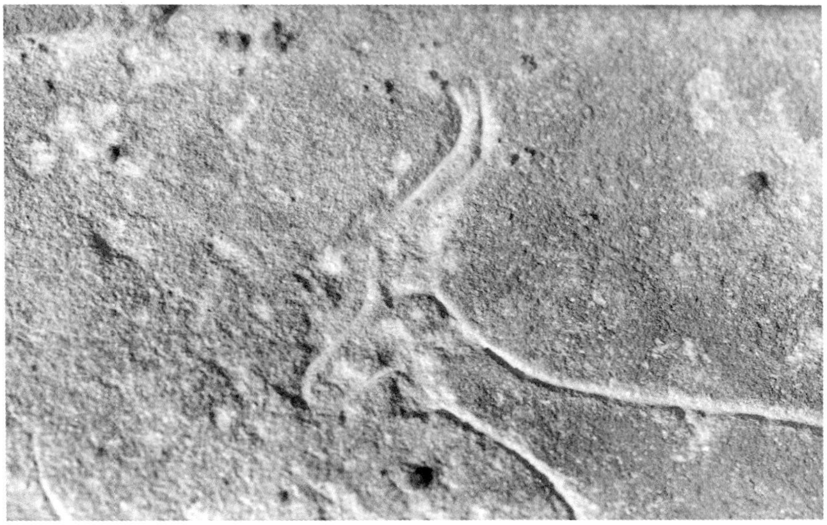

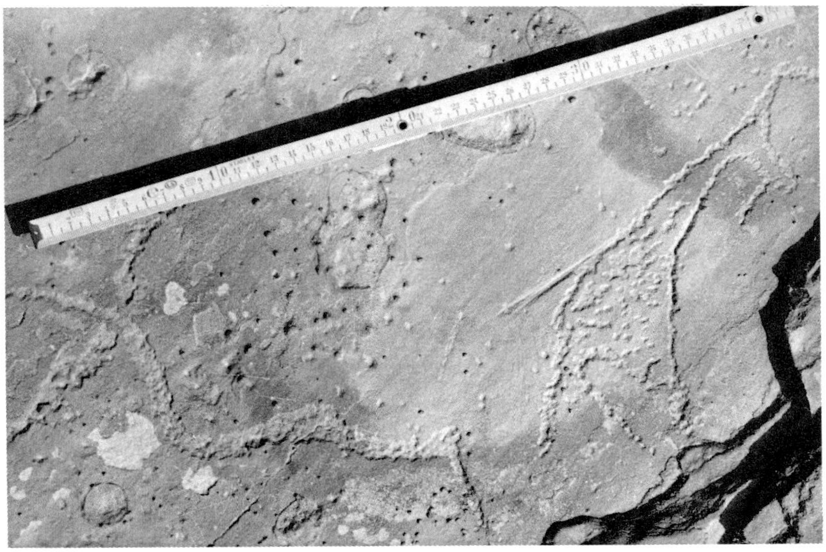

Pl. XI - Haijad : 1 - Gazelle. **2 -** Bovidés. **3 -** Gravures piquetées.

2 - le lac d'Agorgott

Pl. XII - La Sebkha d'Agorgott.

LE LAC HOLOCENE DE TAOUDENNI - AGORGOTT
Cadre géologique et Evolution

J. FABRE

Les salines de Taoudenni (ou Taoudenit, sans doute plus correct d'après Th. Monod) sont exploitées depuits le XVIe siècle mais cette région est aussi renommée pour son aridité, son eau détestable et ses vents de poussière et de sable. Un milieu hostile où sévissent les "Djenouns"; il l'était peut être déjà à l'Holocène.

1 - BASSIN VERSANT

Si l'on se fonde sur le réseau hydrographique, il est limité au nord par le bord de la Hammada El Haricha, par un grand agator sub-méridien à l'ouest, et par l'Agagor Nous au sud et à l'est. On peut voir sur la figure 38 que ces limites, en particulier l'occidentale, ne sont pas parfaites.

Ainsi délimité, le bassin a une superficie de 1 091 km^2 : 852 km^2 à écoulement libre et 239 km^2 pour la zone comprise entre l'agator Djouder et le bord de la Hammada. En effet, l'agator El Emir, pas plus que l'agator Djouder, ne constituent de barrières hydrologiques efficaces. Ils sont franchis par des oueds concentrant les eaux qui les avaient longés ; parfois, ces derniers disparaissent dans de petites dépressions de 1 à 2,5 km de long et quelques centaines de mètres de large, allongées contre l'agator ; l'absence d'une sédimentation importante semble prouver qu'elles se comportent comme des zones d'infiltration pour les eaux qui vont ressortir à l'aval.

2 - TYPES DE RELIEF

Trois domaines, trois types de paysages s'offrent à qui parcourt la région : la partie haute de la Hammada El Haricha, sa partie moyenne qui porte des buttes témoins des grès et argilites du Carbonifère supérieur et, enfin, le fond de la cuvette (fig. 37).

La partie haute

La crête sommitale de la hammada se situe vers 300 m d'altitude, c'est-à-dire au voisinage de la surface d'érosion "Pré-Khnachich" que, schématiquement, on pourrait appeler la surface (ou la pénéplaine) crétacée. La limite inférieure se situerait approximativement vers 270 m. C'est la hammada nue, un plateau de calcaires diaclasés, à pente faible vers le sud, que l'on traverse sur le chemin de Trhaza (fig. 3). L'hydrographie se ramène à des systèmes, à peine esquissés, d'oueds longs de un à trois kilomètres en moyenne, convergeant vers de petites dépressions fermées qui ne paraissent pas avoir été le siège d'une sédimentation lacustre ou palustre. Nous avons inclus ce domaine dans le bassin versant, en admettant que l'eau qui s'y infiltre se retrouve dans les résurgences à l'aval (domaines 2 et 3). Dans ce domaine, les dykes de dolérite (visibles sur photos aériennes ou au sol) ne jouent pas de rôle topographique notable.

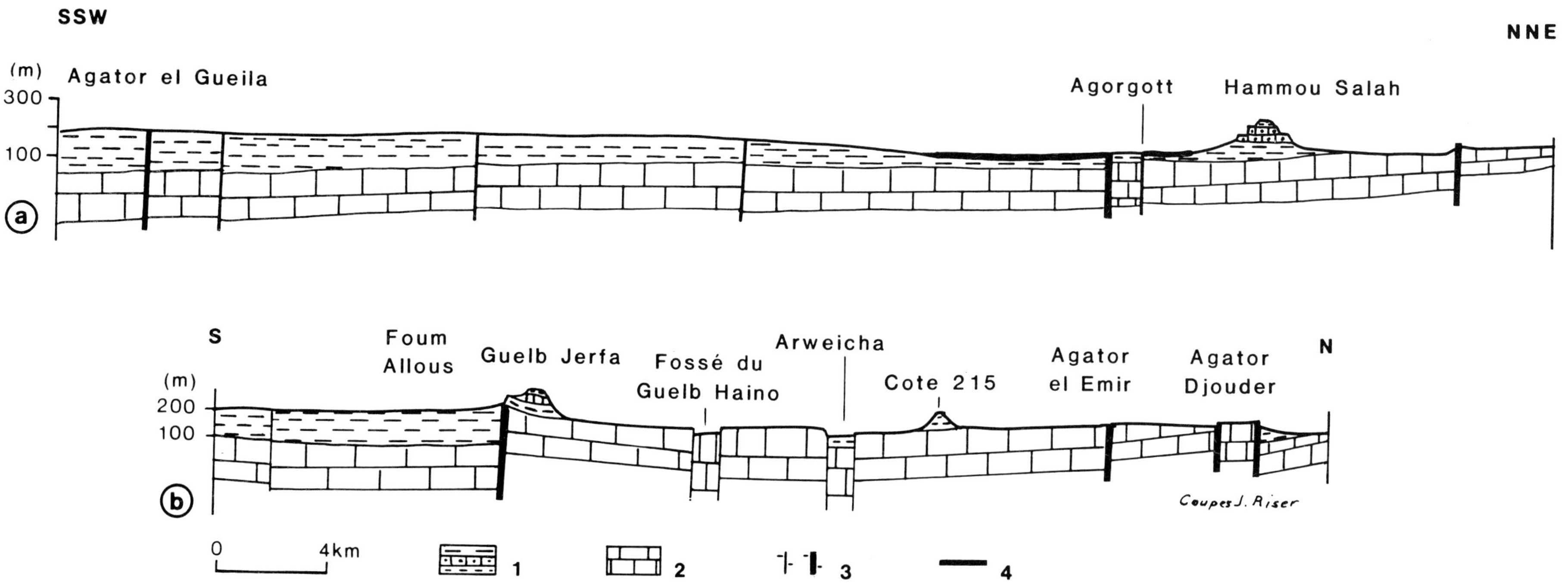

Fig. 37 - **a** : Coupe géologique schématique, au centre de la cuvette de Taoudenni *s.s.*
b : Coupe géologique schématique de la bordure orientale de la cuvette de Taoudenni

On n'y connaît pas de buttes témoins de grès et d'argilites rouges du Carbonifère supérieur. Ces couches ont disparu, semble-t-il, **avant** le dépôt des argiles et carbonates lacustres du Cénozoïque dont la base se situe un peu au-dessus de la cote 256, à l'ouest de Taoudenni (Bir Chali). Comme on en connaît aussi au nord dans la région de Trhaza-Oum El Assel, on peut admettre que l'érosion cénozoïque a affecté aussi le bassin versant de Taoudenni.

La partie moyenne de la Haricha, à buttes témoins

Le réseau hydrographique, au-dessous de la cote 270, paraît beaucoup mieux organisé et hiérarchisé que dans la partie haute de la hammada, et pourtant, sauf exceptions, il est à peine incisé dans les calcaires, comme on peut s'en rendre compte au sol. La pente est, semble-t-il, à peu près la même, de l'ordre de 5 °/₀₀ en moyenne.

Ces oueds peuvent encore fonctionner lors de pluies exceptionnelles : ce serait le cas du plus important d'entre eux qui passe entre le village de Smida et la Gara Hammou Salah. Ces crues, aux dires de "vieux" du pays (renseignements oraux, 1961) noyaient momentanément les salines, mais étaient, pour les habitants de Smida, l'occasion de stocker de l'eau douce, plus agréable que celle des puits du secteur, souvent fort chargée en Na et Mg. Leur cours peut cependant disparaître quasi complètement : sans doute par perte dans un réseau de fissures, comme par exemple trois kilomètres au nord de Smida.

Le fait que les cours majeurs de ces oueds séparent des buttes témoins de grès et argilites rouges et franchissent les barrages constitués par des dykes importants et leurs épontes en d'étroits défilés, suscite l'hypothèse qu'il s'agit de la trace d'un réseau ancien, surimposé. Il se serait creusé, au Quaternaire, après l'érosion (Plio-Villafranchienne ?) de la Petite Hammada argilo-calcaire du Cénozoïque, dans les grès et argilites rouges à gypse du Carbonifère supérieur, aujourd'hui enlevés aux trois quarts. Il ne reste plus de cet ancien réseau qu'une légère gravure à la surface structurale de la Hammada El Haricha, beaucoup plus résistante à l'érosion mécanique (hydrique et éolienne), mais cependant vulnérable à l'érosion chimique dans ses diaclases. Un autre facteur qui a déterminé certains talwegs est la néotectonique. C'est le cas notamment des deux fossés est-ouest d'Arweicha et Haïno, à l'est du lac d'Agorgott. Ce pourrait être celui des deux petits fossés, à l'est et au NE de Zenzane. Le premier, est-ouest, est parallèle à celui d'Arweicha ; le second est NW-SE, parallèle au tracé de l'Agator Djouder en cet endroit. Nous n'avons pu encore visiter ces derniers mais, sur photographies aériennes, ils se présentent comme des gouttières aux bords grossièrement parallèles, affectant les seuls calcaires de la Haricha.

On doit distinguer deux types de buttes témoins : les gours isolés et les plateaux, d'une part, et les reliefs associés aux dykes de dolérite, d'autre part.

Les premiers, dont Hammou Salah (283 m) et Zenzane (277 m) sont les plus importants, représentent seulement les reliques de la couverture argilo-gréseuse carbonifère. A ce type appartiennent aussi, pour l'essentiel, les plateaux du Kreb El Djemel, au nord-ouest. Tous ces lambeaux résiduels doivent leur existence, selon nous, au tracé du réseau ancien dont il a été question plus haut. Ces reliefs fournissent le matériel meuble (argilites, grès) redéposé sous forme de terrasses alluviales.

Le second est lié aux dykes de dolérite. Les épontes argilo-gréseuses indurées par le métamorphisme de contact de la lave ont constitué l'armature de reliefs plus ou moins linéaires. Dans ce cas, la différenciation entre bancs durs (grès) et tendres (argilites), si évidente dans le premier type, s'estompe. Les premiers ont parfois protégé de l'érosion les couches demeurées tendres et vulnérables, situées souvent à l'aval pendage des dykes. Tel est le cas du petit plateau situé contre l'Agator El Emir, au nord de Hammou Salah. Le massif de Jerfa, au SE des salines, est déterminé par un dyke en échelons, parallèle au dyke de l'Agator Nous, qui longe le massif au sud et paraît avoir rejoué en faille normale à regard sud pendant le Quaternaire récent.

D'une façon générale, les dykes ne constituent pas un relief, mais, le plus souvent une étroite gouttière, bordée parfois par des murs de quelques décimètres à un ou deux mètres de haut.

Le fond de la cuvette

La sebkha moderne en occupe le centre ; la croûte argilo-sableuse et salée, craquée en larges polygones dont les bords se relèvent ("tentes de sel" ou "teepees") est de formation récente. Toutefois, elle fut, à l'est et au sud de la dépression, entaillée par les oueds de la dernière crue. D'après les photos aériennes, celle-ci devrait être antérieure à 1954. Elle est nettement moins étendue que le lac de la première période humide, comme en témoignent les quelques placages à faune et flore d'eau douce *(Melania,* travertins) préservés tant au nord qu'au sud-ouest. Entre les deux lignes de rivage, la zone intermédiaire est une surface de déflation, nue, où affleurent les calcaires de la Haricha et/ou les argilites et grès rouges sus-jacents, sub-horizontaux. La section de ces couches, vue d'avion, a pu faire croire à des laisses successives du lac quaternaire.

Sur cette surface plane, les petits fossés est-ouest à bords parallèles d'Arweicha et de Haïno sont bien marqués. Des oueds les empruntent. Ils tranchent sur le réseau embryonnaire au débouché des grands oueds venus du nord-est et du sud-est. Le dernier est à peine visible sur le terrain.

Le principal relief lié aux dykes de dolérite, est le Guelb Agorgott, point culminant d'un agator est-ouest qui sépare le lac en deux parties, nord et sud, qui communiquent cependant aux deux extrémités. Un second petit dyke, de même direction, et un ou deux dykes perpendiculaires, contribuent à "armer" ce relief d'Agorgott. Deux autres petits dykes est-ouest créent, au nord-est, de petits reliefs dans les grès et argilites rouges, qui apparaissent ainsi comme des îles ou des promontoires, dans la partie nord-est de la sebkha. Par contre, au sud, celui du Guelb Haïno, de même direction, n'apparaît, au sol, au milieu des calcaires bréchiques de la Haricha, que comme une étroite bande plus sombre, rectiligne.

Le point le plus bas mesuré (133 m) dans le profil de nivellement Taoudenni-Tombouctou (IGN, 1958-1959) se trouve sur la croûte de la sebkha, au nord de la zone exploitée. Or, dans les exploitations anciennes situées à 200-300 m de là, au nord-ouest, la couche de sel inférieure (Wara, non exploitée) se situe à environ 5 m sous la surface. Si l'on extrapole les résultats des sondages faits par les missions N. Petit-Maire de 1985 et 1988, au sud (Nouvel Agorgott), et qui n'ont pas atteint le fond, il faudrait ajouter 2,50 m, soit un minimum de 7,50 m à 8 m de dépôts quaternaires. Par ailleurs, un sondage de la SONAREM Mali, foré à 1 km au nord-ouest du point coté IGN, aurait traversé 10 m de "Quaternaire" avant de rencontrer les calcaires de la Haricha. On peut donc estimer le toit du "bed rock" Paléozoïque, sous les salines d'Agorgott, à 125-123 m d'altitude.

Dans la cuvette sud, le sol de la sebkha paraît à une altitude voisine ou légèrement supérieure (133 à 135 m). Compte tenu de la réduction des couches supérieures (1 m au lieu de 3 à 4 m), le bed-rock devrait se trouver un peu plus haut : vers 126-128 m d'altitude.

3 - LA SEDIMENTATION QUATERNAIRE

Situation au début de l'Holocène

Contrairement à la situation dans le lac de Haijad, on ne connaît pas, au coeur de la cuvette, les premiers sédiments déposés au Quaternaire, sauf en un point. Au nord de l'agator Agorgott et à l'est du guelb, on observe, dans une zone d'abri créée par un petit dyke nord-sud, quelques décimètres de grès blonds, assez grossiers, à grains éolisés, peu consolidés que l'on assimilerait volontiers aux "vieilles dunes" de l'Ogolien. Ces grès, qui reposent sur les argilites et siltites rouges du Carbonifère supérieur, sont surmontés par 0,50 m de sable rouge éolien, grossier et fin. Ces sables supportent 0,60 m d'argiles gréseuses qui emballent de petits blocs anguleux de calcaire et sont couronnées par des argiles rouges salées.

Dans le même secteur, 1 500 m à l'est, des sables vert pâle, plus ou moins consolidés, caverneux, affleurant un à deux mètres au-dessus du niveau actuel de la sebkha, contiennent des *Melania* sur au moins 10 cm d'épaisseur.

Des argiles et grès rouges tendres à *Melania* affleurent dans des conditions comparables au sud-ouest du lac (site MC 10), 3 km environ au nord-ouest du col coté 148 (Foum Allous). S'agit-il de coquilles soufflées depuis des rives nord ou nord-est ou des témoins du rivage d'un lac ancien d'eau plus douce ? La question, posée sur le terrain, a été résolue par la datation des *Melania :* au sud-ouest du lac, c'est-à-dire au nord-ouest de Foum Allous : elles ont donné 7 054 ± 360 ans BP et se trouvent, comme le site de l'agator Agorgott, à une cote un peu supérieure à celle de la sebkha actuelle (135-138 m). Les travertins cités plus haut, au nord de Smida et à l'ouest de Hammou Salah, sont plus vieux (9 120 ± 100 ans BP et 9 860 ± 190 ans BP) et, semble-t-il, à une cote égale ou légèrement supérieure à 138 m. Dans les deux cas, on observe, reposant directement sur les calcaires de la Haricha, un dépôt blanc à *Melania,* surmonté par un travertin consolidé à *Phragmites.* Au nord de Smida on observe la coupe suivante (de bas en haut) :

- la surface irrégulière, rougie, des calcaires de la Haricha, surmontée par une brèche à rares *Melania,* gypse et sel secondaires ;
- un mince horizon sombre, grumeleux, à *Melania,* Ostracodes et Characées ;
- 0,15 à 0,20 m d'argile gris vert clair, bourrée de *Melania, Biomphalaria, Bulinus* et traversée par des fentes de dessiccation remplies de sable et de débris du travertin sus-jacent ;
- des travertins, épais parfois de 0,20 m ou plus, violets, à *Phragmites,* Charophytes et encroûtements millimétriques (stromatolites ?).

Tous ces dépôts marquent un stade précoce de la sédimentation et l'existence d'un lac qui a dépassé la cote 138 de un ou deux mètres au moins.

Enfin, dernier témoin, sur le piémont oriental du Guelb Haïno, sur deux à trois mètres d'épaisseur, un dépôt alternativement blanc et gris verdâtre clair, à grandes stratifications obliques à pendage nord, emballant des blocs anguleux de plusieurs centimètres, provenant du Guelb. La matrice, aux RX, se montre constituée de gypse et d'hémihydrate dominants, ainsi que d'anhydrite et de quartz. Ce dépôt a été nivelé par la nappe de cailloutis d'une terrasse, puis entaillé par de profondes ravines. Il ne contient aucun fossile et marque la limite d'un rivage possible, dans une période de sédimentation sulfatée, sans doute postérieure à la précédente. Etait-elle lacustre ou alimentée par une remontée hydrothermale. La présence de dépôts analogues sur l'Agator Nous, au SE de Jerfa, le suggère.

Donc, dans tous les cas, les dépôts quaternaires reposent directement sur leur substratum paléozoïque. Au début de l'Holocène, après la période aride de l'Ogolien, la cuvette de Taoudenni existait et avait été quasi entièrement vidée des sédiments antérieurs. L'absence de drainage de surface vers une zone plus basse qui devrait se trouver nécessairement à l'ouest, implique que l'ablation des sédiments est le fait du vent. Comme à Haijad, celui-ci déblaie aussi les argiles du Carbonifère, comme le prouvent de petits yardangs, hauts de plus de deux mètres, non loin de la rive sud-ouest du paléolac, à l'aval-vent de celui-ci.

La sédimentation holocène

On ne connaît donc pas encore les premiers sédiments qui se sont déposés au centre du bassin. Tout ce que l'on peut dire, en se fondant sur les quelques observations faites sur les marges, c'est qu'elle a succédé à un ou des paléosols rouges, sur calcaires ou sur argiles suivant les points, affectés, comme à Haijad, de fentes de dessiccation. Ceci implique, au début, une alternance de périodes sèches et humides.

phase 1

Les sédiments les plus anciens rencontrés sont les brèches et argiles à mollusques du nord de Smida et de l'ouest de Hammou Salah, au débouché d'oueds venant de la Haricha.

On a vu que ces sédiments précédaient des travertins datés de 9 120 ± 100 et 8 960 ± 190 BP. Ils sont donc antérieurs à 9 000 BP et leur dépôt a été interrompu au moins une fois par une brève dessiccation. Vers 8 000 BP se déposent, au centre du lac, des argiles et des sulfates. Ces derniers, diffus dans le sédiment, ont-ils été capables de donner des couches continues, comme le suggèrent les horizons à thénardite rencontrés au fond des sondages ou la concentration en sulfate est-elle antérieure ? Rien ne permet de trancher mais nous parierions pour la seconde hypothèse. Le milieu est riche en matière organique... Celle-ci a donné des âges de 8 170 ± 120 et 7790 ± 80 BP. A-M. Aucour (1988) y a reconnu des débris de végétaux terrestres, des diatomées, Chlorophycées, Cyanophycées, etc. Cet épisode durera jusque vers 6 700 BP. Les moments de sédimentation saline sont brefs et, comme on l'observe dans des sebkhas actuelles (comme la Sebkha El Melah, dans la Saoura), n'empêchent pas, avant ou après, le développement d'une flore aquatique. C'est le cas, par exemple, de l'horizon MT7-3/4 daté à 6 760 ± 100 BP, où les tiges ont été gaînées de sel avant leur fossilisation (Ch.II-1). Ces sédiments sont souvent très finement zonés (pseudo-varves millimétriques), évoquant des cycles mineurs, saisonniers ou annuels.

Phase 2

La sédimentation saline ne débute vraiment que vers 6 500 - 6 600 BP et va durer jusque vers 5 000 BP. Contrairement à ce que l'on avait noté au-dessous, les couches de sel sont maintenant souvent compactes, massives et finement zonées, tout au moins lorsqu'elles n'ont pas subi de phénomènes de dissolution-recristallisation secondaire dans la zone de battement de la nappe, comme si l'on avait maintenant, non plus la formation superficielle d'une croûte salée, comme dans les sebkhas actuelles, mais un dépôt sous-aquatique. Comme le sel, les intercalaires argileux sont aussi finement varvés.

L'évaluation du tonnage de halite accumulé ne peut être qu'approximatif pour plusieurs raisons. Dans les mercuriales du sel arrivé à Tombouctou (qui est le principal, mais non le seul débouché) seules entrent en compte les couches de sel compact, apte à être sculpté en plaques (Clauzel, 1960), c'est-à-dire 20 à 50 % du sel déposé. D'autre part, les seules coupes géologiques précises que nous avons pu trouver datent du 20 novembre 1934 (Th. Monod, carnet inédit et 1952a et b). Enfin, sur les anciennes salines, à l'ouest d'Agorgott et au sud-ouest (Agorgott Dyeno), nous ne disposons d'aucune donnée. Or, ces salines sont exploitées depuis le XVIIe siècle. Nous ne savons pas, en particulier, si les couches s'amincissent vers l'ouest.

Si l'on admet, pour les différents champs salifères exploités ou en voie de l'être, une surface totale de 9,67 km^2 (1,59 pour Agorgott *s.s.*, 1,1 pour Agorgott ouest, 5 pour Agorgott Dyeno et le Nouvel Agorgott et 1,98 pour une extension possible entre Agorgott Dyeno ouest et est), le tonnage de sel déposé serait voisin de 13,5 Mt pour une puissance cumulée de sel, exploitable ou non, de 0,70 m (maximum possible à notre avis), 9,6 Mt pour une puissance moyenne de 0,50 m et 5,7 Mt pour une puissance moyenne de 0,30, en supposant un amincissement vers l'ouest.

L'analogie frappante entre les successions de la semi-cuvette nord (Agorgott *s.s.)* et celle du sud (Nouvel Agorgott) ainsi que l'épaisseur globale des couches salifères, laissent à penser que le paléolac fonctionnait comme un ensemble, au rythme des variations climatiques générales. Pendant cette période, l'apport de débris végétaux allochtones (acacias par exemple) persiste.

Phase 3

A partir de 5 000 BP environ, la sédimentation change et l'on observe une nette différence entre les deux cuvette nord et sud.

Au sud, la formation salifère est surmontée par 0,60 m (au maximum) d'argiles laminées, d'abord vertes et jaunes, puis rouges. De minces lits de sel s'y intercalent. Les débris de bois carbonisés de la couche inférieure ont donné un âge de 3 840 ± 250 BP. Tout se passe comme si, la cuvette comblée, la sédimentation y était ralentie, mais toujours sous une certaine tranche d'eau. En effet, on n'y observe pas de fentes de dessiccation de grande taille indiquant des émersions périodiques mais, tout au plus, des ondulations des lits dus à la recristallisation du sel et qui peuvent être tardives. L'apport de sel et de sulfate en solution persistait, mais en proportion beaucoup plus faible qu'auparavant, par comparaison avec l'apport de détritique terrigène. Le sel a pu se déposer directement en lits minces, ou demeurer diffus dans l'argile pour cristalliser ensuite en son sein, sous forme de cristaux isolés, comme ce fut le cas aussi pour les sulfates (glauberite).

Au nord, au contraire, la sédimentation demeure plus active. Trois mètres d'argiles riches en smectites (Aucour, 1988) surmontent la formation salifère exploitée. Comme au sud, elles sont finement laminées, d'abord vertes et bleues, puis rouges. De nombreux joints de stratification sont poudrés d'un sable roux très fin (silt ?) indiquant l'arrivée épisodique dans le lac de poussières éoliennes. Pas plus là que dans la cuvette Sud on n'observe de rides, qu'elles soient de courant ou stationnaires, qui auraient été produites si des chenaux, venus de l'extérieur, étaient entrés dans le lac ou si la profondeur d'eau avait été assez faible pour que se forment, sur le fond, des rides de vagues. Cette sédimentation débute un peu avant 4 720 ± 90 BP. Les débris végétaux carbonisés continuent d'arriver. Ils sont toujours de petite taille (autant que nous ayons pu en juger). Ils indiquent la persistance d'une végétation alentour mais sûrement moins dense qu'auparavant, et dont l'effet de filtre du terrigène et de frein à l'érosion mécanique diminuait. Le milieu de sédimentation contenait encore des sulfates, mais moins de sel que dans la cuvette sud, plus distale par rapport aux apports principaux. Les sulfates cristalliseront après le dépôt des argiles, sous forme de gypse et de glaubérite. Leurs rhomboèdres aplatis et tranchants, disséminés dans l'argile plastique, sont, sans doute, à l'origine du nom donné par les mineurs aux couches supérieures : Harichat = celle qui déchire (les mains). Comme au sud, la sédimentation se fait d'abord en milieu réducteur : les argiles vertes ou bleues de Harma Lemné. Puis les conditions deviennent oxydantes et les argiles héritées du Carbonifère gardent leur couleur. Comme au sud, nous n'avons observé aucune bioturbation. Ce lac de Taoudenni paraît avoir été, pendant cette période, fort peu hospitalier pour les animaux organisés.

Phase 4

Au nord comme au sud, l'histoire se termine par le dépôt d'une argile sableuse ou d'un sable argileux, gypseux et salé : la couche "Sabkha" des mineurs. Celle-ci traduit un régime climatique qui se rapproche de celui que la région connaît aujourd'hui. Pour la première fois depuis l'installation du régime lacustre, le bassin reçoit du matériel détritique grossier, sous forme de sable. On doit donc supposer que c'est de cette période que datent, sur les reliefs environnants, le façonnement des dernières surfaces et les dernières coulées boueuses. La sebkha peut désormais s'assécher et sa surface craquer en larges polygones.

4 - ROLE DE LA NEOTECTONIQUE DANS L'EVOLUTION DU LAC

On sait depuis peu que d'anciennes fractures, parfois injectées de dolérite vers 270-180 Ma (Permien-Jurassique inférieur), ont rejoué au Quaternaire, et en particulier à l'Holocène, dans cette partie centrale du craton ouest africain (Fabre *et al.*,1989). C'est le cas, on l'a vu, de la partie médiane de l'Agator El Emir, au nord de Taoudenni et du segment ENE-WSW de l'Agator Nous, au sud. Ces rejeux pourraient être l'effet en surface d'anomalies profondes au niveau du manteau. Le bord méridional du bassin se trouve ainsi relevé de quelques mètres à 20-30 m par rapport au Pays Rouge argilo-gréseux qui s'étend au sud.

Dans quelle mesure cette néotectonique a-t-elle pu jouer un rôle dans la localisation et l'alimentation du paléolac de Taoudenni ? Th. Monod l'avait envisagé (inédit, 1934). L'analyse fine de son contexte géologique nous conduit à considérer cette hypothèse comme très probable.

Les fossés est-ouest et ESE-WNW de Arweicha et Haïno, large de 200 à 500 m, aux bords raides, aboutissent tous deux à la cuvette d'Agorgott. La fraîcheur de leurs berges laisse penser qu'ils ont pu fonctionner au Quaternaire récent et provoquer l'affaissement de celle-ci alors que le comblement de la cuvette sud (Agorgott Dyeno-Nouvel Agorgott) était terminé. La présence, signalée par Monod (1934-1952), dans les argiles de Harma Lemné, d'un galet de dolérite provenant sans doute de l'un des dykes tout proche d'Agorgott, pourrait être un témoin de ces mouvements.

Par ailleurs, ces rejeux, même de faible amplitude, ont créé dans les roches dures affectées par les failles (calcaires de la Haricha, dolérites et cornéennes au contact) des brèches non cimentées, au moins dans les quelques centaines de mètres au-dessous de la surface. Ces bandes de brèches ont ainsi créé des voies de circulation faciles pour l'eau de la nappe phréatique, comme pour celle des nappes captives profondes.

5 - L'ALIMENTATION DU PALEOLAC

Elle a pu se faire simultanément de trois manières :

Par l'écoulement de surface venant du nord et du nord-est, sur la Hammada El Haricha et les reliques de la formation rouge sus-jacente. A la différence de Haijad, on ne peut envisager, pour la raison exposée plus haut, d'écoulement provenant de la formation rouge, à l'aval pendage au sud.

Par l'écoulement de la nappe phréatique circulant dans les diaclases des calcaires de la Haricha et draînée vers le paléolac par les fossés d'Arweicha et de Haïno. Certes, une partie a pu franchir l'Agator Nous, au sud de Jerfa, mais elle est minime. Le gros massif de Jerfa et le dyke qui en forme la crête (et qui ne semble pas avoir rejoué) ont constitué un barrage aussi efficace que celui de Telig, signalé au chapitre précédent. La vaste dépression au sud de l'Agator Nous a été ainsi, pour l'essentiel, alimentée par un autre système situé au NE, en Pays Rouge. La sédimentation débute par des sédiments blancs, conservés plaqués au pied de l'agator : une faune d'eau douce à *Melania*, *Biomphalaria* et Ostracodes y proliférait. Les *Melania* ont donné un âge ^{14}C de 7 628 ± 220 BP. Puis, le niveau baisse et le fond, situé à quelques mètres en contre-bas à l'ouest, est couvert d'une croûte gypseuse. Sur la berge orientale de ce paléolac, les argilites rouges du Carbonifère, fragmentées et resédimentées, sont ravinées par une coulée boueuse sur 0,50 à 1 m selon les points : des blocs anguleux ou sub-anguleux de 0,01 à 0,30 m de long sont emballés dans une matrice argilo-sableuse brun-rouge à gravillons. Ici, comme à Hammou Salah et Haijad, la fin de la période humide est marquée par des orages provoquant l'irruption de coulées boueuses.

Par artésianisme de nappes profondes. L'hypothèse avait déjà été envisagée par Villemur (1967) à la recherche d'une source de halite pour le lac de Taoudenni. Depuis, l'existence de nappes artésiennes d'eau salée a été démontrée par les sondages qui y ont été faits, tant par la SONAREM que par le BERHI. On a vu que, pendant la plus grande partie de son histoire, le paléolac de Taoudenni était resté en eau, même pendant l'Holocène supérieur, entre 6 500 et 3 800 BP au moins, alors que Haijad connaissait de brèves mais importantes variations de niveau. Certes, le bassin versant de Taoudenni est supérieur à celui de Haijad (1 090 km^2 au lieu de 813 km^2) mais sa pente est moindre, ce qui devrait faciliter l'évaporation. Par ailleurs, la surface du paléolac de Taoudenni, dans son extension maximale (124 à 125 km^2) est plus du double de celle de Haijad (55 km^2) et les profondeurs maximales du bed-rock comparables (12 à 13 m au lieu de 15 à 16 m). On doit donc envisager une alimentation supplémentaire pour Taoudenni, peut-être par la nappe des calcaires de la Hammada Safia sous-jacente à la Haricha, mais aussi par des nappes plus profondes comme celle des grès du Tournaisien ou même de ceux de l'Erg Chech (Ordovicien). Le paléolac de Taoudenni reflèterait ainsi les variations hydrologiques, et donc climatiques, d'une région plus vaste que son bassin-versant topographique et qui s'étendrait, ainsi que le quart NE du "bassin de Taoudenni" des géologues, aux affleurements des "grès de l'Erg Chech", entre 22° et 24° de latitude. Mais ces variations de la pluviosité sur les grès de l'Erg Chech seraient fortement limitées (tamponnées) par l'épaisseur des couches à traverser jusqu'au lac.

CONCLUSION

- Pendant toute la phase lacustre, le filtre constitué par la végétation des alentours a été suffisant pour empêcher l'apport de matériel grossier dans le lac. On y observe tout au plus l'arrivée d'argiles en suspension, et encore une forte proportion de celles-ci avait subi, *in situ* ou dans leur migration, une évolution en smectites (Aucour, 1988). Ceci implique une densité de peuplement végétal importante.

- Pendant tout l'Holocène, jusqu'au moment du dépôt des grès et argiles salées de "Sabkha", le lac est resté en eau. Sa profondeur a dû varier, certes, au cours du temps, de l'ordre de dix à quelques mètres, mais celle-ci est demeurée suffisante pour que les sédiments ne soient pas affectés par l'agitation de surface. Ceci impliquerait, selon nous, une alimentation complémentaire par artésianisme de nappes captives, moins dépendantes des variations saisonnières des précipitations.
- Par contre, on doit souligner le synchronisme remarquable entre l'apparition des surfaces à mud-cracks de Haijad et le dépôt des couches de sel exploitées dans les deux cuvettes de Taoudenni. Les deux lacs de Haijad et de Taoudenni ont réagi **en même temps** à la modification du rapport Evaporation / Précipitation, mais chacun à sa manière.

Plusieurs questions demeurent cependant en suspens :

- Pourquoi l'arrêt brutal de la sédimentation saline dans les deux cuvettes (mises à part les traces de sel postérieures) ?
- Pourquoi, après le dépôt des argiles de Harma Lemné, ce passage de conditions réductrices à des conditions oxydantes ?
- Pourquoi cette absence de vie dans le lac, non seulement pendant le dépôt des couches de sel exploitées, mais aussi après, alors que la végétation persistait aux alentours ?

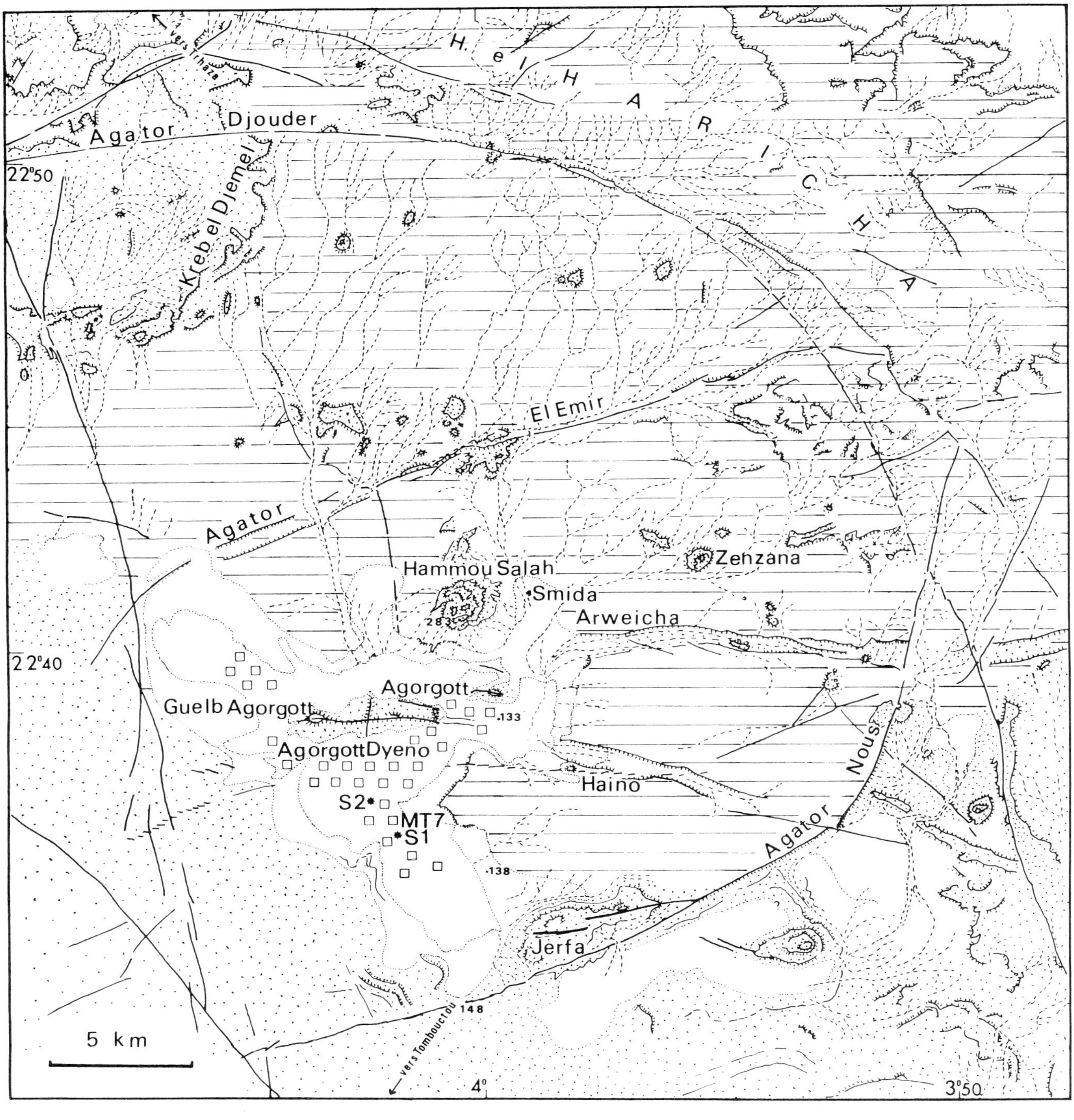

Fig. 38 - Paléolac holocène de Taoudenni-Agorgott.

.Calcaires carbonifères de la Hammada el Haricha.
.Grès et argilites rouges à gypse du Carbonifère (Namurien).
.Filons de dolérite Permo-Jurassique.
.Maaders et sebkhas actuels.
.Secteurs exploités pour le sel.

MT7 : nouvelles salines étudiées en 1982, 1985 et 1988 = site du sondage S1.
S2 : sondage complémentaire dans les mêmes formations (1988). Le sondage exécuté en 1988 dans les couches sus-jacentes au sel d'Argott *s.s.* (= MT7bis) se situe à 240 m au NW de la borne cotée 133.

D'après fond topographique IGN, feuilles Taoudenni et Bir Chali au 1/200 000, photographies aériennes IGN, mission NF 30 XIV-XVI (1954) et photogéologie J. Fabre, 1982, 1988 complétée sur le terrain.

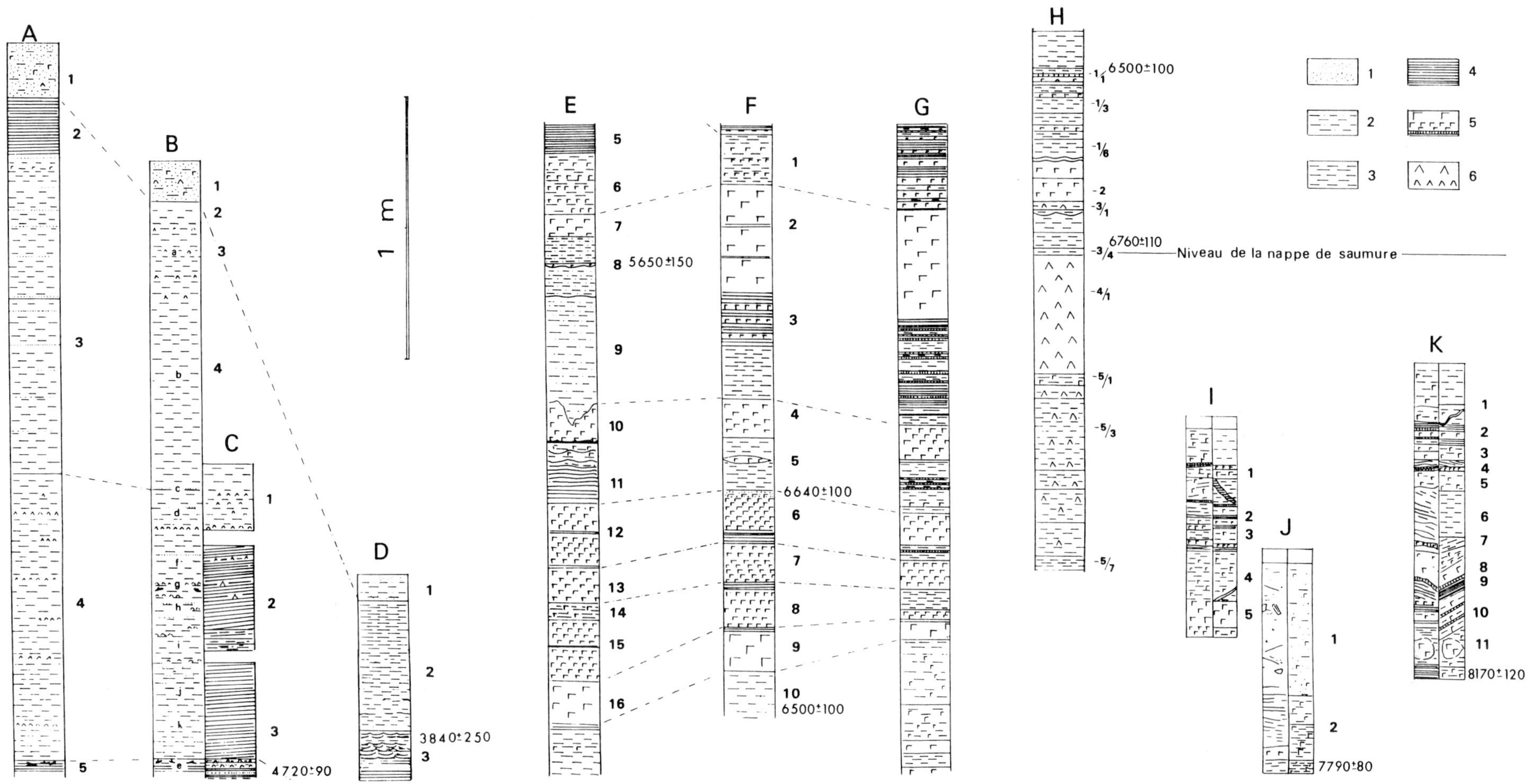

Fig. 39 - Lithostratigraphie des dépôts salifères holocènes d'Agorgott.

Fig. 39 - Lithostratigraphie des dépôts salifères holocènes d'Agorgott (Taoudenni).

Légende lithologique : 1 : sable ; **2** : argile sableuse , silt ; **3** : argile ; **4** : argile à laminations régulières (pseudo-varves) ; **5** : sel en plus ou moins gros cristaux ou en mince lit compact ; **6** : sulfates : gypse , glaubérite , thénardite.

Colonnes A à D : terrains de couverture

A : Dans une fosse en activité à Agorgott *s.s.* en février 1961 (J.F.).
1 : Sabkha : grès grossier argileux brun rouge, constituant une croûte dure et caverneuse.
2 : Bourgha-Bourgha : argile plastique lie de vin coupée de minces lits sableux et contenant de petits débris de bois.
3 : Bourhet Nous : idem.
4 : Harichat : argile lie de vin, plastique, à cristaux disséminés, ou concentrés dans certains lits.
5 : Harma Lemné : argile plastique verte, contenant des débris de bois dans les 2 cm supérieurs.

B : Avant fosse, creusée en 1985 à Agorgott *s.s.*, 240 m au NW du point coté 133 et à l'ESE de la précédente, vers le bord de la zone exploitée (levé Coffinier et Fabre).
1 : Sabkha.
2 : Argile brun rouge légèrement remaniée.
3 : Argile brun rouge contenant des débris végétaux et des cristaux dispersés.
4 : Argile : idem.
a à **k** (= échantillons 1985) : argiles à délits poudrés de sable très fin et minces lentilles horizontales à cristaux millimétriques de glaubérite. Quelques débris de bois dans e : horizon Harma Lemné. 4 720 ± 90 BP.

C : Sondage réalisé par Carbonel (1988) sur la paroi Ouest de la même fosse (d'après description Carbonel).
1 : Carotte d'argile rouge homogène, plus compacte vers la base, à lits et/ou cristaux isolés de glaubérite.
Carottes 2 et 3 : argile rouge à lamines millimétriques légèrement obliques et cristaux de glaubérite dispersés. Au milieu (base de la carotte 2), intercalation d'argile verte et rouge. A la base de 3 : sommet de l'horizon Harma Lemné : argile verte et bariolée, à lits de cristaux et lits sableux.

D : Dans une fosse en activité du Nouvel Argorgott (environ 6 km au SW des précédentes), la couverture des couches de sel peut être réduite à quelques décimètres (Fabre, 1982; Fabre et Petit-Maire,1988).
1 : Sable et argile rouge de la sebkha.
2 : Argile rouge contenant 5 minces lits blancs ondulés (Bourgha Bourgha ?).
3 : Argile à lamines millimétriques jaune et vert soulignant, dans certaines fosses, des fentes de dessication = Harma Lemné local. Epaisseur variable : 0,20 à 0,50 m suivant les fosses. Petits débris végétaux noirs datés : 3 840 ± 250.

Colonnes E, F, G : couches salifères exploitées

E : Suite de la coupe de la colonne A, relevée à Agorgott *s.s.* (Fabre, 1961).
5 : Harma Lemné.
6 : Argile gris jaune ou bleue contenant 4 à 6 lits de sel de quelques millimètres à 1-2 cm d'épaisseur = Wara Fereh (l'argile de Wara).
7 : Sel compact, bien cristallisé = Wara.
8 : Argile sableuse gris vert (Zoko Fereh) contenant de gros morceaux de bois noircis et un lit de sel (Liligui) largement cristallisé et d'épaisseur variable. Constitue le toit des galeries. Daté 5 650 ± 150 BP.
9 : Argile sableuse, grise ou lie de vin = Ahmamiya Fereh (ou Afarayt T'amamyia, ou Afarayt al Beyda).
10 : Couche de sel en gros cristaux (= Ahmamiya ou Kuks al Beida).

11 : Argile rubannée, gris vert ou noire, zonée de sel à la partie supérieure (lits ondulés) = Baera Fereh ou Beyda Fereh.
12 : Horizon de sel compact , Baera Beyda (la Blanche) partagé par un lit argileux médian (Baera Kokochi).
13 : Sel en général compact, plus rarement friable (= Bint ou Bent = la fille) séparé de l'horizon sus-jacent par un lit d'argile verte zonée de sels amers (obs. Monod) pulvérulents = Bent Labou ou Afarayt El Bent.
14 : Argile grise remplie de sel (toucher rugueux) = Kamra Labou (ou Afarayt Al Kamra).
15 : Couche de sel compact (souvent la meilleure) = Kuks Al Kamra + Kamra, contenant parfois des débris de bois blanchis et divisée par un lit argileux noir (Kamra Kokochi).
16 : Sel : Wara, soit constituant la partie inférieure de Kamra, soit séparé par un lit argileux. Cette couche n'était pas exploitée autrefois à Agorgott *s.s.* pour éviter une remontée de la nappe de saumure.

F : Synthèse de coupes (Fabre et Petit-Maire) de fosses en exploitation en 1982, 1985 et 1988 dans le quartier du Nouvel Agorgott, 6 km au Sud-Ouest de la précédente. Fait suite vers le bas à la coupe D. Les épaisseurs varient d'une fosse à l'autre, c'est-à-dire sur quelques dizaines ou centaines de mètres.
1 : Argile et silt jaune vert. Lentille de sel grossier à la base = Wara Fereh (0,25).
2 : Couche de sel Wara (0,40 à 0,50), rosé au sommet, à gros cristaux au milieu et parfois géodes de 1 à plusieurs décimètres. Sel blanc et compact à la base. N'est pas vendu mais peut servir de moellons pour les constructions des maisons.
3 : Argile gris brun ou verte, rubannée (3 minces lits de sel). Epais. 0,20 à 0,22 = Zoko Fereh. Débris végétaux. Surmonte un horizon d'argile grise à cristaux de sel dispersés = Ahmamiya Fereh (0,15 à 0,20).
4 : Sel en gros cristaux (Ahmamiya ou Mamija). Epaisseur variable.
5 : Argile contenant par place une lentille de sel = Baera Fereh = Afarayt Al Beyda (0,18 à 0,21); à la base, 0,05 à 0,07 de sel impur (Kokiush) contenant des débris de bois datés 6 640 $\pm$ 100.
6 : Couche de sel compact exploitée = Baera ou Beyda (0,10 à 0,12).
7 : Couche de sel compact, zoné (15 à 20 lamines), exploité : El Bent (0,10 à 0,20 max.), séparée de la précédente par un horizon argileux (Atein El Bent ou Afarayt El Bent) finement rubanné : 5 lamines sur 5 cm.
8 : La dernière couche exploitée : Kamra . 0,05 à 0,20 de sel compact, encadré au toit par un lit de 0,03 env. d'argile noire en 2 lamines séparées par un lit blanc et au mur par quelques centimètres d'argile rouge.
9 : Sel grossier (Wara) non exploité . 0 m à 0,25.
10 : Argile noire souvent gorgée d'eau et assez riche en fins débris végétaux = Walanda, datée à 6 500 $\pm$ 100.

G : Coupe des mêmes couches, levée par Schulz (1988) à côté du Sondage 2, soit 1 800 m au Nord-Ouest de la couche précédente.

Colonnes H.I.J.K. Terrains sous-jacents aux couches de sel exploitées

H : Coupe d'un puits à main creusé dans le plancher d'une fosse du Nouvel Agorgott et prolongée par un sondage de 25 mm de diamètre (1985), levée par Coffinier et Fabre et étudiée par Aucour (1988). Les chiffres renvoient à sa description.

1/1 à 1/3 : Argile grise ou gris noir (0,30 m = Walanda) à cristaux noirs et débris végétaux à la base (datés 6 500 $\pm$ 100). La base de certains lits d'argile comme celui-ci, peut être irrégulière (1/6). Certains lits apparaissent comme un sable de cristaux dans une matrice d'argile (3/1) qui surmontent une argile à lamines millimétriques (- 3/2). L'argile grise du niveau 3/4 contient des débris de bois mais aussi les tiges grèles d'une végétation autochtone datée à 6 760 $\pm$ 110.

4/1 : Dans la nappe de saumure, captive sous les couches argileuses sus-jacentes, se sont développés de gros cristaux de thénardite (Canals-Sabaté *et al.*, 1990). Une seconde nappe de saumure, elle aussi en charge, est captive sous le niveau de sel et d'argile.
5/1 : Les couches sous-jacentes contiennent encore des cristaux mais paraissent plus argileuses vers la base.

I. Sondage n° 1. A proximité de la fosse ci-dessus. Carotte n° 1 (diam. 100 mm). Coupe Schulz (à g.) et Carbonel (à d.). Description d'après Carbonel.
N.B. On peut se demander si, dans certains cas, des sulfates (glaubérite, thénardite) n'ont pas été, dans une première analyse rapide, dénommés "sel" par les auteurs, lorsque leurs faces n'étaients pas visibles.
1. Mélange d'argile grise et de cristaux de sel qui forme aussi deux minces lits compacts au milieu et à la base. Dans la moitié inférieure, un lit argileux oblique sur la stratification (ex. mud crack ?).
2. Sel et argile claire, finement laminée à deux niveaux.
3. Argile foncée, riche en matière organique, contenant de gros cristaux de sel et reposant sur un mince lit (2 cm) de sel compact.
4. Mélange homogène d'argile et de sel, à lamines millimétriques au sommet et recoupé, dans la partie inférieure, par une veine d'argile plus compacte.
5. Sel grossier (0,10) de type "Wara" surmontant un mélange d'argile et de sel en gros cristaux.

J. Sondage 1. Carotte 2. Diam. 60 mm. Coupes Schulz (à g.) et Carbonel (à d.). Description d'après Carbonel.
1. Mélange de sel, argile et sable probablement remaniés
2. Argile et sel : argile vert-noirâtre, à gros cristaux de sel surmontant une argile gris vert et sel microcristallisé à la base. Dans l'argile de base, des débris organiques ont donné un âge de 7 790 ± 80 BP.

K. Sondage n° 2 à 1 800 m au NW du premier. Carotte diam. 100 mm. Levés Schulz (à g.) et Carbonel (à d.). Description d'après Carbonel.
1. Argile et sel. A la partie inférieure un banc contourné.
2. Deux niveaux laminés, sel et argile, séparés par un horizon (3 cm) de sel à cristaux hémicentimétriques.
3. Argile noire à cristaux de sel.
4. Argile à lamines obliques.
5. Sous deux lamines horizontales, argile noire à cristaux de sel.
6. Argile grise pauvre en sel.
7. Argile à lamines obliques, riche en matière organique, surmontant une argile compacte à cristaux de sel.
8. Couche de sel à gros cristaux type Wara.
9. Argile sombre à lamines centimétriques.
10. Argile à cristaux de sel dispersés, coupée de trois lits de sel.
11. Argile salifère plus ou moins compacte, emballant les amas de cristaux de sel et surmontant une argile noirâtre au sommet, grise à la base, à cristaux de sel, datée sur matière organique à 8 170 ± 120 BP.

On remarquera, dans toutes ces coupes, la fréquence des lamines millimétriques, tant dans les argiles que dans les alternances argiles-sel et dans le sel compact lui-même. Leur densité, à l'intérieur des fourchettes de temps données par les âges radiométriques, permet de supposer qu'il s'agit de séquences au maximum décennales et peut être annuelles. Enfin, l'existence de stratifications obliques mériterait d'être confirmée par des observations en carrière (cf. problème de Haijad)

SEDIMENTOLOGY OF THE TAOUDENNI-AGORGOTT PALAEOLAKE

I. ∅XNEVAD

RESUME

La coupe observée au Nouvel Agorgott montre l'évolution d'un lac saumâtre en sebkha dans les derniers 8 200 ans, la comparaison avec les coupes du vieil Agorgott suggérant l'existence de deux dépressions séparées par le dyke d'Agorgott (fig. 8 et 38). Jusque vers 5 640 ans BP, les deux lacs communiquent et ont les mêmes conditions de milieu. Une sédimentation clastique argileuse alterne avec des dépôts salins, au gré d'épisodes transgressifs ou régressifs, contrôlés par l'apport d'eaux de surface et l'évaporation.

Une baisse du niveau lacustre sépare les deux dépressions après 5 640 BP et coupe le lac du Nouvel Agorgott de la source principale de ruissellement, au nord. Il s'assèche, laissant une surface à mud-cracks, tandis qu'au Vieil Agorgott l'aquifère affleurant et le ruissellement venu du nord maintiennent le lac en eau.

Après 3 840 BP, la réduction des précipitations et la baisse de la nappe résultent en l'établissement de conditions de sebkha dans tout le paléolac d'Agorgott.

*
**

INTRODUCTION

Between 8 200 or earlier and 3 800 yrs BP, a saline lake was situated in the area of the present Agorgott sebkha (fig. 8 et 38). The lake had a maximum extent of 118 km^2. It always remained isolated, but was connected to the higher altitude lakes in the Taoudenni depression by circulation of karst water through the calcareous plateau at the northern basin margin. Leaching of mid-Carboniferous marine and lagoonal strata in the drainage area (4 000 km^2) and input from highly saline aquifers in lower Carboniferous limestones (Aucour, 1988 ; Fabre and Petit-Maire, 1988 ; Oxnevad, 1991) provided saline lake conditions. Main surface influx was through a fluvial system draining into the basin from the northern calcareous plateau (fig. 3 and 38). Smaller scale alluvial fans developed at the base of intrabasinal highs and partly interfingered with the major alluvial system from the north .The fluvial input from south was less important. Cyclic changes in lake water salinities had periodicites of the order of decades to centuries (Fabre and Petit-Maire, 1988). The E-W trending Agorgott dolerite dyke separates the northern Agorgott and inhibited lake water circulation, suggesting that the palaeolake consisted of two (or several ?) smaller, partly isolated depressions.

The intention of the present discussion has been to describe the sedimentological evolution of the Agorgott palaeolake(s), thereafter, to consider the lake development in relation to the established climatic sequence of the Taoudenni basin (Fabre and Petit-Maire, 1988) including the following main stage : a first lacustrine phase (8 300-6 700 yrs BP), a second lacustrine phase (6 700-3 800 yrs BP), lake dessiccation (shortly after 3 800 yrs BP) and transition to present hyperarid conditions. For this purpose, four vertical sections (A, B, C and D) have been measured along a S-N transverse in New Agorgott (fig. 40). The sections cover the period from 6 700 yrs BP to present, encompassing the second lacustrine phase and the following aridification leading to the present situation. To detect intrabasinal variations in the sedimentological evolution, the New Agorgott sections have been correlated with a section from Old Agorgott. A previous analysis of sediment mineralogy (Aucour, 1988) has provided important information to the present study.

1 - AGORGOTT PALAEOLAKE

The New Agorgott sections include sediments recognized as (in ascending order) :

1) saline lake deposits
2) mudflat deposits
3) sebkha deposits

Saline lake deposits

The saline lake deposits (200-250 cm) include green and dark grey, thinly laminated glauberitic muds with halite interbeds (Pl. XIII-A). The predominant clay mineral is smectite, followed by illite and minor chlorite and kaolinite (Aucour, 1988). The amount of organic material decreases upward and consists of plant debris which indicates north Sahelian and Saharan type vegetation (Aucour, 1988 ; Fabre and Petit-Maire, 1988). The interbedded layers of halite are generally less than 20 cm thick. They have sharp, flat bases, but are locally disturbed by upward penetrating contorted muds below (Pl. XIII-B). Their upper contacts are irregular, reflecting surface dissolution (Pl. XIII-A). The uppermost halite layer has a composite thickness of 50 cm and is succeeded by a laterally discontinuous halite bed that marks final lake desiccation and development of a fractured, dry salt pan (Pl. XIII-A). The salt pan horizon can be traced laterally through all the sections, but at various depths, rising southwards from 175-185 cm (sections C and D) to 100 cm (sections A and B) below the present sebkha surface .

The halite layers, with their sharp bases and dissolved upper contacts, show evidence of subaqueous deposition and have been interpreted as lake floor accumulations. The smectitic muds represent clastic supply by surface run-off, reflecting surface erosion in the drainage area. The glauberite precipitated within the sediment by brine - detrital mineral interactions (Eugster and Kelts, 1983), after the clastic material has been deposited on the lake floor. The repeated pattern of alternating clay and halite deposition has been interpreted in terms of cyclic surface flooding, evaporitic concentration and (?) dessiccation. The pattern reflects transgressive and regressive lake phases controlled by groundwater input, episodic surface flooding and direct surface precipitation. During flooding, dilute surface inflow freshened the lake waters. The surface of the preceeding lake floor halite deposits was partly dissolved, followed by deposition of fine grained clastic material supplied to the lake by the flood waters. After the flooding, lake waters evaporated, developing to a saturated brine from which halite crystals precipitated and settled on the lake floor. Following lake dessiccation would be recorded at the surface of the halite layers and thus removed by dissolution at the onset of renewed lake flooding. The question of perennial or ephemeral lake conditions at this stage of the lake development therefore remains open. Final dessiccation of the saline lake is recorded by the dry salt pan surface. The transition from saline lake to salt pan suggests a lowering of groundwater and decline in surface water supply.

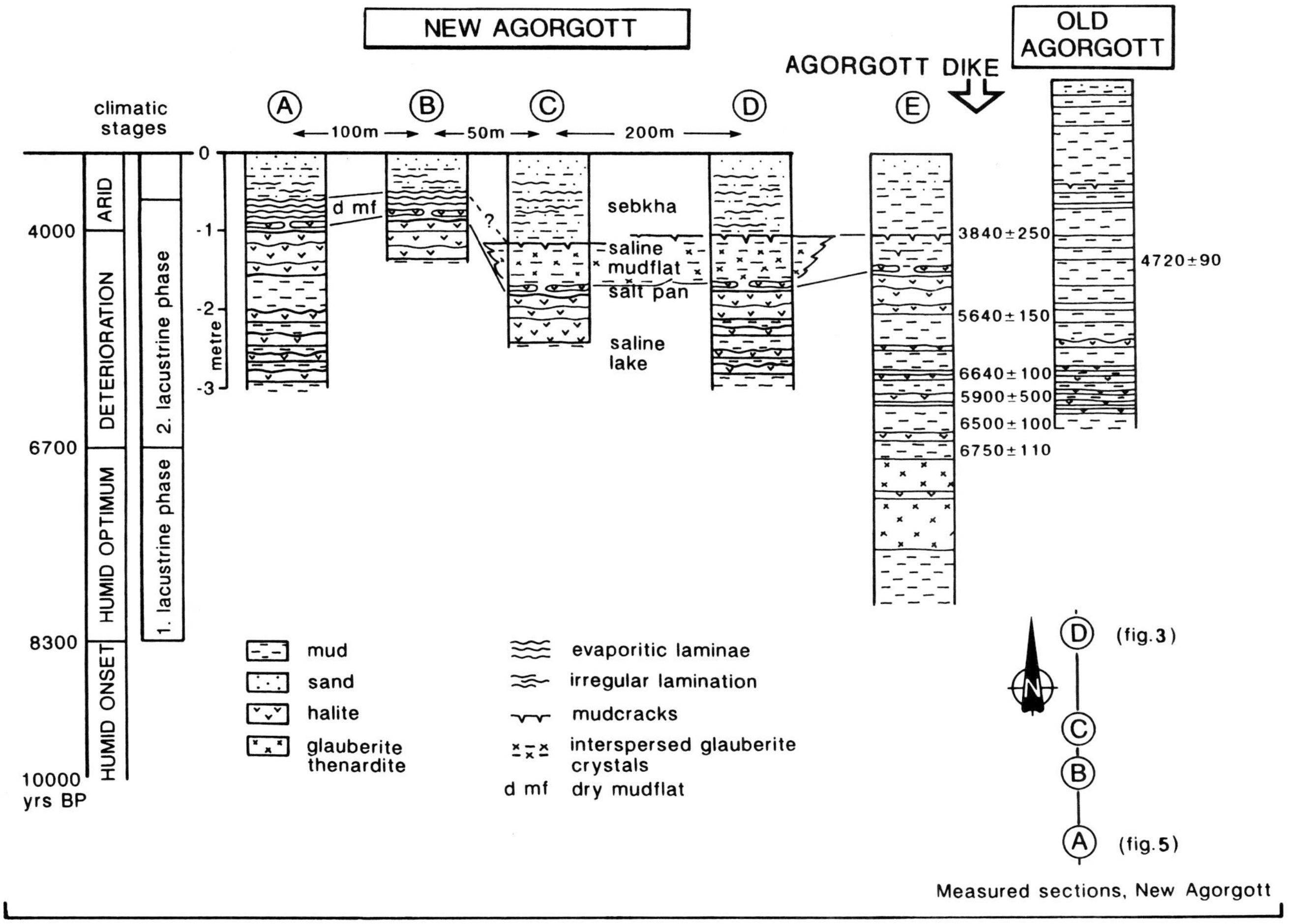

Fig. 40 - Coupes A, B, C, D dans les formations holocènes du Nouvel Agorgott montrant l'évolution de lac salé à sebkha et les variations latérales des dépôts. Sections E du Nouvel Agorgott et section du Vieil Agorgott, tirées de Aucour, 1988.

Mudflat deposits

The mudflat deposits are characterized by a change to predominantly illitic clays. The deposits contain essentially no organic material, only sparse plant debris (Aucour, 1988). The mudflat deposits have been recognized as "dry" and "saline" (Hardie *et al.*, 1978). These are laterally equivalent ; the laminated dry mudflat strata (sections A and B) grade northwards into structureless saline mudflat sediment (C and D) (fig. 40).

The dry mudflat deposits are pale yellow to brownish in colour, with irregular millimetre-thick halite and glauberite interlaminae (Pl. XIII-A). The amount of evaporitic interlaminae decreases upwards, together with a gradual change in colour to pale red, marking transition to the overlying sebkha deposits. The mudflat deposits reflect episodic clastic supply and alternating wet and dry surface conditions, changing with time to predominantly dry. The thinly laminated clastic sediment suggests upper flow regime sheet-flood deposition, possibly with some later stage suspension fall-out in shallow ponds. Upon drying, salts precipitated at the surface or within the near-surface sediments, as a result of evaporation of ponded rain/flood waters and groundwater drawn to the surface by evaporitic pumping. Wind blown material may have been deposited on the mudflat during the dry periods. Such material however, would be eroded and reworked during the flood events, and thus not preserved in the sedimentary record.

The saline mudflat deposits (50-60 cm) consist of dark red, structureless mud with interspersed glauberite crystals. The uppermost 10-20 cm of the deposits show dessiccated mud horizons and thin laminae of pale red sand, the latter increasing in thickness upwards and developing into the overlying sebkha sediments (Pl. XIII-C). They reflect a combination of clastic sedimentation and extensive intra-sedimentary evaporitic crystal growth. Any primary sedimentary structures are likely to have been destroyed by the crystal growth, but the abundance of fines may suggest deposition by suspension fall out from sediment charged flood waters. The well developed evaporite precipitation suggests permanently brine-saturated surface sediments that did not dry up between the flood events. The permanent wet and saline conditions were probably maintained by a shallow groundwater table with additional supplies from direct surface precipitation and surface flood waters. The flood waters crossing the adjacent dry mudflats would contain dissolved salts and therefore not significantly freshen the saline mudflat brine. The upward change to mudcracks and intervening sand laminae reflects transition from brine-soaked to dry surface conditions. This suggests a marked lowering of groundwater table and a decline in surface water input. The sand has been interpreted as aeolian, accumulated upon and filling the cracks of the dessiccated mudpan.

Sebkha deposits

The sebkha deposits are pale red in colour. They contain few halite and gypsum interlamine and become increasingly sandy upwards. The predominant clay mineral is illite and the quartz content is relatively high compared to the underlying clastic deposits. The content of plant debris is low (Aucour, 1988). The character of the mudflat-sebkha transition varies from sharp (sections C and D) (Pl.XIII-C) to gradual (sections A and B) (Pl.XIII-A). Sediment thickness varies considerably, from a maximum of 125 cm (sections C and D) to 50 cm (sections A and B) (fig. 40). The interpretation as sebkha deposits implies sedimentation and surface conditions essentially similar to those of the present Agorgott sebkha. Evaporitic crusts formed on the sebkha surface, due to intermittent wetting and drying by direct surface precipitation, and was not influenced by the groundwater. Surface run-off from the basin margins rarely (if ever) reached the sebkha surface. Clastic supply was largely provided by wind, interrupted by aeolian deflation.

2 - SEDIMENTOLOGICAL DEVELOPMENT IN THE CONTEXT OF HOLOCENE CLIMATIC EVOLUTION

Chronological frame

The chronological frame for the development of the Agorgott palaeolake has been obtained from C^{14} dated organic material in Old Agorgott and New Agorgott cores and in the marginal area of the sebkha (table 1). The evolution recorded in Old Agorgott and New Agorgott is essentially identical during the first and throughout most of the second lacustrine phase. During the final dessiccation stage, the two areas developed differentially with respect to evaporitic vs. clastic deposition. Equal conditions were reestablished in the following arid period.

Material found in the wadi system north of the Agorgott sebkha indicates onset of wet conditions at 9 120 yrs BP. The first lacustrine phase lasted from 8 300 to 6 700 yrs BP, followed by a phase with halite deposition, from 6 700 to 3 840 yrs BP. By *ca* 6 500 yrs BP, the content of organic material in the lake sediments had declined considerably, suggesting a marked reduction in vegetation cover along the lake margins. At 5 640 yrs BP, New Agorgott reached its final, major evaporation stage, marking the terminal phase of the second phase and the transition to saline pan. In Old Agorgott, the corresponding level shows fine grained clastic sedimentation, reflecting surface influx and wet/damp surface conditions, which persisted at least until 4 720 yrs BP. In New Agorgott, mudflat development terminated at 3 840 yrs BP. The brine-soaked saline mudflat finally dried up, marking the end of the lake and the beginning of aridification.

Development of the palaeolake

During its first phase, the Agorgott palaeolake was perennial and saline with water salinities of 50-100 °/oo (Aucour, 1988). The evaporitic deposition, predominantly glauberite, but changing upwards to thenardite and minor halite, suggests increasing water salinities towards the end of the period. The lake was fed by saline groundwater and surface run-off. The surface waters were supplied by braided stream channels feeding directly into the lake, mainly at its northern margin. Sahelian type steppe vegetation (Schulz, 1988) protected against extensive surface erosion and prevented major sheet flood development. During the second lacustrine phase, water salinities were high, (> 300 °/oo ;Aucour, 1988). The lake was fed by saline groundwater and transgressed / regressed according to (plurisecular) surface flooding-evaporation cycle, possibly drying-up completely before each new flood event. Surface (ephemeral) water influx was concentrated at the northern lake margin but, as vegetation cover decreased and changed to north Sahelian and Saharan species, sheet floods probably became increasingly important. Equal conditions in Old Agorgott and New Agorgott suggest unrestricted connection between the two areas and lake water levels sufficiently high to allow communication across the Agorgott dyke. Towards the end of the second lacustrine phase, the situation changed. Apparently, lake conditions were apparently maintained in Old Agorgott, while in the New Agorgott depression the water dried up and the area continued to develop as a dry to saline mudflat. A corresponding change from smectite to illite as the predominant clay mineral, suggests a reduction in the surface of the drainage area (Aucour, 1988). The discrepancy in development between Old Agorgott and New Agorgott probably results from a lowering of the lake level, brought about by a decline in subsurface and surface supplies. With a low level of the lake, the Agorgott dyke would cut off the New Agorgott depression, from surface water and clastic material supplied at the northern lake margin. In the southern parts of the New Agorgott depression, dry mudflats with surfaces above the groundwater table, but not beyond the reach of subsurface water influence, developed. In the topographically lower and more basinward parts, the groundwater table was at (or very near) the sediment surface, maintaining moist surface conditions, favourable for saline mudflat development. Intermittent sheet floods, from sparsely vegetated basin slopes and the adjacent dry mudflats, supplied fine grained clastic material and additional water to the saline mudflat. Moreover, across-dyke flood waters may have reached the mudflat during floods, in the Old Agorgott depression. The dessiccation of the saline mudlflat reflects an overall reduction in surface precipitation affecting both the amount of surface run-off and the level of subsurface water within the basin. Prolongated humidity in Old Agorgott was due to ephemeral surface supplies through the fluvial system entering the basin from the north. The intermittent precipitation, which is recorded in the sebkha sediment by evaporitic interlaminae, was probably sufficient to initiate ephemeral flooding in the braided stream channels. Increasing aridity eventually terminated the ephemeral surface supplies and dry conditions were established throughout the Agorgott sebkha. A reduced vegetation cover exposed the surface sediments to aeolian winnowing processes. Some of this material was trapped locally, as thin veneers of wind-rippled sand, on the dessiccated mudflat and sebkha surface.

CONCLUSION

9 120 yr BP : Beginning of wet conditions in the Taoudenni basin *(s.s).*

8 200-6 700 yrs BP : First lacustrine phase with development of a perennial saline lake. Predominant sulfate evaporite deposition. Sahelian steppe vegetation protecting against surface erosion on the basin slopes and in the lake margin areas. Main surface input took place through braided streams at the northern lake margin.

6 700-5 640 yrs BP : Hydrological deterioration and development of a highly saline lake with extensive halite deposition. Transgressive and regressive lake phases were largely controlled by episodic surface water influx during intermittent rains. Circulation of lake waters across the Agorgott dyke provided equal conditions in the New Agorgott and Old Agorgott depressions.

Ca 6 500 yrs BP : A marked decline in vegetation cover and a change to north Sahelian and Saharan species left the lake margin areas largely unprotected to surface erosion. Sheet floods became increasingly important as a mode of providing surface water and clastic material to the lake.

5 640 yrs BP : Reduced subsurface and surface water input resulted in lowering of the lake water level. The New Agorgott depression was cut-off from the northern source of surface supply.The depression dried up, depositing a thick layer of halite terminated by a dessiccated, fractured salt pan surface.

5 640-3 840 yrs BP : The New Agorgott depression developed as a mudflat, grading from dry at its margin to permanently saturated and saline basinward. Mudflat surface supplies were provided by flood waters extending across the Agorgott dyke and sheet floods developed on the adjacent slopes.

4 720 yrs BP : Perennial humid conditions existed in Old Agorgott, maintained by ephemeral influx from the North.

3 840 yrs BP : Onset of aridification and transition to predominantly aeolian sedimentary processes, including deflation and local deposition. A marked decline in surface precipitation resulted in lowering of the groundwater table and reduction of surface run-off. The New Agorgott mudflat dessiccated whereas Old Agorgott experienced prolongated humidity. With increasing aridity, the entire palaeolake area transformed into a dry sebkha.

Pl. XIII - Sections in New Agorgott sebkha.
Coupes dans la sebkha du Nouvel Agorgott.

A - Section A (New Agorgott) showing saline lake-dry mudflat - sebkha transition. Halite (H) interbeds with dissolved upper surface (DS) are separated by glauberitic mud (GM). The fractured, uppermost halite bed represents a dry salt pan (SP) and marks termination of the saline lake deposition. Hammer for scale : 60 cm.

(Nouvel Agorgott) montrant la transition lac saumâtre - croûte asséchée - sebkha. Les couches de halite (H) à surface dissoute (DS) sont séparées par des boues glaubéritiques. La couche supérieure fracturée, de halite est évaporitique et marque la fin de la déposition. Marteau : 60 cm.

B - Section B (New Agorgott) showing contorted glauberitic mud (GM) disturbing the base of the overlying composite halite (H) bed.

(Nouvel Agorgott) montrant les boues glaubéritiques (GM) déformant la base du lit de halite sus-jacent (H).

C - Sequence C (New Agorgott) showing halite (H) bed overlain by saline mudflat (SM) deposits and sebkha (S) sediments. A Mudcrack (MC) horizon separates the mudflat and the sebkha.

(Nouvel Agorgott) montrant une couche de halite (H) sous une croûte saline (SM) et des sédiments de sebkha (S). Un horizon à fentes de dessiccation (MC) sépare la croûte des dépôts de sebkha.

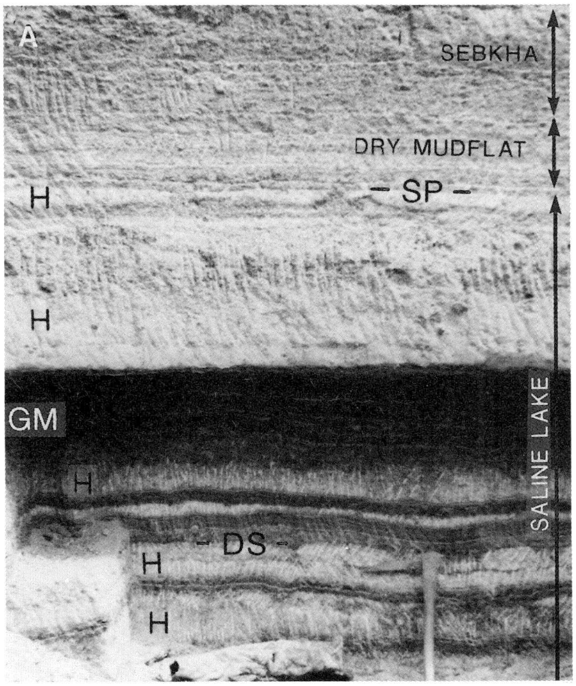
A
SEBKHA
DRY MUDFLAT
H
– SP –
H
GM
H
SALINE LAKE
– DS –
H
H

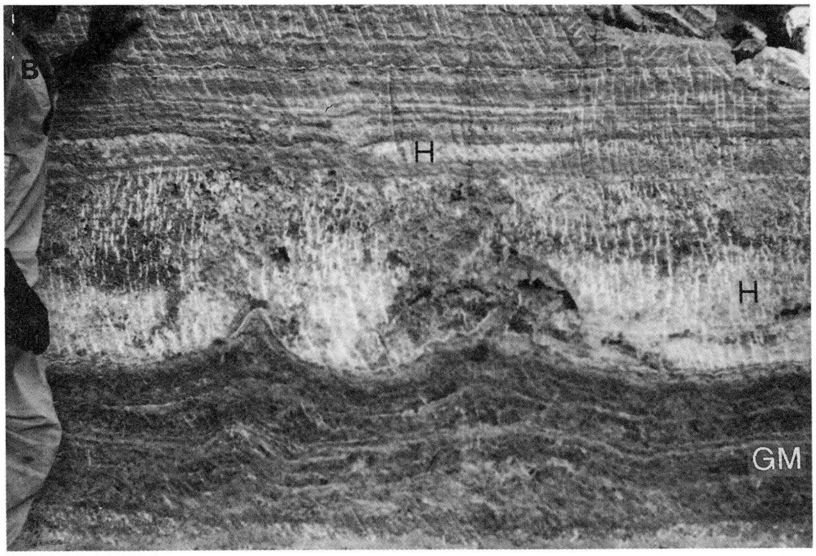
B
H
H
GM

C
S
MC
SM
H

IDENTIFICATIONS XYLOLOGIQUES

M. THINON

Quelques échantillons de bois ont été extraits des couches salifères d'Agorgott (sondages MT7 et MT7bis). Si la plupart ont été utilisés pour obtenir des âges au radiocarbone, quelques-uns, dont l'état de conservation le permettait, ont fait l'objet d'une identification botanique.

L'identification s'effectue sur la base de la reconnaissance des caractères anatomiques propres à chaque taxon. Les caractères sont observés au microscope, en lumière transmise, sur des coupes minces colorées, et réalisées selon les trois plans ligneux (transversal, longitudinal radial et longitudinal tangentiel). Lorsque l'état de l'échantillon l'autorise, nous effectuons une carbonisation qui permet d'observer en lumière réfléchie (et éventuellement en contraste interférentiel) des détails possédant une valeur diagnostique, mieux discernables par cette technique.

SONDAGE MT7BIS, NIVEAU 15

Ce niveau a été daté 4 720 ± 90 BP (GIF 6 903). Un échantillon de bois, partiellement en bon état, d'environ 20 mm de longueur et 11 mm de diamètre à l'état humide, peut être rapporté au genre *Acacia*.

Le parenchyme axial, bien développé, est de type aliforme confluent. Les vaisseaux, d'un diamètre tangentiel atteignant 160 µm, sont soit solitaires, soit groupés radialement par 2-4, soit regroupés en petits amas. Les éléments de vaisseaux sont courts et densément couverts de ponctuations ornées de forme arrondie. Les rayons, homocellulaires et constitués de cellules couchées, sont plurisériés, jusqu'à 5-6 (7) cellules de largeur et avoisinent soixante-dix cellules de hauteur. Les fibres, libriformes, présentent le plus souvent une paroi épaisse.

Ces caractères correspondent à *Acacia raddiana* Savi et à *Acacia seyal* Del. *Acacia raddiana* est une espèce saharienne et sahélienne dont l'aire de répartition au Sahara est très vaste et remonte vers le nord jusqu'à l'Anti-Atlas et le sud tunisien. *Acacia seyal* est un taxon dont la répartition actuelle est sud-sahélienne et sahélo-saoudienne. Il colonise préférentiellement des sols périodiquement inondés, sous une pluviométrie annuelle généralement supérieure à 500 mm.

Les auteurs ayant travaillé sur les régions sahariennes ont longtemps confondu *Acacia seyal* Del. avec *Acacia ehrenbergiana* Hayne. Cette dernière espèce est sahélo-saharienne et ses populations remontent vers le nord, dans le Sahara occidental, jusqu'au sud marocain et, dans le Sahara central, jusqu'au Tademaït. Cette confusion semble venir du fait qu'*Acacia ehrenbergiana* ait été nommé *Acacia seyal*, par Chevalier, en Afrique de l'ouest.

La présence d'*Acacia seyal* Del. dont les exigences écologiques sont sensiblement éloignées des conditions sahariennes confèrerait à la couche 15 du sondage MT7bis d'Agorgott un caractère climatique nettement différent de l'actuel. La distinction spécifique s'avère donc dans ce cas très importante.

L'échantillon considéré présente d'assez nombreux rayons unisériés, d'une hauteur de cinq à douze cellules et un parenchyme axial fusiforme, non étagé, constitués par des files de deux cellules. Ces deux caractères permettent de distinguer *Acacia raddiana* par rapport à *Acacia seyal* qui ne comporte pratiquement pas de rayons unisériés et possède un parenchyme fusiforme à cellules groupées par 3-4. L'espèce identifiée est donc *Acacia raddiana* Savi, espèce encore rencontrée dans les oueds de la région.

SONDAGE MT7/-3 A -4

Ces niveaux ont été datés, toujours à partir de bois, d'environ 6 500 ans avant l'actuel. Un échantillon, long d'environ sept centimètres sur 4-5 mm de diamètre maximal est attribuable à *Maerua crassifolia* Forssk., petit arbre du Sahel et du Sahara méridional. On le rencontre également vers l'ouest jusque dans le sud marocain, et dans le Sahara central à la faveur des reliefs montagneux.

D'autres débris ligneux, certains de taille nettement inférieure et en partie herbacés, peuvent être anatomiquement rapportés à un *Corchorus*, leur ramification et leur caractère semi-ligneux désignant vraisemblablement l'espèce *depressus*. *Corchorus depressus* (L.) Stocks est un taxon tropical colonisant surtout le Sahara méridional mais il existe encore actuellement au Sahara central, où il est rare. Espèce vivace, sa souche devient ligneuse alors que ses parties aériennes restent semi-herbacées et s'étalent sur le sol. Elle se développe dans des dépressions argilo-sableuses.

Ces quelques éléments, trouvés *in situ* dans les dépôts, indiquent la présence de végétation à proximité du paléolac d'Agorgott, ce qui n'est pas le cas de nos jours. De plus, *Maerua crassifolia* et *Corchorus depressus* n'existent pas actuellement dans cette région, leur aire de répartition correspondant à des zones connaissant des précipitations ou une humidité atmosphérique nettement supérieures. L'étude palynologique a complété ces premières données.

THE TAOUDENNI- AGORGOTT POLLEN RECORD AND THE HOLOCENE VEGETATION HISTORY OF THE CENTRAL SAHARA.

E. SCHULZ

RESUME

Les recherches palynologiques sur des carottes dans la sebkha d'Agorgott ont montré un déplacement de la limite désert-savane jusqu'au 22°N entre 8 000 et 6 000 BP. Ces résultats confortent ceux obtenus au Niger et en Libye.

Après une période transitoire, entre 6 000 et 4 000 BP, la végétation saharienne s'est définitivement réinstallée et se dégrade depuis 2 000 ans.

Pour cette zone de transition et pendant l'optimum, un climat de mousson prédomine avec des précipitations moyennes effectives de 250-300 mm par an. Les apports distaux dans les spectres polliniques attestent une interaction avec les cyclones atlantiques ou méditerranéens.

Cependant, même si l'on a la preuve de l'existence d'une savane soudanienne à 19°N vers 7 000 BP, l'on ne peut pas reconstruire la succession des formations végétales sur le modèle actuel, du fait de leur forte anthropisation.

*
**

INTRODUCTION

The site of Taoudenni / N-Mali became famous, not only for the traditional exploitation of salt, but also for the reconstruction of former environments. Sebkhas in endorheic areas often provide more suitable sediments to investigate the content of micro- and macrofossils than lacustrine sediments of fresh-water lakes, because of their salt content and of the rapid conservation against oxydation, especially for the pollen grains.

The first pollen analytical investigations of the holocene sediments of the sebkha of Taoudenni were published by Cour and Duzer in 1976. They were based on the comparison of both plant communities and the modern pollen rain in a transect through the Sahara and a comparison with fossil pollen spectra of some samples the Agorgott sequence. The conclusions concerning the climate during the Holocene provoked a controversial discussion on the idea of a persistent arid climate during the Holocene in the central Sahara (Rognon, 1976).

A solution of these problems could only be obtained by a reinvestigation of the site and an excavation of older sediments to follow the environmental history of this area during the Holocene and late Pleistocene.

A resampling of the upper and middle part of the Agorgott sequence in the depression of Taoudenni, as well as shorter coring in the lower part of the sediments were performed during expeditions in 1982 and 1985 (Petit-Maire, 1986). During the coring expedition in 1988, one could penetrate the lower part of the sediments in the salt mines with help of a reinforced piston corer.

The combination of the results of different disciplines such as palaeobotany and algology, microzoology, malacology as well as palynology, geomorphology and geology will give the environmental background to associated archaeological findings and will allow it to establish an environmental history of the area by discriminating the regional from the local factors before starting a discussion of palaeoclimates.

1 - METHODOLOGY

During the expedition in February-March 1988 one could penetrate the lower salt layers *ca* 150 cm beneath the groundwater table, with help of a piston corer with 10 cm and 6 cm diameter resp. and a length of 100 cm. The coring was stopped technically because of an unpenetrable layer of crystalyzed thenardite.

The cores were covered in plastic tubes and opened in the Oceanological Laboratory in Bordeaux. Samples for palynology were taken every 5 cm, ca 1 cm^3 each.

The preparation of the samples for the palynology were sometimes difficult because of the amount of water insoluble salts. After a treatment with one liter of boiling dest. water, the samples were prepared with the classical combination of HF-, HCL-treatments and acetolysis. The other recrystallyzed salts could be partly removed by a microsieving in an ultrasonic bath, with a net of 10µ. In this case, a double counting was necessary before and after the sieving, to avoid the effects of destruction or selection of smaller pollen grains. Counting was continued until stability of the percentages of the floristic elements. In the case of poor sediments, the whole amount of the sediment prepared had to be counted. The pollen sum includes all pollen, with the exception of the fern spores.

2 - THE PRESENT SITUATION

The Taoudenni depression forms part of the driest regions of the Sahara. The annual precipitation is less than five millimeters, but the irregularity of the rainfall is the most characteristic climatological phenomenon. In February/March 1988, a typical interaction of the monsoon and an Atlantic/Mediterranean cyclone was visible in the area, giving rainfall in form of thunderstorms as well as long lasting fine drops rains (Mimouni, 1988). This underlines the importance of the interaction of the two leading climatological factors of the region.

The vegetation perfectly reflects the climatological situation of the region (Pl. XIV to XVI). As characteristic for the desert, the permanent vegetation is only present in some wadis and depressions where some groundwater is available. These vegetation units belong to the *Acacia-Panicum* complex and include *Acacia raddiana, A. ehrenbergiana, Panicum turgidum, Stipagrostis pungens, Aerva javanica, Chrozophora brochiana or Pergularia tomentosa (*Barry et *al,* 1988).The other typical phenomenon is the presence of several achab-floras, short- lived plots of annual plants, which have to fulfil their life cycle within the short time the irregular rainfall allows. In February and March 1988, a large number of such achab-floras could be observed in the southern Tanezrouft and the area southeast of Taoudenni. They were mostly build up of *Stipagrostis plumosa, St. acutiflora, Fagonia arabica, F. olivieri or Aerva javanica.* On silty or clay sediments, one could observe large plots of *Suaeda monoica, Salsola baryosma* or *Anastatica hierochuntia.* These achab floras formed an excellent pasture for the camels.

The depression of Taoudenni itself has only some plots of *Tamarix* cf. *gallica,* Panicum *turgidum, Stipagrostis acutiflora, Fagonia olivieri, Pergularia tomentosa* and some *Cornulaca monacantha.*

This mosaic of different vegetation units was already described by Celles and Manière (1983) as a combination of the arboreal steppe of *Acacia-Panicum,* a *Panicum* steppe with saharan ephemerophytes and Chenopodiaceae depressions.

3 - THE PRESENT POLLEN PRECIPITATION

The strong interaction of the Atlantic/Mediterranean cyclone and the monsoon made it necessary to establish a modern model for the pollen precipitation too. A first investigation on the present pollen rain was already presented by Cour and Duzer (1976), analyzing dust filters taken on a transect Oran-Tessalit-Bamako-Abidjan. The authors underlined the importance of regional and local vegetation for the modern pollen precipitation, as well as the strong interaction of elements transported over long distances from the North and the South. During the expedition in 1988, filters were taken in the southern Tanezrouft and the Taoudenni-region. The methodology followed the description of Cour (1974) but was simplified for use in the field.

The location of the thirteen filters are given on the vegetation map (fig. 41) and the pollenspectra are presented in the lower part of the pollen diagram of the Agorgott salt mine (fig. 42 a et b).

The spectra are dominated by the elements of the local and regional vegetation, for the most Gramineae, Compositae, Cruciferae, *Papilionaceae,* Chenopodiaceae/Amaranthaceae and *Tribulus* among the NAP and for the AP *Acacia, Cassia, Fagonia, Cornulaca* and *Aerva.* Another portion is given by the elements of the long distance transport coming mostly from the north such as *Pinus, Quercus, Artemisia, Ephedra.* They can reach up to 11%. Sahelian elements are represented by Combretaceae and *Grewia* in some filters. Sudanian elements are very rare and only *Lannea* is represented. The case of *Grewia* and *Lannea* may be explained by the monsoon influence which was predominant at the time the filters were taken.

The Cyperaceae are only of minor importance, contrary to their greater presence in the southern Sahara (Schulz, 1987).

The results confirm those obtained in the eastern part of the central Sahara, where the elements of the regional or local vegetation were also predominant in the pollen spectra and where the portion of the long distance transport both from the North and the South did not exceed 10- 12%.

The diagram also shows that a simple reflection on the ratio arboreal nonarboreal pollen is useless in areas where an important part of the arboreal pollen is transported over long distances.

4 - THE HOLOCENE POLLEN RECORD (fig. 43)

Several profiles of Holocene lake sediments were collected in the Taoudenni depression and in the area of Haijad, but only the Taoudenni-Agorgott sequence yielded material rich enough in pollen to establish a chronology for the development of the vegetation.

The record is based on outcrop sampling and subsequent coring in the open pit of the salt mines of New Agorgott. The sequence mainly consists of two parts. An upper part is built up of reddish and greenish clays, a 2,70 m thick series of layers of crystallysed salt, separated by thinner clay layers, and a 1,20 m thick sequence of coarser and finer salt layers, separated by some fine layers of clay and algae mud.

Fig. 41 - Schematic vegetation map of the Sahara and the surrounding areas with location of pollen filters. After Schulz, 1987, modified.

Carte schématique de la végétation du Sahara et des zones environnantes avec situation des filtres à pollen.

1 Medit. scrub and forest.

2 Medit. steppe.

3 Chenopodiaceae vegetation of the coast and chotts.

4 Semi-desert *Artemisia* , *Ephedra* , Chenopodiaceae.

5 Contracted vegetation of the desert *(Acacia - Panicum, Tamarix - Stipagrostis.)*

6 Ephemeric vegetation of achabs.

7 Semi-desert of the high mountains of the central Sahara *(Artemisia - Ephedra).*

8 *Acacia - Commiphora - Rhus* savanna of the high plateaus of S-Aïr.

9 *Maerua* savanna of the plateau of Se Niger and N-Mali.

10 Semi-diffuse *Acacia - Panicum* vegetation (enlarged wadis vegetation).

11 Saharan *Acacia - Panicum* savanna.

12 *Commiphora - Acacia* savanna.

13 *Acacia -Leptadenia - Commiphora* savanna.

14 *Piliostigma - Bauhinia - Acacia* savanna.

15 *Acacia* thornbush around lake Chad.

16 Combretaceae savanna.

17 *Parkia - Butyrospermum - Terminalia* savanna.

18 *Isoberlinia - Afzelia - Daniellia* savannas and dry forests.

19 *Isoberlinia - Carissa - Ficus* savannas on the Jos-Plateau.

20 *Daniellia - Lophira - Isoberlinia* savannas and forests.

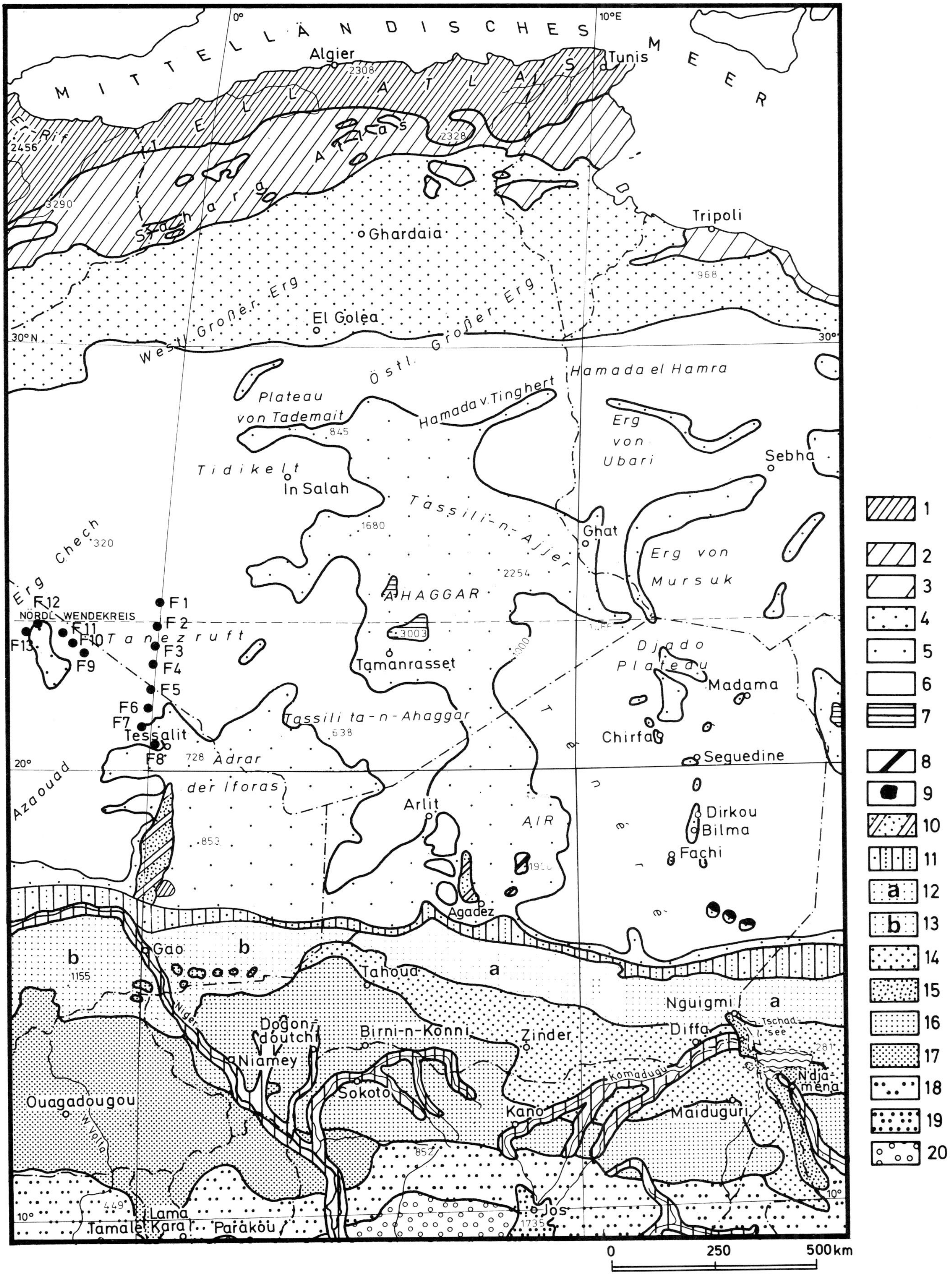

M I T T E L L Ä N D I S C H E S M E E R
Algier
Tunis
Tripoli
Ghardaia
El Golea
Westl. Großer Erg
Östl. Großer Erg
Hamada el Hamra
Plateau von Tademait
Hamada v. Tinghert
Erg von Ubari
Sebha
Tidikelt
In Salah
Tassili-n-Ajjer
Ghat
Erg von Mursuk
Erg Chech
AHAGGAR
Tamanrasset
Tanezruft
Djado Plateau
Madama
Chirfa
Seguedine
Tassili ta-n-Ahaggar
Tessalit
Adrar der Iforas
Azaouad
Arlit
AIR
Dirkou
Bilma
Fachi
Agadez
NÖRDL. WENDEKREIS
F1
F2
F3
F4
F5
F6
F7
F8
F9
F10
F11
F12
F13
Gao
Tahoua
Nguigmi
Diffa
Tschadsee
Dogondoutchi
Birni-n-Konni
Zinder
Niamey
Niger
Komadugu
N'djamena
Ouagadougou
W. Volta
Sokoto
Kano
Maiduguri
Jos
Lama Kara
Tamale
Parakou
0°
10°E
30°N
30°
20°
10°
2308
2328
2456
3290
968
845
1680
2254
3003
320
728
638
853
1155
852
449
1735
281
a
b
0
250
500 km
1
2
3
4
5
6
7
8
9
10
11
12
13
14
15
16
17
18
19
20

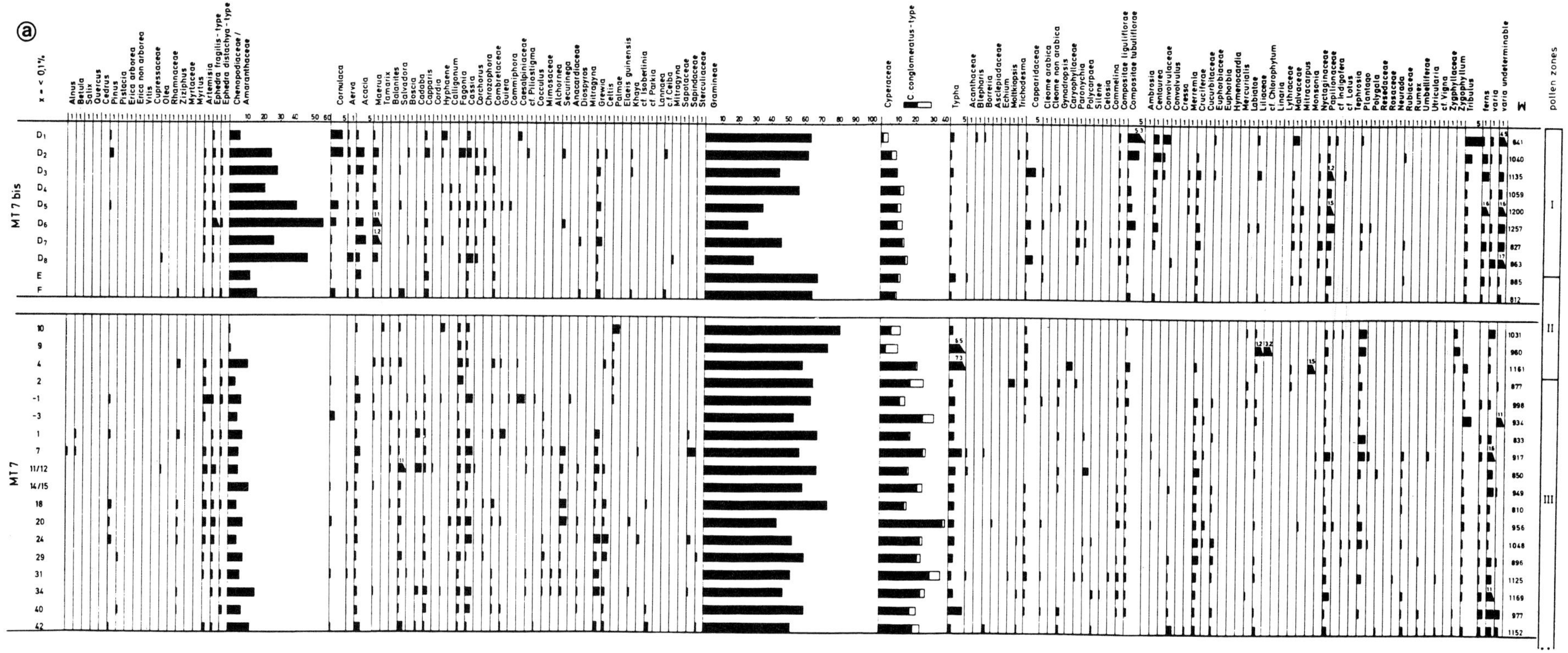

Fig. 42 - a and b. Pollen diagram of Taoudenni-Agorgott.

a et b. Diagramme pollinique de Taoudenni-Agorgott.

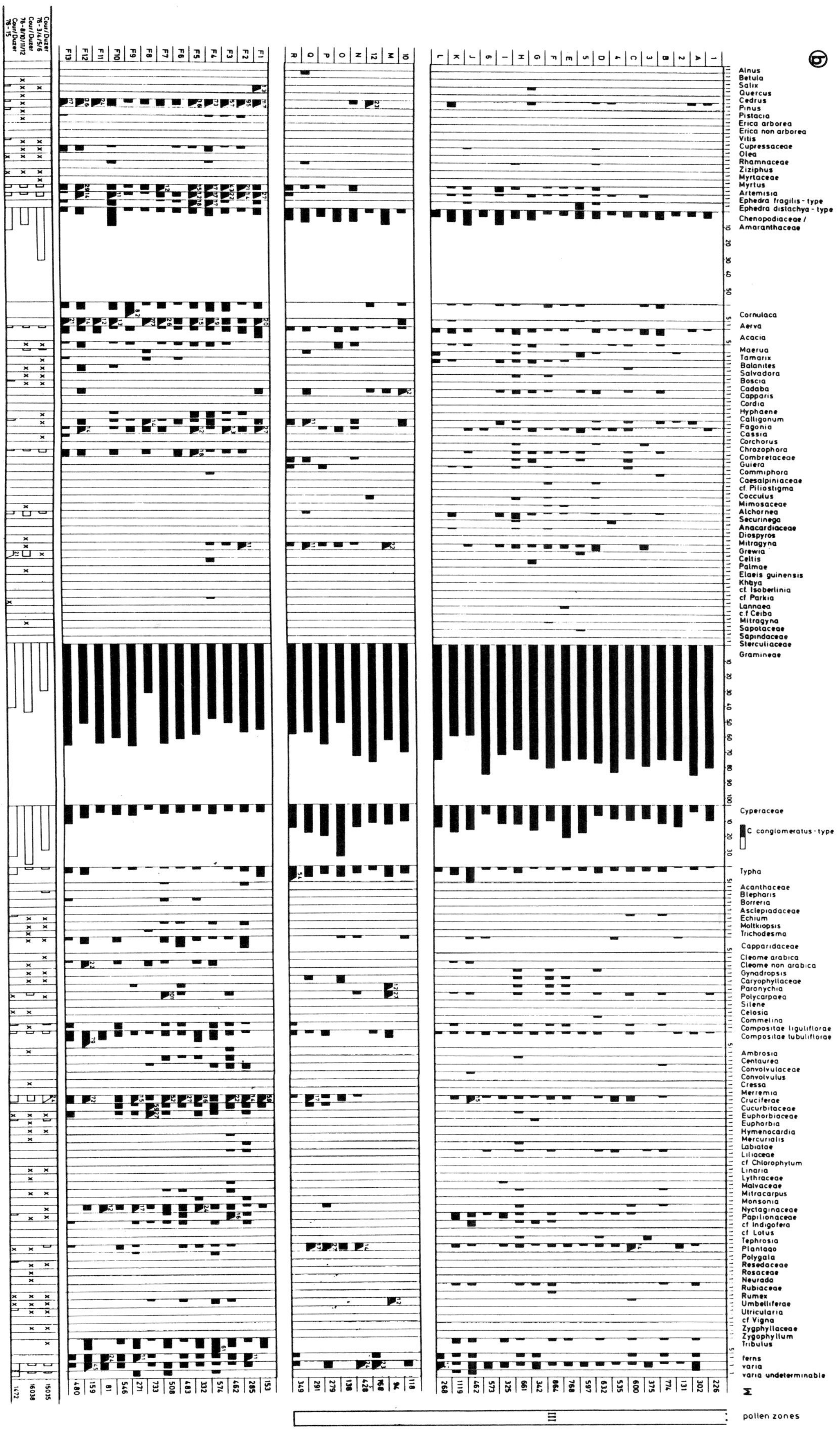
b
Alnus
Betula
Salix
Quercus
Cedrus
Pinus
Pistacia
Erica arborea
Erica non arborea
Vitis
Cupressaceae
Olea
Rhamnaceae
Ziziphus
Myrtaceae
Myrtus
Artemisia
Ephedra fragilis-type
Ephedra distachya-type
Chenopodiaceae / Amaranthaceae
Cornulaca
Aerva
Acacia
Maerua
Tamarix
Balanites
Salvadora
Boscia
Cadaba
Capparis
Cordia
Hyphaene
Calligonum
Fagonia
Cassia
Corchorus
Chrozophora
Combretaceae
Guiera
Commiphora
Caesalpiniaceae
cf. Piliostigma
Cocculus
Mimosaceae
Alchornea
Securinega
Anacardiaceae
Diospyros
Mitragyna
Grewia
Celtis
Palmae
Elaeis guinensis
Khaya
cf. Isoberlinia
cf. Parkia
Lannaea
cf. Ceiba
Mitragyna
Sapotaceae
Sapindaceae
Sterculiaceae
Gramineae
Cyperaceae
C conglomeratus-type
Typha
Acanthaceae
Blepharis
Borreria
Asclepiadaceae
Echium
Moltkiopsis
Trichodesma
Capparidaceae
Cleome arabica
Cleome non arabica
Gynadropsis
Caryophyllaceae
Paronychia
Polycarpaea
Silene
Celosia
Commelina
Compositae liguliflorae
Compositae tubuliflorae
Ambrosia
Centaurea
Convolvulaceae
Convolvulus
Cressa
Merremia
Cruciferae
Cucurbitaceae
Euphorbiaceae
Euphorbia
Hymenocardia
Mercurialis
Labiatae
Liliaceae
cf. Chlorophytum
Linaria
Lythraceae
Malvaceae
Mitracarpus
Monsonia
Nyctaginaceae
Papilionaceae
cf. Indigofera
cf. Lotus
Tephrosia
Plantago
Polygala
Resedaceae
Rosaceae
Neurada
Rubiaceae
Rumex
Umbelliferae
Utricularia
cf. Vigna
Zygophyllaceae
Zygophyllum
Tribulus
ferns
varia
varia undeterminable
Σ
pollen zones
III
Cour/Duzer 76-3/4/5/6
Cour/Duzer 76-8/10/11/12
Cour/Duzer 76-15
F13 F12 F11 F10 F9 F8 F7 F6 F5 F4 F3 F2 F1
R Q P O N 12 M 10
L K J 6 I H G F E 5 D 4 C 3 B 2 A 1
15035 16038 1472
480 159 81 546 271 733 508 483 332 574 462 285 153
349 291 279 138 428 168 94 118
268 1119 462 573 325 661 342 864 768 597 632 535 600 375 774 131 302 226

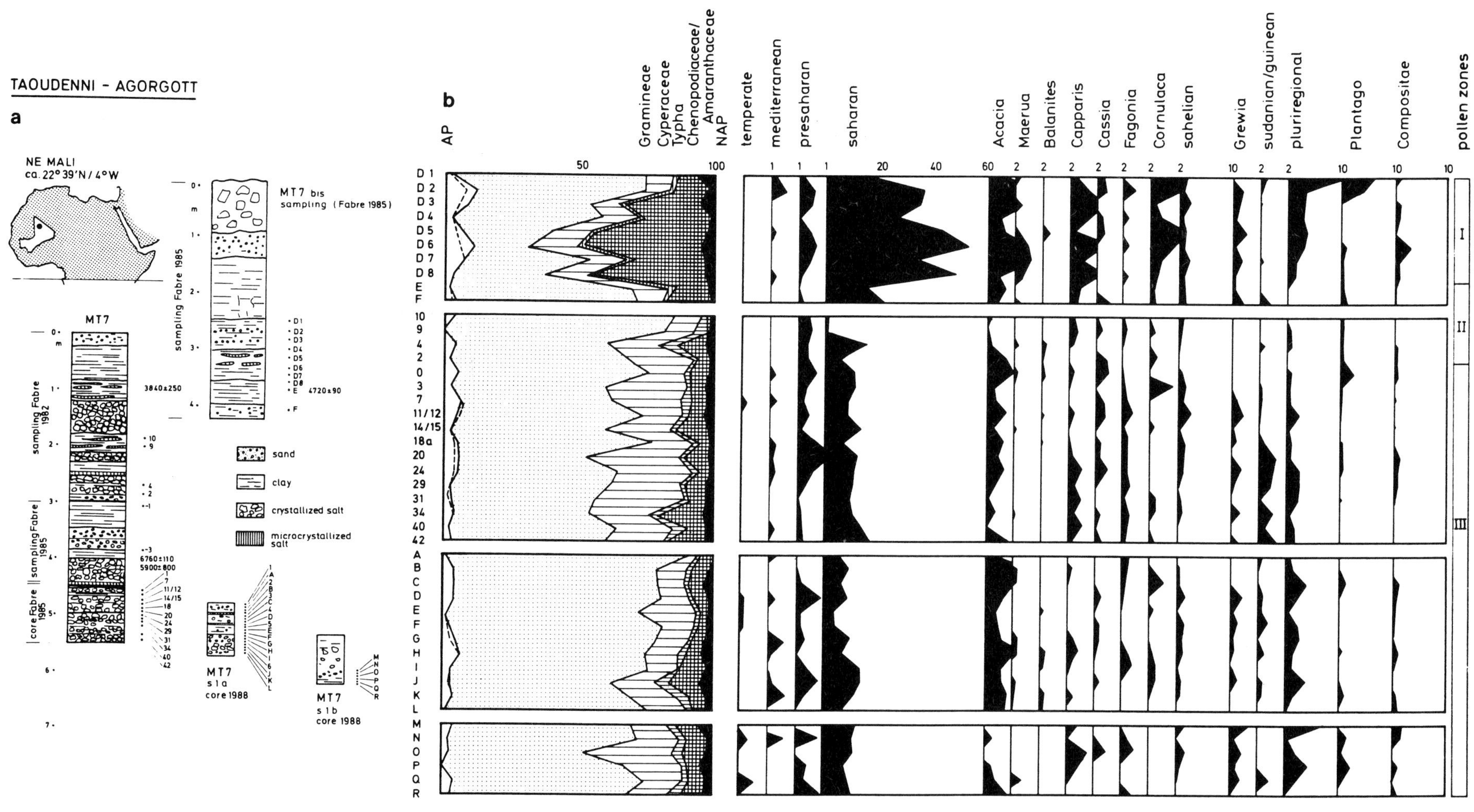

Fig. 43 - a and b. Localisation of samples and simplified pollen diagram of Taoudenni-Agorgott.

a et b. Localisation des échantillons et diagramme pollinique simplifié de Taoudenni-Agorgott.

The lower part of the MT7 (below sample 1) is covered by subsequent corings. 1-42 was obtained by Fabre and Petit-Maire in 1985 and the sequence 1-R in 1988.

The pollen profile MT7 can be divided into three major pollen zones :

III a - Samples R-1 from below. Predominance of the Gramineae (65-85%) and Cyperaceae (10- 20%) with a greater part of the dune plant *Cyperus conglomeratus*. *Typha* rarely exceeds 5%. *Acacia, Maerua, Capparis, Cassia, Fagonia* as well as *Grewia* and *Securinega* are constantly present but only in lower values. Compared to the modern pollen precipitation, *Acacia* was present in the local vegetation.

Within the nonarboreal pollen, the Compositae, Cruciferae, Papilionaceae, *Plantago* and *Tribulus* are the most present elements.

Betula, Quercus, Pinus, Olea, Ephedra, Artemisia or *Combretaceae* and *Lannaea* are to be considered as part of the long distance transport, showing the intensive interaction of the Atlantic/Mediterranean cyclones and the monsoon.

III b - Samples 42-2. Predominance of the Gramineae (55-75%) and Cyperaceae (20-45%) with a large portion of the dune plant *Cyperus conglomeratus*. *Typha* has values between 3 and 5%. The Chenopodiaceae/Amaranthaceae are still low in their percentages (10-15%). The saharan elements like *Acacia, Capparis, Fagonia* or *Cassia* are constantly present in the pollen spectra and according to the modern pollen precipitation, they were also present in the vegetation. In the lower part of this subzone (42-11/2), there is a complex of sahelian and sudanean elements, including *Securinega, Celtis, Grewia, Boscia* and *Salvadora* which don't exceed 1% each. In the NAP, the elements of the open vegetation of saharan and sahelian types are still predominant (Capparidaceae, Compositae, Cruciferae, Papilionaceae, *Plantago, Tribulus*).

II - Samples 4-E. Predominance of the Gramineae (70-80%). Cyperaceae only reach 10-12%. *Typha* has values between 3 and 7%. In contrast to the previous zones, the Chenopodiaceae/ Amaranthaceae rise to 20%. Saharan elements like *Cassia, Fagonia, Capparis* are present and, in the NAP, Capparidaceae, Compositae, Liliaceae, Papilionaceae, *Plantago* and *Tribulus* are the most important elements. The portion of the long distance transport, both from the North and the South, is of minor importance. *Artemisia, Ephedra,* or *Ceiba* and *Khaya* are present, but only with very few percentages.

I - Samples D8-D1. The most striking phenomenon in this zone is the portion of the Chenopodiaceae/Amaranthaceae which climbs up to 55%. Consequently, the part of the Gramineae and Cyperaceae is reduced to 35-40 (5-15%). Parallel to this is a growing presence of saharan elements like *Cornulaca, Acacia, Maerua, Capparis, Fagonia* and *Cassia*. North sahelian elements like *Hyphaene, Chrozophora* and again *Grewia* are also present. Among the NAP, there is a dominance of the saharan pioneer element like Capparidaceae, Compositae, Cruciferae, Liliaceae, Malvaceae, Papilionacea and *Tribulus*.

5 - RECONSTRUCTION OF THE VEGETATION (fig. 44)

Before a discussion of the type of the former vegetation of that area, it is necessary to point out that there are some difficulties for the preservation of the pollen grains and a risk of contamination by groundwater flow. Especially, in the lower layers of the core, one has to consider a possible contamination by groundwater flow and lateral transportation in the layers of coarse salt

Fig. 44 - Map of the holocene vegetation of the central and southern Sahara.

Carte de la végétagion du Sahara Central et méridional pendant l'optimum climatique holocène. Carte de la végétation du Sahara central et méridional pendant l'optimum climatique holocène.

1 Semi-deserts.

2 Tussock grass and Chenopodiaceae vegetation, achabs.

3 *Maerua - Acacia* savannas and *Acacia - Panicum / Tamarix Stipagrostis* communities of the central Sahara.

4 Transition zone saharan *Acacia - Maerua - Capparis* savannas.

5 *Acacia - Commiphora - Celtis* savannas.

6 *Artemisia - Ephedra* semi-desert of the high mountains of the central Sahara.

7 Lakes and swamps in different areas.

8 Sudanean savannas.

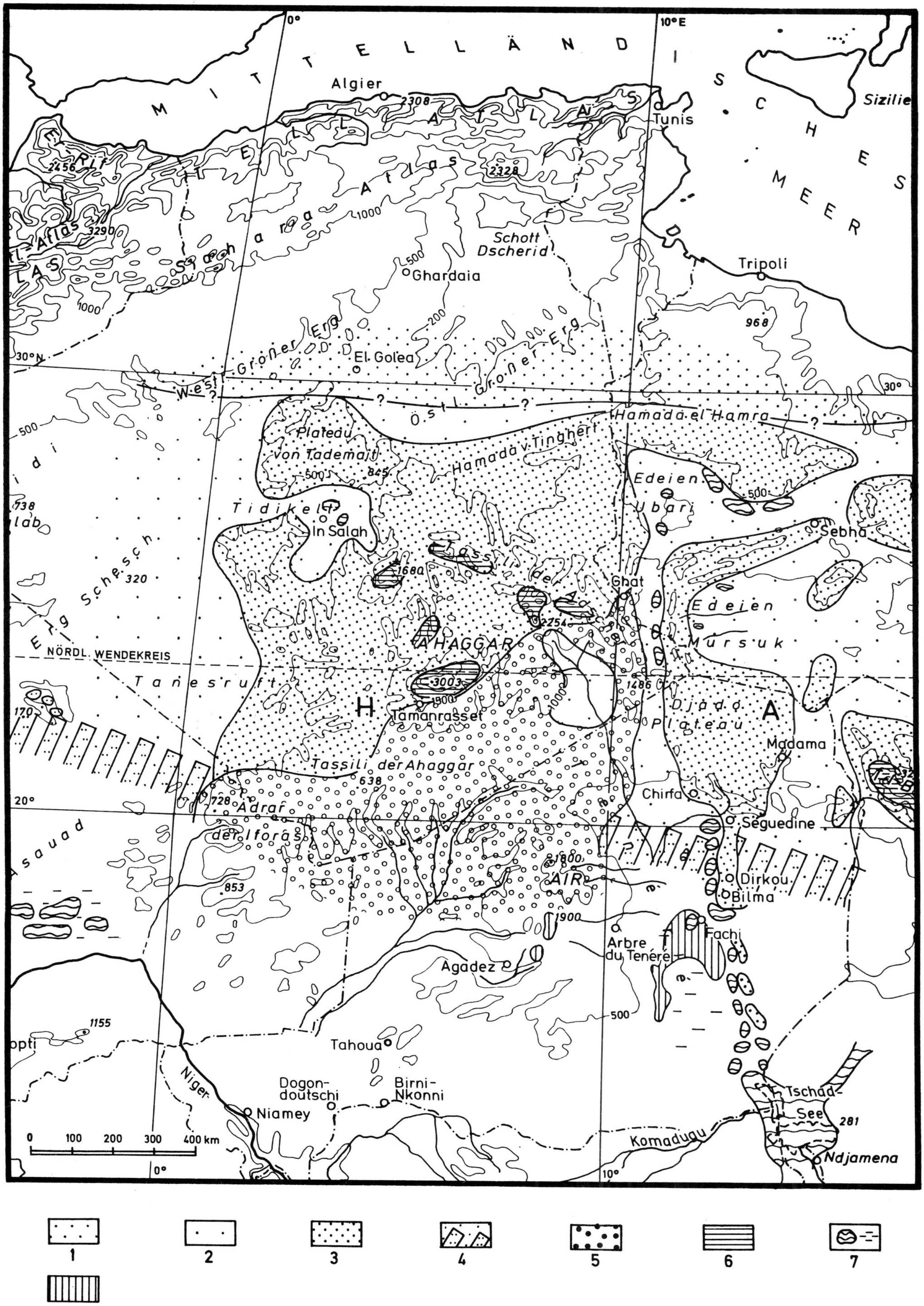

MITTELLÄNDISCHES MEER
Algier
Tunis
Sizilien
Tripoli
Tell-Atlas
Sahara-Atlas
Schott Dscherid
Ghardaia
West. Großer Erg
Östl. Großer Erg
El Golea
Hamada el Hamra
Plateau von Tademait
Hamada v. Tinghert
Edeien Ubari
Tidikelt
In Salah
Sebha
Erg Schesch
Tassili der Adjer
Ghat
Edeien Mursuk
NÖRDL. WENDEKREIS
Tanesruft
AHAGGAR
Tamanrasset
Djado Plateau
Madama
Tassili der Ahaggar
Chirfa
Seguedine
Adrar der Iforas
AIR
Dirkou
Bilma
Fachi
Arbre du Teneré
Agadez
Tahoua
Niger
Dogondoutschi
Birni-Nkonni
Niamey
Tschad-See
Komadugu
Ndjamena
0 100 200 300 400 km
0°
10° E
30° N
20°

1
2
3
4
5
6
7
8

and thenardite. Some of the spectra are very poor in pollen and a reconstruction of vegetation is consequently reduced to the main vegetation types of the region.

Direct proof for some plants as macro-remains or charcoals is very rare. One piece of charcoal of *Acacia* was dated to 6 500 ± 100 related to pollen zone II (Petit-Maire et *al.*, 1987), but there is plenty of evidence for aquatic plants and swamp plants like *Phragmites, Typha* and *Juncus* in travertines in the margins of the depression.

Thus, the reconstruction of the palaeovegetation has to be based on the few macroremains and on the pollen spectra. These should be interpretated too in comparison with the modern pollen precipitation too. For the latter, there is one difficulty. Our filters do not reach far enough to the South and the survey published by Cour and Duzer (1976) reflects the mountainous vegetation of the Adrar des Iforas and the Tilemsi-valley. However, with a certain restriction, the transect in the eastern part of the central Sahara (Libya-eastern Niger)which crosses the Erg of Bilma may provide some necessary additional informations.

Pollen zone IIIa one may think of an open, saharan type vegetation, characterized by the Graminae with some scattered *Acacia-* and *Capparis* trees and *Fagonia-* and *Cassia-* bushes.Some *Grewia-* bushes were also possibly present in the rocky areas of the depression. The surroundings of the lakes were covered by *Typha* and *Phragmites* reeds and *Juncus* swamps.

Pollen zone IIIb is characterized by the relatively high percentages of the Cyperaceae, especially of the *Cyperus* conglomeratus-type, as a typical sand binder. According to the results of the modern pollen participation in the Erg of Bilma (Schulz, 1987) this combination is typical for the transition zone desert-savanna, in dune areas of the southern Sahara. This also fits the continuous presence of Acacia, *Capparis, Cassia, Fagonia, Salvadora,* as well as *Grewia.* On the whole, this gives a logical combination of the vegetation types one finds in the complex of the saharan savannas (Schulz, 1988) : a sparse cover of *Cyperus* and tussock grasses and scattered trees of *Acacia-Capparis.* In the rocky areas of the depression and the cuestas, one could also find some *Grewia.* The lakes were surrounded again by *Typha-Phragmites* reeds or swamps of the *Phragmites-Juncus* type.

The presence of the *Securinega* and *Celtis* pollen is difficult to interpretate. Some isolated examples of these species were perhaps present in the neighbourhood of the cuestas or around the lakes, comparable to the persistance of this vegetation type in the Bilma region (Niger) during the Upper Pleistocene (Schulz *et al.*, 1990). As long as there is no direct evidence for the presence of these sudanian elements, it will remain uncertain whether these elements belonged to the long distance transport, (as the Sapotaceae. *Parkia* or *Isoberlinia* certainly do), or whether they were present in the region. The strong influence of the Atlantic/Mediterranean cyclones is proved by the large portion of *Ephedra, Artemisia, Pinus* and *Alnus.* It is also necessary to remember that a larger surface of water, as was present at that time, could have trapped the elements of the long distance transport more effectively.

Pollen zone II

In this zone, which may be characterized as a transition area, the indicators of the saharan savanna vegetation are no longer present. One has to imagine a contracted vegetation restricted to favoured places like wadis and depressions and the smaller lakes and the rocky areas, but the floristic components remained more or less the same. The part of the achab floras became more and more important in the regional vegetation.

Pollen zone I

This zone represents the final installation of the saharan desert vegetation. The large amounts of Chenopodiaceae/Amaranthaceae show the surroundings of the sebkhas and the saharan sand colonizers like *Cornulaca* were more important in the vegetation. *Acacia, Balanites, Capparis* and *Maerua,* together with *Fagonia* and *Cassia,* and perhaps some *Grewia*, were still present in favourable places whereas in the herb cover the Compositae, Cruciferae, *Plantago* and *Tribulus* were the most characteristic elements.

The interaction of the monsoon and the Atlantic/Mediterranean cyclones are again proved by the elements of the long distance transport e.g. *Artemisia* and *Ephedra* or *Khaya, Celtis* and *Ceiba.*

The first pollen spectra coming from this area (Cour and Duzer, 1976) are given as a diagram in the lower part of fig. 43, for comparison. These samples were taken from another outcrop and they combine several horizons. The spectra clearly shows that they are comparable with the pollen zones II and I, which is also confirmed by the layer datation of the layer (*ca* 5 650 BP, Cour and Duzer, 1976).

The development of the vegetation may be summarized as the installation of a saharan savanna of *Acacia-Panicum* type. This vegetation dominated the region in the pollen zone IIIb.

After a transition period, there was the final establishment of the saharan desert vegetation which degradated to its present state. These phases are represented in pollen zones II and I.

During the maximum of the vegetation development, the transition from a contracted desert vegetation to a saharan savanna took place and, within this complex, the plant cover was differentiated by the relief, the substratum types and the variable amount of water available. The numerous karstic depressions on the limestone plateaus provided excellent locations for trees and bushes, due to the collection of fine grained material and humidity, as well as to the easy striking of roots.

The extended *Typha* and *Phragmites* reeds around the different lakes were certainly effective filters, limiting the input of fine grained material into the lakes. The block diagrams (fig. 45) may give an impression that the landscape was totally different from the present situation. It was a stabilized landscape, with possibility of soil formation favoured by a loose root carpet. During this time the vegetation, remained in the saharan domain with the exception of some sahelian, and perhaps also some sudanian floristic elements.

Some findings of *Celtis* endocarps in the Erg In Sakane, which are of Holocene age (Celles and Manière, 1983) may indicate the presence of some sudanian alluvial vegetation units in the area South East of Taoudenni.

6 - CORRELATION AND DATATION OF THE DIFFERENT PARTS OF THE AGORGOTT RECORD

The correlation of the profile MT7 and MT7 bis is based on the different salt layers (Fabre et Petit-Maire, 1988 and *supra*). One has to consider that they were taken in different salt mines at a distance of about 6 km, some of these layers showing different facies.

The profile MT7 represents a combination of two samplings and two subsequent corings, performed in different years, but in the same salt mine. So, a direct correlation based on a finer stratigraphy has its limits.

Nevertheless, the radiocarbon datations established on wood in the clay layers confirm a logic combination of these records, within the limits mentioned above. Following the datations of samples coming directly from these records, and in comparison with the row of other datations from outcrop samplings in the Taoudenni regions (Fabre and Petit-Maire, 1988), one may conclude that the pollen zone III covers the period from about 8 000 to 6 000 BP, pollen zone II covers the period between about 6 000 to 4 000 BP and pollen zone I the time from 4 000 BP on (to about 2 000 BP ?).The different parts of the pollen profile may suggest a correlation from the pollen

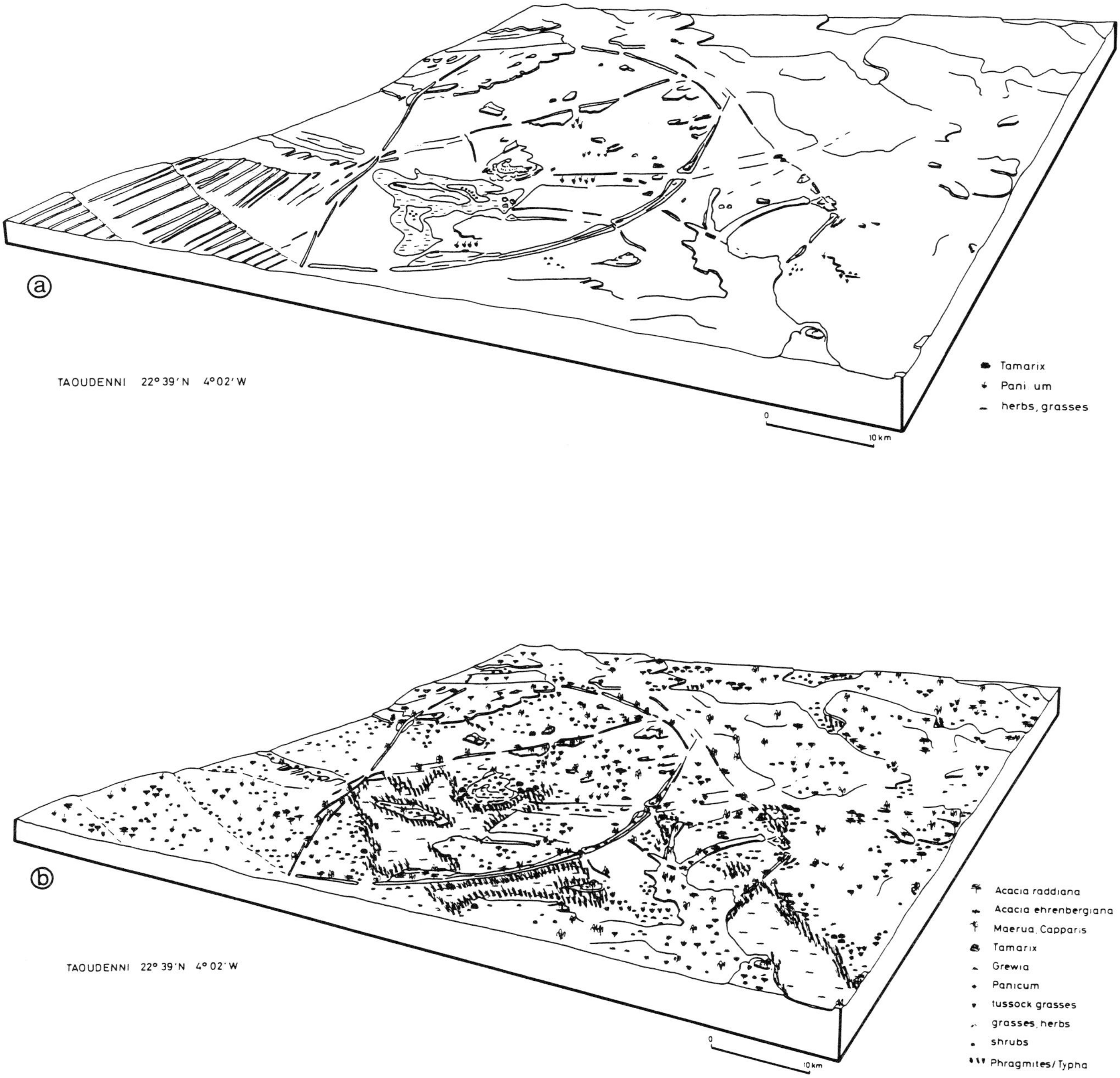

Fig. 45 - Schematic block diagrams showing the present (a) and holocene (b) vegetation of the Taoudenni area.

Blocs diagrammes schématiques de la végétation actuelle (a) et holocène (b) de la région de Taoudenni.

spectra as follows : E- 18a and 2 -D8. The fact that sampling was performed in nearby but different locations (MT7 and MT7 bis) prohibits a more precise correlation.

7 - COMPARISON WITH OTHER HOLOCENE RECORDS IN THE CENTRAL AND SOUTHERN SAHARA

If one is to avoid a too long distance correlation, the only available records are from the Sebkha Chemchane in northern Mauretania (ca 21°N, Lézine, 1987) and the profiles of Segedim (Schulz, 1987) and Bilma (Schulz *et al.*, 1990) - both in Niger- .

For the Mauretanian record, Lézine (1987) reconstructs a saharan steppe vegetation for the period before 9 000 BP and considers a soudano-sahelian steppe vegetation for the time between 9 000 and 7 500 BP.

From the Niger records, it is evident that there was also an installation of a saharan savanna during the Holocene at 20°N and, at 19°N, already a sudanean savanna, proved by a charcoal flora (Neumann, 1988). The Bilma record shows a certain persistance of a poor sudanian vegetation, dependant on relief and substratum types, during the Upper Pleistocene and early Holocene.

This proves, at least for the central and western Sahara, the existence of a period of open saharan vegetation during the early Holocene and the first part of the middle Holocene, at 22°N. The middle Holocene was characterized, both in the western and in the central Sahara, by a saharan savanna. Similar extensions of savanna vegetation to the North are also reported from northern Sudan and southern Egypt (Neumann, 1989 ; Ritchie and Haynes, 1987). The period of the savanna vegetation ended with a transition phase, from about 6 000 to 4 000 BP. After 4 000 BP, there was the final installation of the present vegetation type in northern Mali, which declined to its present state with different oscillations from about 2 000 BP on.

Climatic oscillations during the younger Holocene may have been covered by the persistance of the same saharan desert vegetation which only changed in density and in minor floristic composition.

8 - PALAEOCLIMATOLOGICAL REMARKS

During the climatic optimum, one may estimate a monsoonal summer rain climate with an annual precipitation of about 200-300 mm, falling in a three months rainy season. This stays for the region of the Taoudenni depression and is based on the present conditions of the transition zone desert-savanna in the southern Sahara. The intensive interaction of the monsoon and the Atlantic / Mediterranean cyclones provided rainfall throughout the year.

Both in the early and the late Holocene, the precipitation was lower and the interaction monsoon/Atlantic-Mediterranean cyclones was less intensive.

CONCLUSION

The Taoudenni-Agorgott record demonstrates the occurrence of a change in landscape, at 20-22°N, between 8 000 and 6 000 BP. It was probably a shift to a saharan savanna of *Acacia-Panicum* type. It represents the maximum of vegetation development in this area. It created a stabilized landscape with a sparse but continuous plant cover of the thorn-tree tussock grass type and a variable number of achab floras throughout the year. It also allowed the formation of a root carpet and the development of soil formations.

The savanna vegetation was differentiated by substratum type and relief. Certainly the large number of karstic depressions on the cuestas did also act as cisterns collecting humidity and fine grained material. This created opportunities for the implantation of trees and bushes, as it can be observed in the extensive savannas on the karstified and iron carapax covered sandstone plateaus in eastern Niger and south of the Adrar des Iforas (Schulz, 1988).

The vegetation map for the middle Holocene of the central and southern Sahara (fig. 43) shows that there were two types of fundamental changes in the plant cover, compared to the present one. The northward shift of the savanna-desert boundary up to 20°-22°N in Niger and Mali, on the one hand, and a mosaic of different savanna types in the mountain areas of the central and southern Sahara, on the other hand. They were covered by sahelian and saharan elements and certainly also by some sudanian floristic elements. A poor saharan savanna of the *Acacia- Maerua- Capparis* type was characteristic for the escarpments of Kawar, Djado and Messak Mellet. Sudanian savannas were present at 19°N in Niger as proved by charcoal findings and pollen profiles. This implies that the area of possible sahelian savannas was relatively small.

Even up to now it is not clear whether one may consider a zonal distribution of the sudanean savannas or a more differentiated mosaic, depending on the relief and the hydrological conditions. The anthropogeneity of a large part of the present savannas makes difficult, if not impossible, to compare them directly with the remains of the palaeovegetation.

The impact of man on the vegetation was certainly more intensive than previously thought. Depending on the type of its economy, Man could not only destroy or exploit the plant cover but he could even create some vegetation types, as early types of cultural landscapes. Investigations on the traditional use of the vegetation in northern Niger (Schulz and Adamou, 1988) also show the great amount and variety of alimentation resources for the neolithic populations.

The controversal discussion on the Holocene climate and the idea of a persisting hyperarid climte during the Holocene in the central Sahara (Cour and Duzer, 1976) may find a solution in regarding the first reconstruction of the palaeovegetation of the upper zones of the Agorgott sequence to be perfectly right, since only the lower part of this record gave evidence for a savanna environment, not available for the authors at that time.

Pl. XIV - Vegetation of the Taoudenni Basin.
Végétation du Bassin de Taoudenni.

1 Valley in the northwestern Adrar des Iforas : remains of *Acacia* stands ; *A raddiana*. Note the over-exploitation of the trees and the pool remaining from exceptional rainfalls in February. Vallée au nord-ouest de l'Adrar des Iforas : restes de souches d'*Acacia. A. raddiana*. Notez la surexploitation des arbres et mare résiduelle après les pluies exceptionnelles de février.

2 Groups of *Acacia ehrenbergiana* in the southern Tanezrouft. Typical appearance in groups caused by the propagation by shoots from the superficial roots. Groupes d' *Acacia ehrenbergiana* dans le Tanezrouft méridional. Aspect typique en groupe dû à la propagation de pousses à partir des racines superficielles.

3 *Panicum turgidum* on coarse sediments in the northernmost Timetrine. *Panicum turgidum* sur des sédiments grossiers dans le Timetrine septentrional.

4 Achab flora in the southern Tanezrouft. *Fagonia olivieri* and *Colocynthis vulgaris* about four to five weeks after the last rainfall in that area. Favoured camel pasture. Flore d'Achab dans le Tanezrouft méridional. *Fagonia olivieri* et *Colocynthis vulgaris* environ quatre à cinq semaines après la dernière pluie dans cette région. Pâturage apprécié des chameaux.

1

2

3

4

Pl. XV - Végétation du Bassin de Taoudenni.

1 Sand plots on reg near Tagnout Chaggeret. *Stipagrostis pungens* and *Fagonia olivieri* Note the dependence of vegetation on the substratum type.

Zones sableuses sur reg, près de Tagnout Chaggeret. *Stipagrostis pungens* et *Fagonia olivieri.* Notez la relation entre la végatation et le type de substratum.

2 Outcrop of the limestone plateau in the Haijad basin. Sparse vegetation of *Nucularia perinii* and *Pergularia tomentosa* bushes.

Affleurement du plateau calcaire dans le bassin de Haijad. Végétation clairsemée de buissons de *Nucularia perinii* et de *Pergularia tomentosa.*

3 Nebka with *Zygophyllum cf. glaucum* besides the remains of lake sediments in the Haijad basin.

Nebkha à *Zygophyllum cf. glaucum* à côté de dépôts lacustres du bassin de Haijad.

4 *Tamarix cf. gallica* stands in a palaeolake basin, southeast of Taoudenni.

Tamarix cf. gallica dans un ancien bassin lacustre, au sud-est de Taoudenni.

1

2

3

4

1

2

3

3 - l'aspect régional

FLORES DE CHAROPHYTES DES PALEOLACS DE LA REGION DE TAOUDENNI, s.l.

I. SOULIE-MÄRSCHE

La flore de Charophytes étudiée provient d'une série de quatre-vingt quinze échantillons, prélevés en 1982 et 1985 par Nicole Petit-Maire dans les lacs holocènes de la région de Taoudenni. Nous les avons tous considérés (et pas limités à Agorgott et Haijad) afin d'avoir une image plus générale des conditions hydrologiques holocènes dans l'ensemble du bassin.

La répartition des divers gisements s'étend depuis la localité de El Guettara, à l'extrême sud-est, jusque dans la dépression de Trhaza, au nord-ouest (fig. 46).

Bien que leurs restes calcifiés constituent des microfossiles, les Charophytes en tant que plantes font partie de la macroflore benthique et sont de loin le groupe le mieux représenté parmi les végétaux aquatiques de la zone prospectée. En tant que témoins autochtones du couvert végétal submergé, elles reflètent, qualitativement et quantitativement, l'état du milieu et permettent ainsi de compléter la reconstitution du paléoenvironnement à l'endroit précis où elles se sont développées.

1 - SIGNIFICATION PALEOECOLOGIQUE

L'étude systématique des principales espèces, conduite sur la base de l'analyse des populations et sur laquelle nous ne étendrons pas ici (Soulié-Märsche, 1989), permet de dégager la signification paléoécologique de cette flore dans le contexte régional.

Dans la mesure où l'écologie de leurs équivalents actuels est connue, les espèces identifiées dans les sédiments du bassin de Taoudenni peuvent contribuer à préciser la configuration des plans d'eau holocènes. A l'intérieur du bassin, les flores se répartissent en quatre types principaux (fig. 46 et tabl. 1) dont la caractérisation se base sur des taxons écotypiques (Soulié-Märsche, 1986).

Eau douce permanente profonde

Le paléomilieu lacustre du site MT4, à l'extrémité ouest de Kesret-el-Gani, face à la gara Maglizen (Pl.VII-1), peut être affiné par la présence de *N. obtusa*, espèce qui a dû trouver ses conditions optimale de développement dans ce gisement, compte tenu du grand nombre de gyrogonites fossilisées.

Les exigences écologiques, définies par Kasaki (1962) et par Krause (1980, 1985), indiquent *N. obtusa* comme une espèce des lacs permanents profonds (de 4-11 m) et relativement froids. Par son caractère écotypique, que certains botanistes classent même dans la catégorie circumboréale (Corillion, 1957), cette espèce fournit de précieuses indications pour la paléoécologie du Quaternaire africain (Kröpelin et Soulié-Märsche, 1989).

La particularité du site MT4 en tant que lac permanent et profond de plusieurs mètres peut s'expliquer par sa position géologique et géomorphologique. En effet, le site se trouve au croisement de deux dykes de dolérite (fig. 3), ce qui constitue une configuration favorable à la

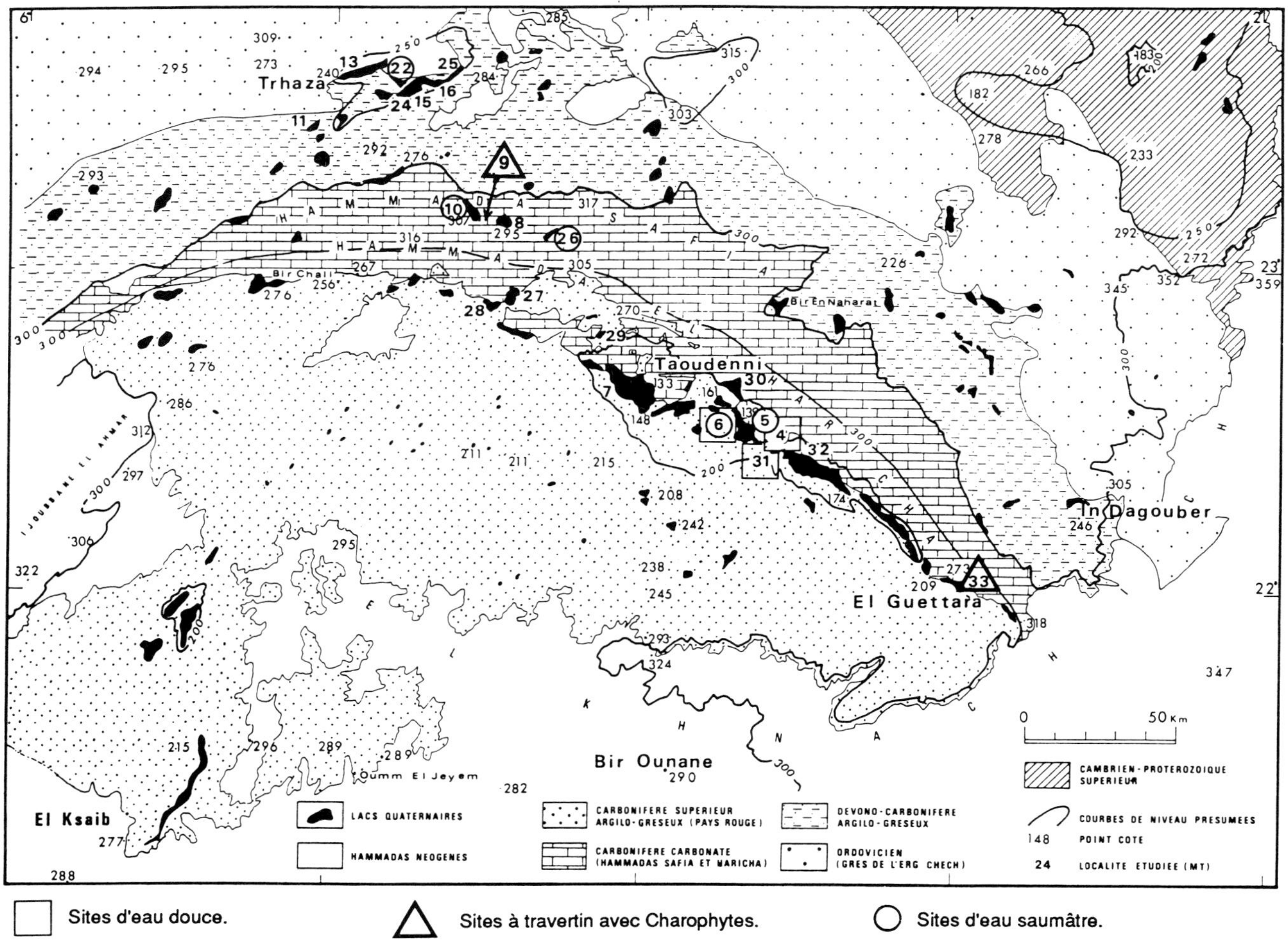

Fig. 46 - Esquisse géologique et emplacement des sites lacustres échantillonnés (tiré de Fabre, 1983) : précision des sites à Charophytes par catégorie de milieu.

remontée de la nappe et à la formation d'un lac de barrage, ayant permis l'installation de *N. obtusa* dans une eau permanente profonde de plusieurs mètres.

Eau douce temporaire peu profonde

A peu de distance de MT4, le site MT4b présente une flore à *Chara zeylanica*, une espèce actuelle à répartition strictement intertropicale (Corillion, 1957). Son développement optimal semble lié à la température de l'eau qui avoisine une moyenne de 25°-30°C durant la période de fructification. Les rares données écologiques indiquent cette espèce en Afrique dans des biotopes temporaires ou permanents de faible profondeur (0-0,8 m) (Corillion et Guerlesquin, 1972). Trouvée dans des dépendances de niayes au Sénégal, l'espèce semble supporter, selon ces auteurs, une faible salinité.

Cependant, pour Taylor (1959), qui cite en exemple actuel la présence d'une abondante végétation de *C. zeylanica* sur un îlot dans la mangrove, cette espèce marque des zones d'eau douce, entourées d'un contexte saumâtre. La tolérance vis-à-vis des chlorures est probablement différente selon les variétés taxonomiques.

La présence de C. *zeylanica* dans le bassin de Taoudenni permet de localiser très précisément des plans d'eau douce ou à très faible salinité, chaudes probablement du fait de leur faible profondeur. Le type de milieu dans lequel elle se développe contraste donc fortement avec celui requis par *N. obtusa* et souligne la juxtaposition dans un rayon géographique très proche de milieux aquatiques très diversifiés et sans connection hydrologique apparente.

Sources

Les sites MT9, au nord-ouest, et MT33, au sud-est, contiennent des Charophytes essentiellement sous forme de restes de thalle calcifiés, parmi lesquels il est possible d'identifier *Chara vulgaris*. Cette espèce cosmopolite est capable d'occuper très rapidement, entre autres, les points d'eau douce et leurs dépendances immédiatement en aval de sources. Il s'agit de travertins représentant une végétation de Charophytes pétrifiées *in situ*. Comme l'indique Fabre (1983) pour MT33, ces travertins se sont formés aux émergences de la nappe des calcaires de la hammada. La nature de la végétation indique une eau douce, fortement alcaline.

Eau saumâtre

La majorité des sites (MT5, MT6 à la base, MT10, MT22 et MT26) présente des quantités variables, jusqu'à très abondantes, de *Lamprothamnium papulosum*. Les indications paléoécologiques de cette espèce sont immédiates et directes puisqu'il s'agit d'un taxon qui, même au niveau générique, est exclusivement saumâtre. Sa présence dans les lacs holocènes du bassin de Taoudenni correspond bien aux épisodes évaporitiques observés dans les sédiments (Ch.II-1 et II-2).

Selon Burne et *al.*(1980), les maxima de salinité tolérés par *L. papulosum* en tant que plante, vont jusqu'à 67% dans les lacs salés d'Australie. Cependant, il a déjà été souligné (Soulié-Märsche, 1982) que le développement d'une population active sur plusieurs générations, c'est-à-dire avec reproduction sexuée, nécessite des phases d'adoucissement du milieu. *L. papulosum* est donc un marqueur pour les biotopes saumâtres à salinité très variable. Cette espèce est d'ailleurs totalement absente dans le site MT7 d'Agorgott qui, par contre, a livré la meilleure séquence palynologique (Ch. précédent).

La variabilité extrêmement grande des gyrogonites de *Lamprothamnium*, étudiée dans le chapitre précédent, serait la réponse morphologique à une succession de périodes, saisonnières, annuelles ou pluriannuelles, pendant lesquelles la salinité variait pour un endroit donné comme cela est constaté dans des stations actuelles (Soulié-Märsche, 1983).

Le site MT10, au nord-ouest de Taoudenni, représente un paléoenvironnement de ce type. Le contenu global en gyrogonites dans les différents niveaux indique des différences de salinité s'étant produites à court et à moyen terme. En effet, *L. papulosum* y est accompagné de *Chara aspera* et de *Chara* sp. qui signifient des phases d'adoucissement prolongées du milieu.

En particulier, le niveau MT10 a révélé plusieurs restes végétatifs dont des fragments de tige cortiqués selon le mode triplostique (*C. aspera*) et des fragments de thalle acortiqués mais incrustés, correspondant à *Lamprothamnium*. Il peut être décrit comme un plan d'eau peu étendu et très calme, de type mare.

2 - LA COUPE DU LAC HAIJAD

La coupe de Haijad (MT6), pour laquelle vingt et un échantillons superposés ont été traités, fait apparaître une coupure écologique majeure entre l'échantillon MT6b et MT6c. La flore passe de *L. papulosum* à *C. zeylanica*, qui est présent à partir de ce niveau, tout au long de la coupe. Cependant, à partir du niveau f_3, sa présence est très faible et même sporadique (inférieure à cent gyrogonites dont la majorité est mal conservée et encroûtée) (tabl.2).

Le lac Haijad est donc passé brusquement de conditions franchement saumâtres à la base, datée de 8 300 ± 100 BP (Fabre et Petit-Maire, 1988), à des conditions d'eau douce ou très faiblement salées. Dans ce niveau MT6c, une végétation abondante à *C. zeylanica* et *C. vulgaris* a pu s'installer, ce qui doit supposer un apport d'eau douce non négligeable, d'autant que l'eau de surface devait compenser l'effet du substrat d'origine saumâtre.

Si l'on tient compte de la fréquence des gyrogonites de Charophytes et de leur mauvais état de conservation, le lac, éventuellement continu jusqu'au niveau f2, semble s'être rapidement transformé en un plan d'eau temporaire (niv. g1 et j 1-2) voire éphémère, avec une durée de submersion inférieure à trois mois pour les niveaux qui ne contiennent pas de Charophytes (niv. g2 et l3).

CONCLUSION

Avec dix sites fossilifères, les Charophytes sont relativement bien représentées dans la région de Taoudenni, mais néanmoins beaucoup plus rares que dans les formations lacustres de la bordure de l'Erg Ine Sakhane où dix-neuf sites ont été inventoriés (Soulié-Märsche, 1983). Alors que, dans ces derniers, la flore présente deux stocks écologiques, l'un de type permanent relativement froid, indiqué par l'espèce *Lychnothamnus barbatus,* l'autre de type subtropical à *Chara zeylanica*, celle de Taoudenni est nettement plus diversifiée et permet de localiser quatre types de milieux aquatiques.

Le contexte géologique, dominé par la Hammada El Haricha en tant qu'aquifère actif, a joué sans aucun doute un rôle essentiel pour l'alimentation en eau douce du bassin de Taoudenni (Ch.I-2). Les travertins à *Chara vulgaris* affleurant en plusieurs endroits ainsi que le lac d'El Maglizen (MT4), formé à la faveur de la rencontre de deux dykes de dolérite, avec son abondante végétation de *Nitellopsis obtusa*, sont les témoins d'émergences de la nappe des calcaires carbonifères karstifiés durant la période holocène.

Néanmoins, de nombreux points d'eau saumâtre, caractérisés par *Lamprothamnium papulosum,* se rencontrent aussi bien sur substratum calcaire que sur substratum argilo-gréseux. La grande variabilité morphologique de ces populations indique un milieu à salinité extrêmement variable à court et à moyen terme, lié probablement à des biotopes temporaires.

Il importe de souligner le caractère franchement saumâtre, à *Lamprothamnium* et Foraminifères, de la base du paléolac Haijad (MT6) qui se transforme à partir de 8 300 ± 100 BP en une étendue d'eau très faiblement salée à *Chara zeylanica*, marquant un apport d'eau douce dans cette phase et évoluant ensuite (horizons supérieurs aux niveaux f3) vers un milieu temporaire voire éphémère. Ces conditions se sont réalisées entre 6 750 ± 110 et 4 440 ± 270 BP. (fig. 19). Le caractère sporadique de la mise en eau de cette dépression, qui pourrait être la cause de l'absence de restes de poissons et des encroûtements modelant les tiges de *Phragmites* (Fabre et Petit-Maire, 1988), supposent l'existence de précipitations soit fortes et ponctuelles, soit concentrées sur une saison pluviale mais de courte durée.

L'ensemble des renseignements paléolimnologiques à partir de Charophytes fait ressortir la coexistence de milieux très divers. En particulier, il apparaît que les nombreux points d'eau de surface étaient souvent sans connection entre eux, avec, simultanément, un lac d'eau douce profond et, à peu de distance, des mares de type intertropical où l'eau était douce à faiblement salée, avec une température moyenne élevée (>25°). Ces dernières côtoient des milieux saumâtres à salinité variable et des dépressions à saumures, hostiles au développement des Charophytes. Par ailleurs, la flore qui a pu se développer dans les dépendances de sources montre que l'eau karstique de la Hammada El Haricha était douce à l'Holocène inférieur et moyen.

Comme l'a souligné J. Fabre (Ch.I-1), la configuration géologique du bassin et la nature du substrat à un endroit donné étaient donc des facteurs déterminants pour la qualité de l'eau de surface.

Gisements	**Flore de Charophytes**		**Milieu**
Site*	Fréquence	ESPECE	
MT4	très abondant	*Nitellopsis obtusa* *Chara* sp.	lac d'eau douce (permanent, prof. >4 m)
MT4 b	abondant	*Chara zeylarica* var.	conditions intertropicales (prof. 0-0,8 m)
MT5	peu abondant	*Lamprothamnium papulosum*	saumâtre
MT6 niv.c-L	variable selon les niveaux **	*Chara zeylarica* var. *Chaza vulgaris*	conditions intertropicales temporaire à éphémère selon les niveaux **
niv.b	très abondant	*Lamprothamnium papulosum*	saumâtre
MT9	Essentiellement restes végétatifs	*Chara vulgaris*	source
MT10	très abondant	*Lamprothamnium papulosum* *Chara aspera*	saumâtre
MT22	rare	*Lamprothamnium papulosum*	saumâtre
MT26	très abondant	*Lamprothamnium papulosum*	saumâtre
MT31	peu abondant	*Chara* sp.	-
MT33	très abondants restes végétatifs	Chara vulgaris	source d'eau douce

*localisation : voir carte, fig. 1 **détails : voir tableau 4

Tableau 1 : Composition de la flore et indications paléolimnologiques à partir des Charophytes présentes dans les divers sites du Bassin de Taoudenni.

Site MT6		Charophytes		Sédiment
	Niveau	Fréquence des gyrogonites	ESPECE	
L	L3	Ø		marne grisâtre
	L2	3	*Chara* cf. *zeylanica*	marne blanche avec concrétions
	L1	3	*Chara* cf. *zeylanica*	marne noire
K	k2	2	*Chara* cf. *zeylanica*	
	-			
	k1	9	*Chara* cf. *zeylanica*	niveau induré
J	j2	12	*Chara* cf. *zeylanica*	*craie lacustre
	j1	12	*Chara* cf. *zeylanica*	blanche
I	i2	20	*Chara* cf. *zeylanica*	-
	i1	30 env.	*Chara* cf. *zeylanica*	-
H	h2	10	*Chara* cf. *zeylanica*	marno-calcaire blanc induré
	h1	3	*Chara* cf. *zeylanica*	marne marron clair avec gypse
G	g2	Ø	*Chara Icf. zeylanica*	
	g1	100 env.	*Chara zeylanica* var.	marne blanche
f	f4	14	*Chara zeylanica* var.	
	f3	4	*Chara zeylanica* var.	niveau induré
	f2	400 env.	*Chara zeylanica* var.	
	f1	60 env.	*Chara zeylanica* var.	marne blanche
e	e	80 env.	*Chara zeylanica* var.	pulvérulente
d	d	>200	*Chara zeylanica* var. *Chara vulgaris*	de type
c	c	100 env.	*Chara zeylanica* var. *Chara vulgaris*	"craie lacustre"
b	b	>500	*Lamprothamnium papulosum*	marne gris clair
a	a	échantillon non reçu		-

Tableau 2 : Coupe Haijad - (MT6) - Fréquence et nom des espèces de Charophytes isolées de chaque niveau par lavage - tamisage d'env. 120 gr. de sédiment brut.

Pl. XVII - Flores de Charophytes des paléolacs :

1 - 6. *Nitellopsis obtusa*. 1 - Profil d'un exemplaire fortement calcifié. 2 - Profil d'un exemplaire faiblement calcifié. 3 - Base d'une gyrogonite, sans entonnoir. 4 - Apex d'un exemplaire fortement calcifié. 5 - Apex d'un exemplaire petit et faiblement calcifié, montrant la constance de la structure apicale. 6 - Base d'une gyrogonite avec entonnoir pentagonal simple. Grossissement : tous X 35.

7 - 12. *Chara vulgaris*. 7 - Vue apicale d'une gyrogonite, éch. MT6d,X40. 8 - Profil, éch. MT6d, X 40. 9 - Vue basale d'une gyrogonite, éch. MT6c, X 40. 10 - Fragment végétatif avec oogone et anthéridie sur le même noeud, éch. MT33e, X 35. 11 - Gyrogonite tuniquée, éch. MT9e, X 40. 12 - Plaque basale isolée, éch. MT33e, X 300.

Pl. XVIII - Flores de Charophytes des paléolacs :

1 - 14. *Lamprothamnium papulosum.* 1 - 4. Echantillon MT6b. 1 - Profil d'un specimen à apex conservé, X 50. 2 - Profil, X 50. 3 - Apex à extrémités spiralées conservées, X 60. 4 - Apex d'un autre spécimen, X 80. 5 - 14. Echantillon MT10j. 5 - 8. Vues latérales, variabilité de la taille et de la forme des gyrogonites, tous X 50. 9 - Profil fortement calcifié, X 60. 10 - Profil à spires concaves, X 60. 11 - Apex déhiscent, X 60. 12 - Profil d'un spécimen montrant une forte calcification le long des sutures, X 50. 13 - Base d'un spécimen à ligne médiane, plaque basale incomplètement calcifiée, X 80. 14 - Plaque basale en place, visible de l'extérieur, diamètre de la plaque = 72µm, X 220

MAMMIFERES FOSSILES HOLOCENES DU SAHARA MALIEN, s.l.
Interprétation paléoécologique

A. GAUTIER

Cette note présente une brève révision des mammifères holocènes qui furent récoltés lors des missions scientifiques effectuées en 1980 et 1981 dans le Sahara malien (Guérin et Faure, 1983). Cette révision est suivie d'une estimation de la capacité écologique et des précipitations dont témoigne cette faune, par comparaison aux répartitions actuelles.

Le tableau 1 résume la composition de la faune sauvage récoltée. La première série d'échantillons (AZ21 à AZ57) provient de l'Erg Ine Sakane (fig. 2). Petit-Maire et Riser (1981) en donnent une description préliminaire, que j'ai reprise et commentée (Gautier, 1987) sans m'apercevoir que ces mêmes échantillons furent l'objet d'une étude approfondie dans Guérin et Faure (1983). La deuxième série d'échantillons (MK 37 à MK41 et AR50 à AR10) provient de la région plus méridionale, au nord d'Araouane, de Hassi-el-Abiod et de l'Erg Tin-Guettai (fig. 2).

Dans le tableau 1, les noms des espèces sont ceux du guide de Haltenorth et Diller (1979), qui se basent essentiellement sur les révisions récentes, publiées sous la direction de Meester et Setzer (1971-78). Quelques identifications ont été modifiées, à la lumière de ce que nous savons actuellement concernant la faune holocène du Sahara : les distributions géographiques, telles que résumées par Haltenorth et Diller *(ibid.)* et les descriptions fournies. Ainsi, nous incluons l'aulacode du site AR21 dans l'espèce actuelle *Thryonomys swinderianus*. Les quatre dents d'équidés (AZ21, MK37) n'ont pas été décrites par Guérin et Faure, mais leur travail donne une description assez élaborée des dents et des restes postcrâniens d'une âne domestique, *Equus asinus* (dans la nomenclature linéenne classique) ou *Equus (Asinus) africanus* f. asinus (dans la nomenclature de l'école de Kiel, voir Herre et Röhrs, 1979 ; Gautier, 1990) ; cet âne, trouvé à Hassi-el-Abiod (MK40), est intrusif. Comme l'âne sauvage et son descendant domestique ont des dents très comparables, les dents provenant de AZ21 et de MK37 ne représentent vraisemblablement pas des ânes, sinon Guérin et Faure les auraient décrites commes telles. Dans la note préliminaire, la dent de AZ21 fut attribuée à *Hippotigris* sp. (Petit-Maire et Riser, 1981), donc probablement à un zèbre du groupe de *Equus (Hippotigris) bürchellii,* qui peuple une large partie de l'Afrique tropicale mais qui manque actuellement au Sahel ; toutefois, l'équidé fossile *E. mauritanicus* de l'Afrique du nord est probablement conspécifique avec *Equus bürchellii* (Churcher et Richardson, 1978). Il est donc probable que l'équidé sauvage du Sahara malien holocène est un zèbre, mais l'absence d'une description ne permet pas de trancher la question, de là l'identification incomplète au tableau. Quant aux restes d'hippopotames, ils proviennent sans doute de formes très grandes, toutes attribuables à *Hippopotamus amphibius.* Les restes de buffles sont de taille appréciable et pourraient appartenir au buffle géant *(Pelorovis antiquus).* Ce dernier est connu dans l'art rupestre de plusieurs gisements holocènes de l'Afrique du nord. Il se distingue des buffles de savane actuels *(Syncerus caffer aequinoctialis* et autres sous-espèces) par sa grande taille et pas son encornage impressionnant et quelque peu différent, mais il est probablement conspécifique avec les buffles actuels (Gautier et Muzzolini, sous presse). Une deuxième phalange, attribuée au buffle, paraît trop petite et représenterait plutôt un boeuf domestique (voir mesures dans Peters, 1986). Cet élément provient de MK42, un site néolithique proche de l'Erg Ine Sakane, dans la région de Tagnout-Chaggeret, daté sur charbons de 4 710 ± 120 BP (Petit-Maire et Riser éds., 1983). Cet âge entre dans les limites de la période pastorale à gros bétail du Sahara central (Gautier, 1987a). Une série dentaire supérieure, provenant de Hassi-el-Abiod (AR7) (7 000 BP), représente un autre boeuf domestique mais l'état de conservation suggère que le spécimen est intrusif et qu'il pourrait, comme la phalange précitée, dater de la période pastoraliste (Gautier, *ibid.)* Les deux bovidés domestiques décrits peuvent être assignés à *Bos taurus* ou *Bos primigenius* f. taurus (d'après la nomenclature "moderne"). Il ne peut pas s'agir de *Bos ibericus,* le soi-disant petit boeuf sauvage de l'Afrique du nord, qui est une espèce-chimère créée d'après des restes mal définis du boeuf sauvage *Bos primigenius* et de bovins domestiques néolithiques (Gautier, 1988). Enfin, la gazelle (AZ45) est attribuable à *Gazella dorcas,* une espèce fréquemment rencontrée dans les inventaires archéozoologiques (Gautier, 1987) et encore présente dans le Timétrine. La taille de l'élément squelettique trouvé (un astragale) exclut une identification comme *G. rufifrons,* la gazelle à front roux, qui est normalement plus grande (voir Peters, 1986). L'état de conservation du spécimen suggère toutefois qu'il s'agit d'un reste récent. Le gerbille et le chacal, encore présents dans la région, pourraient également être des intrusions (comm. pers. Petit-Maire).

A cette faune, nous pouvons ajouter les restes de faune sauvage décrits par Roman (1935) et provenant d'un site proche de ceux de Hassi-el-Abiod et d'un site au sud de Guir. Ils sont attribuables à *Thryonomys swinderianus,* un Viverridé indéterminé, *Mellivora capensis* (le ratel), *Hippopotamus amphibius, Tragelaphus spekii* et *Alcelaphus buselaphus.* Un des assemblages contenait en outre un reste attribuable à un boeuf domestique *(Bos brachyceros)* et, au sud de Guir, un reste mal conservé de la cheville osseuse d'une antilope (Gautier, 1987a). La girafe *(Giraffa camelopardalis)* et l'éléphant *(Loxodonta africana)* sont aussi déterminés par Guérin et Faure à Hassi-el-Abiod (comm. pers. Petit-Maire).

En général, les mammifères fossiles holocènes proviennent de taphocénoses anthropiques, c'est-à-dire celles trouvées dans les sites archéologiques. La collection étudiée ne fait pas exception à cette règle. Une faune archéologique est composée généralement de restes d'animaux abattus par l'homme, auxquels s'ajoutent souvent quelques restes de faune intrusifs, sans rapport direct avec les activités humaines (Gautier, 1987) ou plus récents. Le composant anthropique peut refléter un choix particulier par l'homme parmi les animaux exploités (filtre culturel) et ainsi poser des problèmes d'interprétation paléoécologique. Le fait que nous ne connaissons pas très bien les limites de tolérance écologique de la plupart des mammifères pose également un problème. On sait que l'homme et ses troupeaux ont fragmenté et réduit les aires de distribution de la faune sauvage mais, lors de reconstructions paléoécologiques, on oublie facilement ce facteur dont l'évaluation est délicate.

La faune du tableau 1 est typiquement "éthiopienne" et la plupart des espèces rencontrées sont présentes dans la zone sahélienne actuelle, bien que les populations puissent être très décimées, comme dans le cas des rhinocéros ou de l'éland de Derby. Plusieurs espèces, telles l'hippopotame, le buffle, le sitatunga, sont très liées à l'eau. Le rhinocéros noir, son parent blanc, le phacochère, le cobe de Buffon, le sont moins, tandis que quelques-unes semblent pouvoir survivre à de longues périodes sans eau, à condition qu'elles aient accès à des fruits, des tubercules ou des racines contenant assez d'eau. Les cartes des distributions actuelles suggèrent que les populations récentes les plus septentrionales de la plupart des herbivores rencontrés se situent entre les latitudes 13° et 17°, zone dont la limite nord correspond à une pluviosité entre 200 et 300 mm, donc 250 mm en moyenne. Ce dernier chiffre me paraît une estimation acceptable des précipitations maximales pendant les phases humides holocènes des zones de Hassi-el-Abiod et de l' Erg Ine Sakane, si l'on tient compte de notre tendance à surestimer les exigences écologiques de beaucoup d'espèces. En d'autres termes, une augmentation de quelque 200 m aurait suffi à rendre ces régions (vers

20°-21°N) habitables par le cortège de mammifères rencontré ; cette augmentation correspond à un déplacement de la zone sahélienne de quelque 300 km vers le nord. L'estimation de 400 mm faite pour Hassi-el-Abiod, à 19°30'N, par Petit-Maire et Riser (1988), nous semble trop élevée.

Dans ce qui précède, compte n'est pas tenu du fait que les échantillons proviennent de deux régions localisées à des latitudes différentes, distantes de quelque 150 km l'une de l'autre. La faune de l'Erg Ine Sakane paraît moins riche que celle au nord d'Araouane et reflèterait dont peut-être des conditions plus arides. En outre, elle contient un élément typiquement saharien, la gazelle dorcas, mais, comme on l'a vu, cet élément serait récent et non contemporain du reste de la faune : cette espèce est encore bien représentée dans le Timétrine.

D'autres estimations faites de la même manière existent. Ainsi, le déplacement des zones climatiques pendant l'Holocène supérieur à Saggai (Soudan central) a été évalué à 400 km au maximum, avec une augmentation de la pluviosité de quelque 300 mm (Gautier, 1983). Peters (1988) propose une augmentation des précipitations de 150 mm dans la région du Gilf Kebir au cours du sixième millénaire. Tous ces chiffres sont obtenus par des méthodes peu rigoureuses que seul un échantillonnage systématique, par période et par région, pourrait rendre plus précis. Quoiqu'il en soit, les résultats obtenus indiquent des modifications appréciables des capacités écologiques, et donc du climat actuel, par rapport à l'optimum climatique holocène.

DETERMINATION	ECHANTILLONS														TOTAUX
	AZ 21	AZ 22	AZ 45	AZ 47	AZ 48	AZ 57	MK 37	MK 40	MK 41	AR 5	AR 6	AR 7	AR 9	AR 10	
Gerbille (*Meriones sp.*) *	-	-	-	1	-	-	-	-	-	-	-	-	-	-	**1**
Aulacode grand ? (*Thryonomys swinderianus ?*)	-	-	-	-	-	1	-	-	-	-	-	-	-	-	**1**
Chacal doré ? (*Canis* cf. *aureus*) *	-	-	-	-	-	-	-	-	-	-	1	-	-	-	**1**
Lion (*Panthera leo*)	-	-	-	-	-	-	-	-	-	-	-	1	-	-	**1**
Rhinocéros noir (*Diceros bicornis*)	-	-	-	-	-	-	-	-	-	-	-	1 ?	-	-	**1 ?**
Rhinocéros blanc (*Ceratotherium simum*)	-	-	-	-	-	-	-	1 ?	-	-	-	-	-	-	**1 ?**
Zèbre ? (*Hippotigris ?*)	1	-	-	-	-	-	3	-	-	-	-	-	-	-	**4**
Hippopotame (*Hippopotamus amphibius*)	-	-	-	-	-	-	-	+2	+ 4	-	-	+ 12	+ 2	-	**+ 20**
Phacochère (*Phacochoerus aethiopicus*)	-	1	-	-	1	-	-	-	-	1	-	-	-	-	**3**
Buffle (*Syncerus caffer/Pelorovis antiquus*)	+4	-	1	-	-	3	-	-	+ 3	-	2	+ 9	-	-	**+ 22**
Guib harnaché (*Tragelaphus scriptus*)	2	-	-	-	-	-	-	-	-	-	-	-	-	-	**2**
Sitatunga (*Tragelaphus spekii*)	-	-	-	-	-	-	-	4	-	-	-	15	-	3	**22**
Eland de Derby (*Tragelaphus derbianus*)	3	-	-	-	-	-	-	-	2	-	-	-	-	-	**5**
Bubale (*Alcelaphus buselaphus*)	-	-	-	-	-	-	-	-	2	-	1	-	1	-	**4**
Hippotrague (*Hippotragus equinus*)	2	-	1	-	-	-	-	-	2	-	1	2	-	-	**8**
Cobe de Buffon (*Kobus kob*)	-	-	-	-	-	10	-	2	2	-	-	6	3	-	**23**
Gazelle dorcas ? (*Gazella dorcas ?*) *	-	-	1	-	-	-	-	-	-	-	-	-	-	-	**1**

Tableau 1: Mammifères fossiles holocènes du bassin de Taoudenni

\+ : indique la présence de plusieurs restes pour lesquels il n'existe pas de décompte.

* : probablement intrusif et récent

DATATION PAR LE CARBONE 14

G. DELIBRIAS, M. FONTUGNE, M. ARNOLD

Dix-sept échantillons provenant des formations sédimentaires des deux paléolacs décrits plus haut, Agorgott et Haijad, ainsi que des mollusques terrestres dans un paléosol proche de Taoudenni, ont été datés par le radiocarbone (tabl.1 ; Delibrias *et al.,* 1984).

Fiabilité des échantillons

Leur nature reflète la variabilité des couches sédimentaires de ces dépôts lacustres : bois et matières organiques dans les niveaux argileux d'Agorgott, coquilles dans les niveaux calcaires de Haijad (Fabre et Petit-Maire, 1988). Provenant de formations salines, la plupart des échantillons d'Agorgott sont imprégnés de sel que des rinçages abondants à l'eau permettent d'éliminer en totalité. La présence de chlorure de sodium ne présente, d'ailleurs, aucun inconvénient majeur pour la datation.

Les bois et la matière organique constituent, même en milieu calcaire, des échantillons très fiables, dans lesquels toutes traces de carbonates sont éliminées par un traitement dans des solutions acides diluées (1% HCl). Après rinçage jusqu'à un pH neutre, on transforme, par combustion, les échantillons en gaz carbonique (Gif, Gd) ou en benzène (LGQ, UQ) pour être datés (Delibrias, 1985 ; Duplessy et Arnold, 1985). Dans le cas de débris de végétaux peu abondants et de matière organique diffuse dans le sédiment (GIF-6862, 6863, Gif/Tan-89076, 89077), le traitement est prolongé et répété autant de fois que cela est nécessaire. Le sédiment décarbonaté est, comme précédemment, brûlé dans sa totalité. Les coquilles, après nettoyage, sont traitées pendant quelques minutes à l'acide dilué pour éliminer toute trace de recristallisation superficielle qui aurait pu se produire après sédimentation. L'échantillon ainsi traité est attaqué totalement à l'acide phosphorique, pour obtenir le gaz carbonique.

Le carbone du résidu végétal, comme celui du bois, est uniquement d'origine atmosphérique : les plantes aériennes fixant directement le gaz carbonique de l'air présentent la même concentration en ^{14}C que l'atmosphère. Ces échantillons sont facilement datables car ils ne sont pas vieillis par un effet de réservoir (âge apparent). Dans le cas des coquilles, la situation est moins simple. Les mollusques terrestres se nourrissent de végétaux et le carbone de leur coquille devrait théoriquement être à l'équilibre avec celui du gaz carbonique atmosphérique. Cependant, ces mollusques peuvent également absorber des micro-particules de carbonate fossile pour constituer leur coquille, d'où un vieillissement possible de leur âge (Goodfriend et Hood, 1983 ; Goodfriend, 1987). Si le calcaire est ancien, on admet que la proportion peut atteindre 15%, ce qui conduit à une correction de - 1 300 ans. Cependant, ce vieillissement peut être très variable suivant les sites et suivant l'époque où ont vécu les mollusques (Deshayes, 1990). Les coquilles lacustres *(Melania sp.)* assimilent directement ou indirectement le carbone du lac, CO_2 dissous ou végétaux. En région calcaire, du carbone ancien s'ajoute dans les eaux au carbone d'origine atmosphérique ("hard water effect") et peut vieillir l'âge de l'échantillon de 1 000 à 2 000 ans. La mesure de l'âge de coquilles vivant actuellement peut permettre de corriger les âges anciens malheureusement, l'aridité actuelle dans le Sahel ne le permet que très rarement. Cependant, sur certains sites, des âges très récents ont été déterminés pour des coquilles lacustres (Delibrias, 1985). Ceci s'explique par le fait que certains coquillages vivent dans une couche d'eau assez superficielle ou dans des lacs peu profonds où les échanges avec le CO_2 atmosphérique sont rapides, permettant l'équilibre du carbone du lac avec l'atmosphère. Le vieillissement des coquilles lacustres restant indéterminé, aucune correction n'a été effectuée sur les âges, excepté pour les travertins calcaires (Gd-5436) et les végétaux concrétionnés qui résultent de la précipitation totale des carbonates dissous. Pour ces deux datations, une correction de 1 300 ans a été appliquée pour tenir compte de cet effet dit de "réservoir".

Validité des datations ^{14}C de Taoudenni

Elle est liée aux différentes remarques faites à propos de la fiabilité des échantillons. A Agorgott, deux profils ont été étudiés. Le premier (MT7) est localisé dans la partie nord-ouest de la dépression. Dans cette région, aucune faune aquatique n'existe, mais des débris de bois ou des niveaux riches en matière organique se rencontrent fréquemment dans les niveaux argileux (Fabre et Petit-Maire, 1988). Ce fait, assez rare dans les sédiments des anciens lacs africains, a permis d'établir une chronologie continue, en datant toujours le même type de matériel, celui qui est le plus fiable. Cette séquence chronologique reflète donc bien l'évolution du lac pendant l'Holocène. La base des dépôts atteints par le carottage est datée de 8 170 $\pm$ 120 ans BP (TAN-89 076) grâce à un dépôt organique dans de l'argile en contact avec le sel, et le lac restera permanent jusqu'à son assèchement, légèrement postérieur aux dernières couches argileuses, datées de 3 840 $\pm$ 250 (GIF-6122).

A Haijad (MT6), au contraire, la matière organique est absente mais les coquilles abondantes ont permis d'obtenir des dates : la fin de l'évaporation du lac, datée sur *Melania* de 4 470 $\pm$ 250 ans BP (GIF-6197) est cohérente avec celle de 3 840 $\pm$ 250 ans BP (GIF-6122) obtenue dans le bas-fond d'Agorgott, où la nappe, aujourd'hui à quelque 6.5 m sous la surface de la sebkha, a dû affleurer plus tôt et plus tard que dans la dépression argileuse de Haijad. Ainsi donc, les dates sur *Melania* de la coupe de Haijad, datées à la base de 8 300 $\pm$ 100 ans BP (GIF-6196) et de 4 400 $\pm$ 270 ans BP (GIF -6197) au sommet, sont parfaitement compatibles avec la durée de l'épisode lacustre défini à Agorgott. Un vieillissement significatif des dates ^{14}C sur coquilles ne paraît donc pas évident dans le cas des formations étudiées dans cette région. Les dates obtenues montrent bien une évolution parallèle dans le temps pour ces différents sites qui appartiennent au même bassin hydrogéologique isolé.

Notons enfin qu'un âge de 5 500 $\pm$ 300 ans BP (GIF-7874) a été obtenu sur des coquilles terrestres, il est donc théoriquement un peu vieilli ; remarquons cependant que la présence de coquilles terrestres est compatible avec un climat humide et par conséquent avec l'existence de lacs. La date est donc assez satisfaisante par rapport à celles citées pour les sédiments lacustres.

Ages BP	Echantillon	Long.	Lat.	Matériel	N° Lab.
3840 ± 250	MT 7 / 16	4°00'W	22°40'N	Bois dans argiles lacustres	GIF 6122
4440± 270	MT 6 /^{1}1	3°40'W	22°34'N	*Melania tuberculata*	GIF 6197
4720 ± 90	MT 7 bis / 15	4°00'W	22°40'N	Bois dans argiles lacustres	GIF 6903
5500 ± 130	MC 3	4°00'W	22°40'N	*Zoothecus insularis*	GIF 7874
5640 ± 150	MT 7 / 10	4°00'W	22°40'N	Bois dans argiles lacustres	GIF 3443
5900 ± 800	MT 7 / -3 à -4	4°00'W	22°40'N	Bois dans argiles lacustres	GIF 6900
6500 ± 100	MT 7 - 0	4°00'W	22°40'N	Bois dans argiles lacustres	GIF 6469
6640 ± 100	MT 7 / 6	4°00'W	22°40'N	Bois dans argiles lacustres	GIF 6123
6760 ± 110	MT 7 / 3	4°00'W	22°40'N	Bois dans argiles lacustres	GIF 6862
6790 ± 70	MT 6 / i	3°40'W	22°34'N	Matière organique	GIF 6863
7054 ± 360	MC 10	4°00'W	22°40'N	*Melania tuberculata*	LGQ 150
7628 ± 220	MC 6	4°00'W	22°40'N	*Melania tuberculata*	LGQ 149
7790 ± 80	CMT 7 / 1	4°00'W	22°40'N	Matière organique	GIF 7895
8170 ± 120	CMT 7 / 2	4°00'W	22°40'N	Matière organique	TAN 89076
8300 ± 100	MT 6b	3°40'W	22°34'N	*Melania tuberculata*	GIF 6196
8960 ± 190	MC 11	4°02'W	22°41'N	Travertin à *M. tuberculata*	LGQ 151
9120 ± 100	MC 1	3°59'W	22°41'N	Travertin	Gd 5436

Tb.1 - Ages des paléolacs de Taoudenni-Haijad et de leur contexte terrestre.

GEOMORPHOLOGIE COMPAREE : TAUX D'ABLATION ET PRECIPITATIONS

J. RISER

Les plaines étudiées sont le bassin de réception endoréique de deux systèmes fluviaux de petite taille ; il s'agit de la cuvette de Taoudenni, occupée en son centre par la sebkha exploitée en saline, et la plaine de l'oued Haijad située à trente kilomètres à l'est de la précédente. Ces plaines, entre le 22°N et le 24°N, se situent au coeur d'une région cernée au sud et à l'est par le Kreb du Knachich, de 50 à 80 m d'altitude, et au nord et à l'ouest par l'erg Chech. Elles sont hyperarides et, actuellement, les précipitations n'excèdent pas 5 mm par an (Dubief, 1963), moyenne sans grande signification car les pluies sont d'une extrême irrégularité. La végétation est inexistante, sauf dans quelques maaders où s'observent des tamaris moribonds accrochés à des rebdous, des touffes très espacées de *Stipagrostis pungens* et de *Panicum turgidum* et d'*Acacia* dans les lits d'oued. De nos jours, le seul agent d'érosion efficace est le vent qui souffle presque chaque jour avec une intensité variable. Les vents de sable sont fréquents, surtout au printemps et en automne. Pourtant, dans ces régions, les modelés de ruissellement sont nombreux et variés. Les uns dépendent de l'ablation sur les versants (ravines, coulées de solifluxion, glissements de terrain), les autres, au contraire, sont nés du transport puis de la sédimentation des matériaux par les cours d'eau (glacis d'ablation, terrasses, petits cônes de déjection) dans les cuvettes endoréïques (maader et sebkha). Le but de cette étude n'est pas seulement de décrire tous ces modelés mais de les comparer avec des formes actuelles sous d'autres climats, pour évaluer quantitativement l'action des agents d'érosion : totaux et répartition des précipitations, intensité des averses, activité du ruissellement et du vent, rôle du couvert végétal. Grâce aux coupes de l'oued Haijad, aux coupes observées dans les mines de sel de Taoudenni et aux carottages effectués lors de la mission de février-mars 1988, il a aussi été possible d'apprécier la quantité de matériaux transportée puis sédimentée dans ces bassins endoréiques, au cours de l'Holocène.

La cuvette de Taoudenni est localisée sur le revers méridional des cuestas de la Hammada Safia et Haricha, faconnées dans le Carbonifère moyen (Namurien). Elle est accidentée de dykes (agators) permiens et probablement jurassiques. Un ring-dyke, essentiel dans le paysage, entoure presque entièrement la cuvette. Il est jalonné au sud par l'Agator Nous et au nord par l'Agator Emir.

La plaine de l'oued Haijad est située entre le revers des calcaires namuriens et le front accidenté de plusieurs inselbergs de grès argileux violacé du Carbonifère supérieur (Fabre, 1983 ; Fabre et Petit-Maire, 1988).

Les formes de versant sont surtout représentées par des ravines, des glissements de terrain et des éboulements. Leur développement est maximum sur les inselbergs élevés et sur les flancs abrupts des principaux dykes. L'étude porte surtout sur les modelés du massif d'Hammou-Salah.

1 - LES RAVINES

Elles sont de taille très variable. Lorsqu'elles prennent naissance au pied d'une corniche, elles sont encombrées de quelques gros blocs qui doivent freiner le creusement. Actuellement, ces ravines sont fossiles et occupées dans de nombreux cas par des placages éoliens.

Il est certes difficile de dater ces ravinements qui ont pu être réutilisés par les eaux de ruissellement à chaque période humide. Toutefois, à l'aval, les alluvions de ces ravines viennent se confondre avec la sédimentation sablo-argileuse et argileuse rouge qui recouvre sur 2 à 5 m les bancs de sel de la sebkha de Taoudenni. Il est donc raisonnable d'admettre que la dernière utilisation de ces ravines par les eaux courantes date de la fin de la sédimentation argileuse et serait donc contemporaine ou postérieure à 3 840 $\pm$ 250 BP (Fabre et Petit-Maire, 1988). A partir des données biologiques, les précipitations ont été estimées à environ 200 à 250 mm (Petit-Maire et Riser, 1988) au maximum humide holocène, vers 8 000 BP C'est certainement à ce moment là que les ravines se sont le mieux incisées et hiérarchisées. Les comparaisons morphologiques ne peuvent être entreprises qu'avec des régions où les ruissellements sont encore dynamiques de nos jours. Au Sahel, les mécanismes morphologiques sont certainement très proches de ceux qui fonctionnaient dans la cuvette de Taoudenni à l'Holocène. Malheureusement, les mesures expérimentales et les observations sont inexistantes.

Le monde méditerranéen, où les études sur l'érosion sont nombreuses et variées (Buffalo, 1989), présente aussi quelques caractères permettant des comparaisons : pluies sporadiques, longue saison sèche, couvert végétal clairsemé pour des raisons naturelles ou anthropiques, sols maigres et discontinus. En revanche, les volumes montagneux sont autrement plus importants, les pentes fortes, les rivières perennes et exoréiques, le gel et la neige présents.

"Le façonnement des ravines exige que l'aridité se renforce au point de compromettre la continuité du tapis végétal et, conjointement, qu'il pleuve assez dans l'année pour assurer l'efficacité due au ruissellement concentré" (Birot, 1984).

L'exemple des pluies exceptionnelles en Tunisie et en Algérie présahariennes, en automne 1969, offre un raccourci des mécanismes pouvant engendrer ravinements à l'amont et alluvionnement à l'aval (Poncet, 1970 ; Tihay, 1972 ; Ballais, 1973, 1982 ; Kassab, 1973). Les pluies se sont abattues dans des régions steppiques après deux années de déficit hydrique. Elles se produisirent en trois périodes : 22-27 septembre, 6-8 octobre, 22-29 octobre.

Sur les massifs montagneux, ces précipitations ont été évaluées à 600 ou 700 mm au total. Les conséquences morphologiques en sont très nettes : creusement de ravines de 50 cm de profondeur, surcreusement des lits d'oued de 20 à 30 cm avec façonnement de terrasses dans les limons holocènes (Burollet, comm. orale), sapement des berges, coulées de solifluxion, glissements de terrain sur les versants ravinés. Certes, il est difficile de comparer les conditions exceptionnelles de l'automne 1969 avec les situations habituelles se situant autour des moyennes saisonnières de précipitations. Toutefois, en Tunisie, ces phénomènes commencèrent à se produire dès le début de l'épisode pluvieux, avec des averses variant entre 97 mm à Sfax et Gabès, du 25 au 27 septembre et 195,2 mm à Maknassy, pour la même période.

Dans la région du Tholonet, près d'Aix-en-Provence, des ravinements de 3 à 4 mm de profondeur, des rigoles ravivées par ruissellement, une solifluxion pelliculaire accompagnée d'un décapage des bad-lands ont été observés entre le 11 et le 20 mai 1988, après un épisode pluvieux dans le bassin d'Aix-en-Provence, avec des totaux variant entre 27,7 mm et 73,8 mm. Ces manifestations du ruissellement ont été vives car des pluies faibles (4 à 10 mm en 24 h, imbibant ces sols) ont précédé l'épisode pluvieux actif (43,8 mm le 19 mai, à Aix-en-Provence). Des pluies engendrant des ruissellements comparables pouvaient certainement se produire dans le bassin de Taoudenni, à l'Holocène.

Dans le monde méditerranéen, les études de ravinements comparables à ceux de la cuvette de Taoudenni montrent qu'ils se produisent toujours sur sol plus ou moins dénudé et par fortes averses (Descroix, 1989).

Les crues des rivières cévenoles et de celles de la rive gauche du Rhône, en 1935, ont engendré dans les bassins amont de profonds ravinements, des atterrissements de galets, des ravines dans les vergers et les vignobles, avec des précipitations de 80 mm, les 7 et 8 novembre, et de 100 à 120 mm, les 11 et 12 novembre.

Dans le massif du Canigou, des amorces de ravines nouvelles se sont creusées en 1965 à la suite d'averses abondantes, totalisant 175 mm en quelques jours (Allée et Denèfle, 1989). Bien que les conditions morphoclimatiques ne soient pas les mêmes dans la cuvette de Taoudenni et sur les versants des Cévennes, des Baronnies ou du Canigou, des précipitations, en hivernage, de 80 à 100 mm en 24 h ne sont pas exclues pour expliquer, au coeur du Sahara, l'ampleur des ruissellements holocènes. L'apparition de ces ravinements dépend aussi de la densité du couvert végétal. Beaudet (1969) a montré que le seuil décisif se situe vers 6/10 : suivant que ce taux de recouvrement atteint ou non cette valeur critique, la pluie s'infiltre ou ruisselle. Les expériences de Van Asch (1982) en Calabre ont fixé ce taux à 3/10. Il est certain que ces valeurs sont indicatives car d'autres paramètres interviennent, comme la texture et l'épaisseur des sols, la pente et la répartition du couvert végétal.

Ainsi, les ravinements des gelbs et inselbergs de la cuvette de Taoudenni auraient pu se produire sous l'effet d'averses d'environ 40 à 100 mm en 24 h, avec un couvert végétal dont le taux de recouvrement oscillait entre 3 et 6/10.

2 - LES GLACIS D'ABLATION

Les ravines qui viennent d'être décrites incisent des glacis d'ablation, développés sur les piémonts des principaux gelbs. A Hammou Salah, leur pente est de 3% à l'amont et de 1% à l'aval ; leur longueur est comprise entre 500 et 1 000 m, au maximum. La couverture de débris est fine (10 à 30 cm) et l'incision des chenaux dans le substratum gréso-argilo ou argileux ne dépasse pas quelques centimètres. La faible ampleur de ces modelés dépend de l'absence d'impluvium amont suffisant et, peut-être, de la durée trop brève des conditions climatiques favorables à leur développement. Le ruissellement aréolaire, se concentrant en rills anastomosés, puis en chenaux incisés de quelques centimètres dans la surface du glacis, se produit, en particulier sur les piémonts sahariens des chaînes atlasiques et anti-atlasiques, lors de pluies prolongées ponctuées d'averses. Par exemple, au cours de l'épisode pluvial du 9 au 17 novembre 1967, dans le sillon sud-atlasique, avec 23 et 31 mm, les 13 et 14 novembre à Skoura et 28,5 mm le 11 novembre à Ouarzazate.

Des observations personnelles, sur le piémont sud de l'Anti-Atlas, ont montré le creusement de ravines et de rills sur les glacis, entre le 17 et le 20 avril 1975. Les précipitations ont été alors de 28 mm en 12 h, dans la nuit du 18 au 19 avril, et de 45 mm en 30 h, le 19 et 20 avril à Errachidia (Riser, 1988). Il est donc vraisemblable que des pluies d'intensité comparable, en hivernage, aient façonné les glacis des inselbergs de la cuvette de Taoudenni.

Ainsi, les ravines sont une manifestation de l'érosion linéaire, postérieure, au façonnement des glacis qu'elles érodent souvent. Elles sont, d'une manière générale, le résultat du ruissellement consécutif à des averses brutales, au cours des périodes arides. Les glacis, en revanche, sont façonnés par des épisodes pluvieux durables, renouvelés saisonnièrement.

3 - LES GLISSEMENTS DE TERRAIN ET LES EBOULEMENTS

Les modelés de versant dont la présence à ces latitudes est la plus surprenante sont les glissements de terrain et les éboulements colossaux qui s'observent sur tous les versants des inselbergs et des agators. Nos observations ponctuelles ont porté, dans ce cas aussi, sur les versants d'Hammou-Salah.

Les bancs gréseux de 4 à 5 m d'épaisseur constituant, à mi-pente, la corniche principale de l'inselberg s'effondrent par pans entiers de 30 à 40 m^3 à partir d'un réseau de diaclases verticales. Ces glissements de terrain sont favorisés par la structure géologique du massif. Les bancs gréseux diaclasés comportent des lits argileux en feuillets, favorisant le fauchage horizontal des blocs. L'ensemble repose sur des argiles d'une puissance d'environ 80 m. La surface structurale des grès donne naissance à un entablement sur lequel vient s'étaler le ruissellement provenant du sommet raviné d'Hammou Salah. L'eau des rigoles s'infiltre à travers les diaclases béantes en bordure de l'escarpement et favorise ainsi les glissements en imbibant à la fois les joints de stratification argileux et les argiles sous-jacentes. Les blocs, une fois déchaussés, ripent sur la pente argileuse en se brisant. Cette partie du versant a été aussi soumise à l'action de la solifluxion, comme le montrent des bourrelets de solifluxion.

Actuellement, ces modelés sont fossiles et, par endroits, les modelés sont nappés ou même ennoyés par des accumulations éoliennes. Ce type de glissements en masse et ces versants façonnés par la solifluxion sont présents, par exemple, dans le Haut Atlas (Couvreur, 1981 ; Chardon et Riser, 1981), dans le Bani au sud de l'Anti-Atlas, les Kem-Kem, le Tademaït, le Hoggar, les Tassilis et le sud du Sahara : l'Adrar de Mauritanie, l'Assaba (Daveau, 1963, 1966), le Tagant. Dans ces derniers massifs, la plupart de ces modelés sont également fossiles. Les mécanismes de leur évolution étant plus spécifiques que ceux des simples ravinements, il est plus facile de dégager les conditions géologiques, morphologiques et surtout climatiques qui les engendrent.

En Calabre, sur la façade du détroit de Messine (Dumas *et al.*, 1984), des mouvements de terrain d'une ampleur plus spectaculaire que ceux de la cuvette de Taoudenni, mais ressemblant par leur morphologie aux formes décrites dans l'Assaba et l'Adrar de Mauritanie, sont causés par quatre facteurs principaux : les matériaux rendus sensibles à de tels processus, des pluies concentrées et abondantes, une forte séismicité et des topographies contrastées. Ces causes sont en partie transposables sur les versants d'Hammou Salah. Les grès des corniches sont fracturés et reposent sur des argilites parfois en plaquettes et légèrement gypseuses. Les pluies, à l'Holocène, sans atteindre 600 à 1 000 mm/an comme en Calabre, pouvaient être concentrées pendant un hivernage court et tomber sous forme d'averses sur des pentes dépourvues de végétation. Les topographies sont contrastées, puisque des gelbs de 100 à 150 m de haut, aux pentes fortes, se dressent au-dessus de la pénéplaine africaine. La séismicité, enfin, est présente sous forme d'indices néotectoniques (Fabre *et al.*, 1989) et de tremblements de terre comme celui du 9 novembre 1910 à Tombouctou.

Au nord Dahomey, les éboulements rotationnels se déclenchent sur argile kaolinique après cinq semaines de pluie, sous forme d'averses totalisant environ 500 mm. Ces phénomènes se produisent de préférence sous des climats à forte variabilité annuelle (saison des pluies courte et longue saison sèche) et à variabilité interannuelle marquée, à intervalles réguliers, par des crises climatiques : fortes averses comme dans le Sud-tunisien en 1969, ou saison des pluies exceptionnelles après une succession d'années sèches (Birot, 1981). Cette situation a été celle du Sahel entre 1970 et 1985. Elle a dû aussi se produire à l'Holocène.

Dans le Sahel nigérien, sous des conditions climatiques qui se rapprocheraient peut-être de celles de la cuvette de Taoudenni à l'Holocène, Morel et Safiri (1987) décrivent, dans l'Adrar Doutchi (14° N) des modelés de versant encore vifs, comparables à ceux situés autour d'Hammou Salah, par exemple.

Actuellement, dans l'Adrar Doutchi, les écoulements sont saisonniers dans les ravins et les glissements de terrain sur argiles tendres se produisent, en saison des pluies, lorsque les strates argileuses finissent par être imbibées d'eau. "En saison sèche, le vent reprend les matériaux fins apportés par le ruissellement et remanie les formations meubles fluviatiles. Durant l'hivernage, les nouveaux écoulements détruisent les formes éoliennes. C'est donc à une véritable lutte d'influence que se livrent les deux types de processus" (Morel et Safiri, 1987, p. 514). Les précipitations actuelles sont comprises entre 500 et 550 mm. Des mesures lors des pluies ont mis en évidence des ravinements, des glissements de gros blocs sur les argiles plastiques imbibées d'eau, avec des averses de 43 à 50 mm durant trois heures.

Les terrasses sont rares le long des oueds qui alimentent la sebkha de Taoudenni. Les plus importantes bordent l'oued de Smida qui provient d'un impluvium étendu comprenant le karst des calcaires du Namurien, Hamou-Salah, le secteur du gelb de Zenzana et un vaste impluvium situé au nord de l'Agator Emir. Elles sont constituées par un grès grossier à ciment calcaire ou travertineux. L'incision des matériaux de ces terrasses, qui ne dépasse pas un mètre, est consécutive à un abaissement du niveau de base endoréique de la dépression du nouvel Agorgott, nécessairement contemporain d'une ablation des sédiments par action éolienne. Comme les sables, en bordure de la sebkha actuelle, contiennent des débris de *Melania,* il faut admettre que les manifestations de cette érosion éolienne sont contemporaines de la période aride subactuelle, l'entaille de la terrasse représentant probablement les dernières phases d'activité du ruissellement. Cependant, la mise en évidence de témoins de réajustements néotectoniques peuvent aussi expliquer cette reprise d'érosion (Fabre *et al.,* 1989).

4 - RAPPORTS DU KARST ET DES DEPOTS LACUSTRES

Aussi bien dans la cuvette de Taoudenni que dans la plaine de Haijad, les dépôts lacustres apparaissent souvent associés à la présence des affleurements des calcaires carbonifères (Hammada El Haricha, Fabre et Villemur, 1959 ; Villemur, 1967). Il est très vraisemblable qu'à certaines périodes humides, l'alimentation des lacs se soit produite à partir de sources karstiques. Fabre (1983) fait remarquer que l'absence d'évaporites à Haijad est probablement liée à l'alimentation du lac par des sources karstiques, exutoires de la nappe de la Haricha. L'existence d'affleurements travertineux à tiges de roseaux et à *Melania* dans le lit de l'oued en amont de Smida, la présence à Telig de tufs et travertins, l'existence enfin de Charophytes d'eau fraîche à Haijad (Soulié-Märsche, cf. *supra*) confirmeraient cette hypothèse.

Les modelés karstiques sont peu originaux. Il faut mentionner des lapiez en chicots, séparés par des diaclases parfois tapissées de sable vif et, surtout, de nombreux vallons secs de taille modeste. Sur le plateau entre le gelb Zenzana et Smida, ces derniers sont orientés est-ouest. Les plus importants mesurent 1 000 à 1 500 m de long, 3 à 4 m de large et 2 m de profondeur. Ceux de taille plus faible apparaissent mal hiérarchisés et discontinus. En revanche, les plateaux calcaires situés à l'est et au nord-est de Haijad ne présentent que quelques champs de lapiez. Des dolines ont été signalées dans le bassin de Taoudenni par Conrad *et al.* (1967) mais nous ne les avons pas observées. Il est impossible de fixer la période où la dissolution des carbonates et la karstification se sont produites car elles ont agi évidemment au cours de chaque période pluviale, comme en témoignent par exemple les tufs de Telig (8 800 $\pm$ 100 BP). L'absence de formes très élaborées comme les dolines, les ouvalas, ou de modelés plus typiquement caractéristiques des karsts tropicaux à saison sèche, comme les pinacles ou les mornes, laisse présager que les périodes de précipitations relativement abondantes (entre 350 et 500 mm), n'ont jamais duré suffisamment longtemps, au moins au cours du Quaternaire, pour développer de telles formes.

Ainsi, les modelés d'érosion dépendants du ruissellement, sur les versants, dans les ravines ou dans les lits d'oued, permettent de préciser la valeur des totaux et les modalités des précipitations, compte tenu du couvert végétal de steppe ou, à la rigueur, de savane. Les précipitations annuelles pouvaient se situer certaines années entre 400 et 600 mm, ce qui confirme les données paléobiologiques ; la moyenne générale sur de longues périodes pouvant rester autour de 250 à 300 mm. Les modalités des précipitations étaient caractérisées par de fortes averses, certainement espacées, pouvant atteindre 45 mm à l'heure ou 100 mm et plus en quelques heures, ou par des épisodes pluvieux de plus longue durée (deux à trois jours) dont les pluies imbibaient les sols et les surfaces en roche tendre avec des totaux journaliers plus faibles, entre 30 et 60 mm. Il semble, en effet, que les ravinements soient plus actifs lorsque des pluies faibles précédent l'épisode pluvial principal. Ces quelques données me paraissent valables aussi bien pour l'Holocène que pour des périodes plus anciennes dont la durée est plus difficile à fixer.

5 - ABLATION ET SEDIMENTATION DANS LE BASSIN DE TAOUDENNI

Dans la cuvette de Taoudenni, il a été impossible de calculer la quantité de matériaux totale sédimentée puisque nos tentatives de forage n'ont jamais atteint le plancher de la dépression. Toutefois, l'évaluation de la surface du paléolac, plus la basse vallée de l'oued de Smida, a été réalisée grâce aux jalons fournis par les dépôts à *Melania*. A 7 790 ± 80 BP (datation sur coquille de Mollusques le long de l'oued de Smida) il s'étendait (compte-tenu que tous les dépôts à Mollusques sont littoraux et approximativement de même âge) sur 84,5 km^2 environ. Les argiles du fond de la cuvette, recouvrant les couches de halite, s'étendent sur 63 km^2. Le volume total des matériaux accumulés au-dessus de la nappe de saumure est de 387 millions de m^3 environ et le volume total de sel de 69 millions de m^3.

Cette évaluation est très supérieure à celle de Fabre (Ch.II-1) car nous avons admis, *a priori,* que l'ensemble du fond de la cuvette de Taoudenni était recouvert de sel.

L'exemple de Haijad est plus démonstratif. Le mur des sédiments repose à plusieurs endroits sur le substratum carbonifère. La superficie du lac est connue approximativement grâce à des rivages à Mollusques et roseaux, et la topographie du bassin-versant peut être ainsi assez bien délimitée. La surface totale du lac s'élevait à environ 55 km^2. Le volume de matériaux sédimenté est évalué à 200 millions de m^3. Evidemment, ce volume serait infiniment moins important si n'étaient prises en compte que les zones actuelles où s'observent encore des sédiments lacustres, mais nous avons choisi, pour l'ensemble du bassin, la ligne hypsométrique jalonnée par les lambeaux de rivage.

En considérant un laps de temps entre le début de l'humide holocène (9 000 BP) et le commencement de l'aridification actuelle (4 000 BP), soit 5 000 ans, l'ablation annuelle serait de 40 000 m^3. En reportant celle-ci sur l'ensemble du bassin versant que draine la dépression endoréique de Haijad, soit 475 km^2, c'est une tranche de 8,5 10-5 m^3 par km^2 qui a été érodée en moyenne. En admettant une densité de 2,3 pour les matériaux érodés, c'est 2 t/ha/an, qui ont été enlevés, essentiellement par ruissellement, au cours de l'optimum climatique holocène. Pendant la même période, la part de l'action éolienne n'a pas pu être appréciée. Cette valeur n'est pas significative sans comparaison : les mesures expérimentales ont été généralement réalisées en régions semi-arides, et surtout dans le monde méditerranéen. En région tropicale, des mesures ont été effectuées dans des milieux très différents de la cuvette de Haijad : toutefois, des comparaisons peuvent être esquissées avec un certain nombre de réserves.

Des tentatives ont été faites pour mesurer l'érosion par l'impact des gouttes de pluie, en région tropicale sous forêt dense sèche, forêt claire, savane herbeuse, sur une jachère, un champ de maïs et un sol nu (Soyer, 1987). Cette expérience s'est déroulée dans le Shaba (Zaïre) avec des précipitations de 1 184 mm et une saison sèche de mai à septembre : des conditions évidemment très différentes de celles du Sahara, même à l'Holocène. L'érosion par l'impact des gouttes de pluie sur sol nu a été de 240 t/ha/an et de 20 t/ha/an sous savane herbeuse. Même cette deuxième valeur est très supérieure à celle établie à Haijad.

Des observations ont été faites par Leprun (1987) dans le Sertao (nord du Brésil), avec des précipitations de 400 à 700 mm, sur sol nu labouré. L'ablation a été de 1,35 t/ha/an avec 3,8% de pente ; avec 7%/4,97 t/ha/an, sous caatinga ; avec une pente de 9,5% de 0,055 t/ha/an seulement. L'une de ces valeurs est comparable à celle de Haijad. Cet exemple montre à la fois le rôle de la pente et surtout du couvert végétal naturel.

Les mesures entreprises dans les régions tropicales donnent des résultats très disparates et souvent impossible à extrapoler. Elles sont encore trop peu nombreuses et n'ont qu'une valeur d'exemple.

Dans les régions méditerranéennes, les expériences ont été plus nombreuses mais les conditions biogéographiques ne sont pas comparables à celles du milieu tropical sec du bassin de Taoudenni à l'Holocène. Dans le monde méditerranéen, le relief est vigoureux, les précipitations surviennent en hiver, le gel est actif, le couvert végétal est dégradé par l'homme. A Taoudenni, les reliefs sont faibles, la saison sèche est longue et rigoureuse, le gel est absent, le vent accroît l'évaporation, les pluies tombent en été. Dans ces conditions, pour entreprendre des comparaisons, il faut étudier le bilan d'érosion en prenant le ruissellement comme agent de référence.

Dans la région d'Aix-en-Provence, des études avaient été réalisées par Gabert (1964) dans des parcelles expérimentales installées sur des séries argileuses et argilo-sableuses, dominées par des corniches calcaires. L'une des parcelles était dénudée et l'autre boisée en garrigue. Du 8 juin 1962 au 15 juin 1963, il est tombé 712 mm, la parcelle dénudée a perdu 621 kg, soit 107 t/ha, qui est la valeur la plus élevée rencontrée ; en revanche, sur la parcelle couverte de garrigue, l'ablation totale a été de 2 t/ha. L'auteur fait deux remarques qui peuvent s'appliquer aux versants d'Hammou Salah. L'action de l'ablation est active après une longue période sèche estivale (région méditerranéenne) qui permet, par dessiccation, des formations superficielles argileuses et, par action du vent, la création d'un volume de roche ameublie sur les versants, et donc mobilisable par ruissellement.

L'ablation est dynamique au cours d'une période de pluie longue où les averses alternent avec des pluies fines (18 à 20 mm en 24 h) qui imbibent et saturent lentement les sols, en facilitant ensuite le ruissellement et la solifluxion.

Sur un versant témoin de 5 000 m^2, aux pentes de 17°, installé dans le Tanneron (Massif de l'Esterel) après un incendie de forêt (Orengo et Rossi, 1973), il a été recueilli 1,95 m^3 de matériaux en 8 mois, du 15 octobre 1970 au 30 juin 1971, soit 2,8 t/ha/an environ avec 730 mm de précipitation. Sur un autre versant couvert de maquis, les mêmes mesures ont été exécutées dans des conditions topographiques semblables : 0,15 m^3 ont été récoltés en 8 mois, soit en 12 mois 0,21 m^3 ou 0,42 m^3/ha, ou 0,92 t/ha.

Ces exemples nous montrent que les valeurs du Bassin de Taoudenni sont plus près de celles enregistrées avec couvert végétal de type discontinu (garrigue ou maquis) en régions méditerranéennes que sur sol nu et labouré. Il est vraisemblable qu'avec un couvert végétal steppique, des volumes montagneux plus faibles et des précipitations de l'ordre de 500 mm, le taux d'ablation puisse être de 2 t/ha/an.

Sur le Bradano (Italie méridionale), et sur une période longue (1933-1959), le taux de dégradation spécifique est de 1 117 t/km^2/an, soit 11,17 t/ha, Guigo (1975 et 1979). Cet auteur cite, pour l'Apennin septentrional il est vrai, des chiffres comparables : 1 690 t/km^2/an ; soit 16,9 t/ha sur le Savio et 1 090 t/km^2/an, soit 10,9 t/ha pour le Reno. Benchetrit (1972) met l'accent sur l'ablation rapide dans les montagnes telliennes (10 à 20 t/ha/an). Les résultats de l'étude de Bartolini (1987) dans l'Apennin, entre le Miocène et l'actuel, sont, contre toute attente, en accord avec les nôtres. Les valeurs d'érosion en mm/année mesurées par cet auteur varient entre 0,09 et 0,25 mm et, à Taoudenni, nous trouvons 0,08 mm. Bartolini constate que le soulèvement de l'Apennin, entre 0,3 et 1,2 mm/an, est supérieur à l'ablation. Ne faudrait-il pas admettre, à Taoudenni, que des valeurs d'ablation aussi fortes pendant l'Holocène, compte tenu des volumes montagneux faibles et des précipitations moins intenses que dans l'Apennin, soient liées non seulement au climat mais aussi à des réajustement néotectoniques mis en évidence par ailleurs (Fabre *et al.,* 1989).

CONCLUSION

Les formes observées sur les versants et dans les plaines du centre du bassin de Taoudenni sont comparables à des modelés observés sous d'autres latitudes. Bien que des formes analogues ne représentent pas forcément des genèses parfaitement semblables, ces similitudes permettent toutefois d'évaluer des totaux pluviométriques et d'apporter quelques précisions sur les caractères des précipitations. Les résultats obtenus ne sont pas en contradiction avec les données paléoclimatiques fournies par la paléobiologie, la préhistoire et les datations isotopiques.

Les formes de versants observées nécessitent des pluies d'averse comprises entre 25 et 80 à 120 mm en 24 h, ou des pluies brutales après quelques jours de précipitations, permettant l'imbibition des formations superficielles, ou encore environ 450 à 500 mm annuels.

Entre 450 et 600 mm par an en région tropicale et 700 à 800 mm en zone méditerranéenne, peuvent se déclencher glissements de terrain et solifluxion ; ces deux phénomènes se produisent de préférence en fin de saison humide. En revanche, une longue saison sèche de type tropical ou méditerranéen favorise la dessiccation, puis la fragmentation sur place des débris.

La quantité de matériaux charriée par le ruissellement et accumulée dans le bassin de Haijad et dans la cuvette de Taoudenni se rapproche de celle du Sertao et de la parcelle expérimentale couverte de garrigue d'Aix-en-Provence (Tabl.II). En revanche, l'ablation en montagne méditerranéenne ou sur sol dénudé est considérable par rapport à celle quantifiée au Sahara central. Cette remarque laisse pressentir qu'à l'Holocène versants, plaines et plateaux du bassin de Taoudenni devaient être couverts d'une steppe parfois assez dense pour freiner le ruissellement ; sa densité était certainement d'environ 60% dans les meilleurs des cas. La palynologie confirme ces remarques.

Certes, ces formes ne sont pas datables avec certitude et les conditions climatiques qui les engendrèrent peuvent correspondre à plusieurs époques pléistocènes, cumulant ainsi les mécanismes d'érosion. Le ruissellement, par exemple, réutilise à chaque nouvelle phase pluviale, les chenaux et les ravines de la période humide précédente.

Notre évaluation de l'ablation et de l'accumulation est aussi réalisée par défaut, car l'autre agent fondamental de l'érosion dans les déserts, le vent, n'a pas été mesuré. Son rôle est actif car il est possible de considérer qu'une partie du volume des sables des ergs situés dans la cuvette de Taoudenni provient de l'ablation, probablement hydroéolienne, des dépressions. Néanmoins, les tentatives que nous avons faites pour évaluer les volumes de matériaux érodés par le vent, ou sédimentés dans la cuvette et sur ses bordures, sont restées infructueuses et entachées de trop d'erreurs, en raison de l'existence de paramètres très difficiles à quantifier. Cette tentative, cependant, n'est pas dénuée d'intérêt puisque les valeurs trouvées ne sont pas absurdes et montrent une ablation active au moment où, comme il l'a été démontré avec d'autres paramètres, la mousson, et peut-être les effets ponctuels d'averses méditerranéennes, atteignaient le coeur du Sahara.

Tabl. 1 - EVALUATION DES PRECIPITATIONS ET MODELES

Lieu	Précipitations		Période de l'année	Couvert végétal	Modelé	Pentes
	Annuelles	Journalières				
RAVINEMENTS						
Bordure cévenole Baronnies		80 mm 120 mm	7-12 novembre 1935	Garrigue Champs cultivés	Ravines et dépôts de pente dans les champs	
Le Tholonet bassin d'Aix-en-Provence		73,8 Aix-en-Provence 58,1 Les Milles 27,7 Rousset	11-20 mai 1988	Garrigues	Ravines	
Tunisie		entre 80 et 200 mm	22-27 septembre 1969 6-8 octobre 1969 22-29 octobre 1969	Steppe formes de solifluxion petite terrasse actuelle	Ravines	
RILL ET RUISSELLEMENT DIFFUS SUR GLACIS D'ABLATION						
Sud-Est de l'Espagne	150 à 200 mm			Steppe - Taux de recouvrement 60%	Glacis d'ablation en formation	2% environ
Sud-marocain		de 23 à 31 mm	13 et 14 novembre 1967	Inexistant	Glacis d'ablation fonctionnels	2 à 3%
		28 mm	nuit 18 au 19 avril 1975	"	"	"
		45 mm	19 et 20 avril 1975	"	"	"
GLISSEMENTS DE TERRAIN ET SOLIFLUXION						
Calabre	600 à 1000 mm		Automne et Printemps			
Dahomey	500 mm		5 semaines en hivernage			
Sahel nigérien	500 à 550 mm		Hivernage			

Tabl. 2 - EVALUATION DE L'ABLATION

REGIONS TROPICALES				REGIONS MEDITERRANEENNES			
Localisation	t/ha/an	Etat du lieu	p^{mm}	Localisation	t/ha/an	Etat du lieu	p^{mm}
La Réunion	2,8	parcelle expérimentale boisée	3000 m	Aix-en-Provence	107	parcelle expérimentale nue	712 mm
	5,9	parcelle expérimentale défrichée			2	parcelle expérimentale en garrigue	
Shaba (Zaïre)	240	sol nu					
	29	savane herbeuse	1184 mm	Esterel	12,8	pente 17%	
				Tanneron	0,92	parcelle incendiée garrigue	730 mm
Sertao (Brésil)	1,39	pente 3,8%	450 mm				
	4,97	pente 7%					
	0,055	pente 0,5% et caatinga					
Comparaison des valeurs les plus proches							
O. Haijad à l'Holocène	2	Sertao (4,97 t/ha/an)	450 mm	Aix-en-Provence parcelle expérimentale en garrigue (couvert végétal) 2 t/ha/an			712 mm

TABLEAU D'ENSEMBLE

N. PETIT-MAIRE

Nous résumerons ici très brièvement les conclusions générales que l'on peut tirer de l'examen des interfaces entre les différentes études présentées dans les chapitres précédents et leurs implications pour le climat et les biotopes holocènes de la région observée.

Faisons tout d'abord remarquer que l'évolution des deux lacs étudiés est remarquablement identique en dépit du fait que l'un (Haijad) est isolé des nappes souterraines et a connu une sédimentation carbonatée en eau douce, tandis que l'autre (Agorgott) lié à l'émergence d'une nappe locale, a connu une sédimentation saline et a évolué en sebkha. Les mêmes variations, dues à des changements du rapport Précipitation / Evaporation, sont enregistrées à des dates très comparables. Ceci montre la valeur des conclusions générales suivantes:

- existence de lacs permanents, à salinité variable, alimentés par un ruissellement actif et des émergences karstiques, à partir de 9 200 BP à Agorgott et 8 300 BP à Haijad. L'optimum hydrologique se situe entre 8 000 et 7 000 BP environ. Une atténuation de la saisonnalité indique l'existence de précipitations liées à la fois aux moussons et aux cyclones atlantiques/méditerranéens.
- persistance de nappes d'eau de surface jusqu'à 4 400 BP au moins à Haijad, 3 800 BP au moins à Agorgott.
- indication d'une détérioration climatique et d'un refroidissement après 6 700 BP. Cela concorde avec la baisse des valeurs d'insolation, après leur maximum à 11 000 BP (Berger *et al.,* 1985 ; Petit-Maire et *al*, 1990).
- existence d'une steppe sahélienne habitable jusque vers 6 000 BP, ce qui est conforté par la découverte récente (Petit-Maire *et al,* 1990) de paléosols bruns à Graminées dans le Tanezrouft et par la présence d'une faune de grands mammifères (éléphant, rhinocéros, antilopes, hippopotame) à Kesret-el-Gani, 60 km au S.E. de Haijad (Petit-Maire et Riser, 1988).

Les paléoprécipitations annuelles moyennes, au moment de l'optimum, peuvent être estimées à 250 mm au moins, si l'on considère les 850 millions de m^3 d'eau douce de surface, pour 170 km^2, et une tranche d'eau moyenne de 5 m, ainsi que la présence d'espèces végétales sahéliennes. La mousson remontait donc, entre 8 500 et 6 500 BP ± 1 000 ans, jusqu'au Tropique du Cancer, au moins pendant certaines années plus humides. Les fortes différences interannuelles, décennales ou séculaires, très probablement commandées par des semi-périodicités solaires décrites pour le dernier millénaire dans d'autres régions du globe (Gleissberg, 1965 ; Eddy, 1976 ; Shove, 1983 ; Renberg *et al*, 1984 ; Ribes *et al* , 1989) ont, bien évidemment, toujours dû marquer de fluctuations importantes les courbes climatiques de l'Afrique tropicale. L'étude des couches argileuses varvées du paléolac d'Agorgott pourrait, dans l'avenir, faire l'objet d'une étude en ce sens.

Si l'on compare le contexte floristique et faunique associé aux paléolacs du nord malien (fig. 47), avec celui, similaire, existant aujourd'hui au Sénégal sous les mêmes précipitations annuelles moyennes, on peut estimer la paléobiomasse à environ 1 200 kg/ha/an ± 400 ou 500 kg.

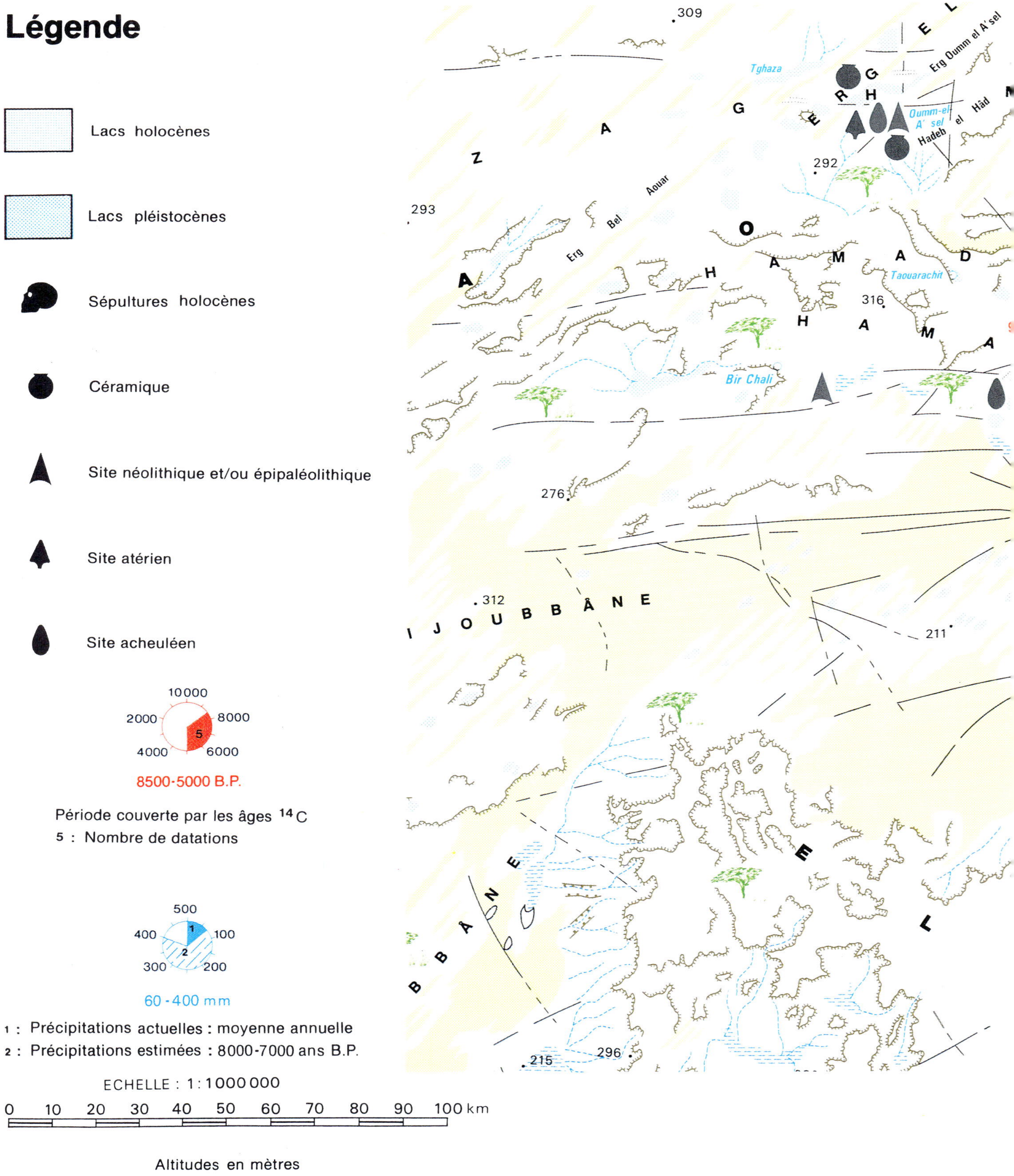

Fig. 47 - La région de Taoudenni à 8 000 BP (tiré de Petit-Maire et Riser, 1988).

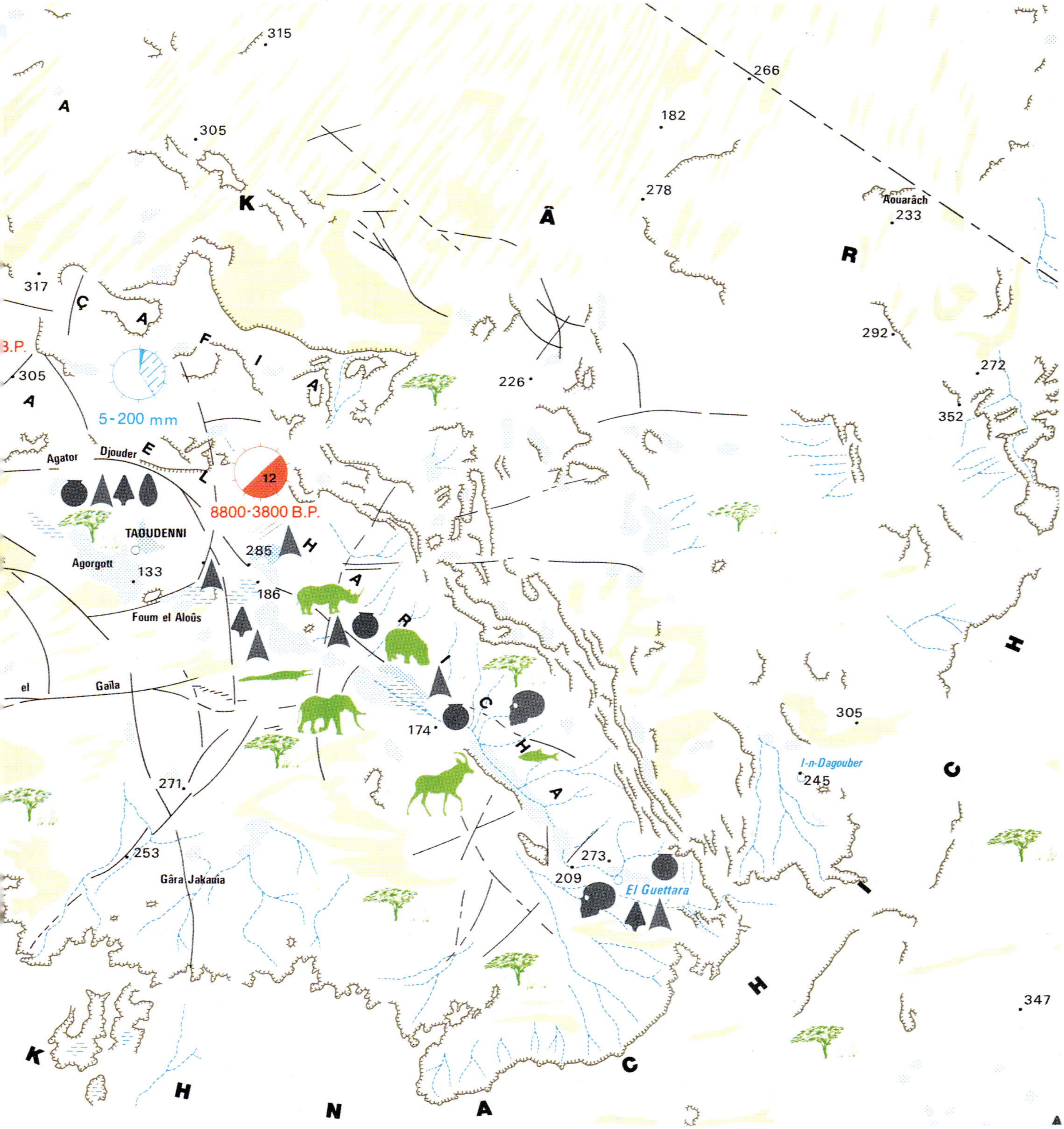

315
266
182
305
278
Aouarâch
233
317
B.P.
305
5-200 mm
226
292
272
352
Agator
Djouder
12
8800-3800 B.P.
TAOUDENNI
Agorgott
133
285
186
Foum el Aloûs
el
Gaïla
174
305
I-n-Dagouber
245
271
253
Gâra Jakania
273
209
El Guettara
347

L'homme a donc pu y vivre, du moins semi-sédentaire pendant l'hivernage, comme les pasteurs nomades actuels aux marges fluctuantes des pluies de mousson. Il y a taillé des outils diversifiés (Raimbault, 1983), fabriqué avec l'argile lacustre des récipients de céramique aux décors variés (Commelin, 1984) et gravé sur les promontoires dominant les lacs la représentation des animaux qu'il avait vus au gré de ses parcours saisonniers (Ch.II-1).

Aujourd'hui, il tombe moins de 5 mm de pluie, en moyenne annuelle, l'eau de surface a disparu, les oueds ne coulent plus et les rares puits sont salés.

Le prochain changement climatique ramènera-t-il la vie à Taoudenni ? Si la nature le régit, le domaine des moussons va au contraire régresser vers le sud comme par le passé et le désert, comme pendant la dernière phase glaciaire, va s'étendre encore davantage pour des millénaires (Petit-Maire 1986, 1989). Cependant, si l'accroissement récent de l'effet de serre, dû aux activités humaines, et le réchauffement océanique consécutif induisent un accroissement du rayon d'action et de l'importance des moussons sur l'Afrique tropicale, peut-être, alors, Taoudenni reverdira-t-il... (Petit-Maire, 1990).

CHAPITRE III

Conclusions générales

PALEOMETEOROLOGIE DE LA REGION DE TAOUDENNI

M. LEROUX

Les paléoenvironnements de la région de Taoudenni, reconstitués par ce volume, sont des manifestations locales de changements climatiques d'ensemble. Ils sont ci-dessous replacés dans les épisodes paléométéorologiques remarquables des 20 000 dernières années : entre 18 000 et 15 000 BP, vers 11 000 BP, vers 9 000 BP et vers 6 000 BP.

Entre 18 000 et 15 000 BP

La circulation s'inscrit encore dans le modèle applicable aux périodes globalement froides (Leroux, 1988 ; fig. 48a). Vers 17 000 BP, l'insolation est équilibrée entre les hémisphères (les valeurs étant de 3 % supérieures à l'actuel pour le pôle nord, mais de 2 % inférieures au sud (fig. 49a). L'hémisphère météorologique nord demeure néanmoins dominant, en raison de l'accumulation glaciaire et de l'albedo résultant, décalant les structures aérologiques vers le sud (fig. 50a).

L'extension des caractères climatiques polaires et tempérés en direction des Tropiques a été décrite par les projets CLIMAP et COHMAP. De nombreuses études s'accordent à reconnaître, en particulier entre 18 000 BP et 15 000 BP, une forte accélération des échanges méridiens qui entraîne en Afrique, en raison de la vigueur et de l'épaisseur considérablement accrues des Anticyclones Mobiles Polaires (Leroux, 1987), une puissance renforcée des circulations d'alizés, maritime comme continentale (Sarnthein *et al.*, 1981 ; Talbot, 1984 ; Hooghiemstra, 1986) et une forte mobilisation des sables, aussi bien en Afrique boréale qu'en Afrique australe (Van Zinderen Bakker, 1982 ; Heine, 1982). Dans le même temps, la zone tropicale est considérablement réduite, l'Asie par exemple n'étant pas atteinte par la "mousson indienne" (Fontugne et Duplessy, 1986). Une diminution accusée et générale de la pluviosité (Kutzbach et Street-Perrott, 1985) mais aussi l'accroissement de puissance de l'harmattan (Leroux, 1990), provoquent notamment la quasi-disparition de la forêt dense africaine (Maley, 1987) qui ne se maintient qu'en position d'abri par rapport au flux désséchant (Leroux, 1990), quasi-disparition et repli vers des "refuges" qui affectent également la forêt amazonienne. L'accélération des vents est observée sur l'ensemble de la planète (Sarnthein, 1978) et elle n'est pas limitée aux basses couches, comme le révèle la forte concentration dans les glaces polaires des aérosols d'origine continentale, lors du maximum du froid (De Angelis *et al.*, 1987).

Le Sahara s'étend vers le sud, atteignant 13-14° de latitude N, les vents forts propageant les formations dunaires de l'Ogolien-Kanémien. La région de Taoudenni, en situation péri-tempérée, est balayée par des Anticyclones Mobiles Polaires puissants, les perturbations provoquant l'accumulation de névés sur la façade ouest du Hoggar voisin (Rognon, 1989). Cependant, la stratification aérologique vigoureuse (sous la subsidence renforcée des HPT) et le froid qui limite le potentiel précipitable n'autorisent pas, en plaine, l'abondance des pluies "tempérées".

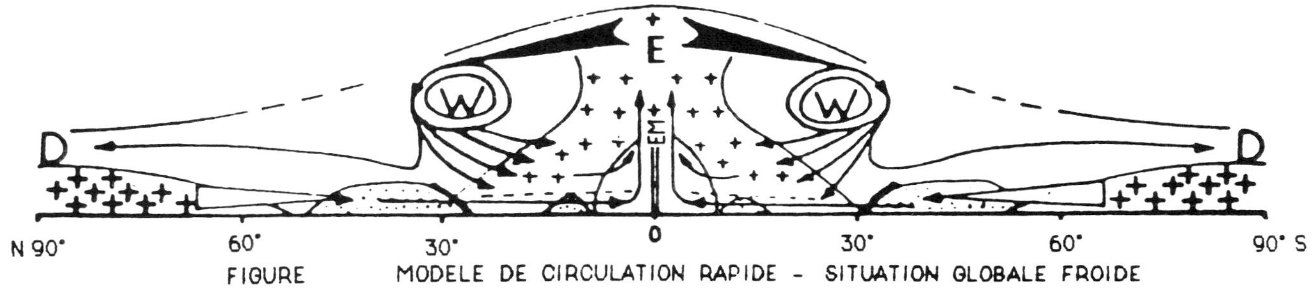

Fig. 48a - Modèle de circulation atmosphérique rapide : situation globale froide.

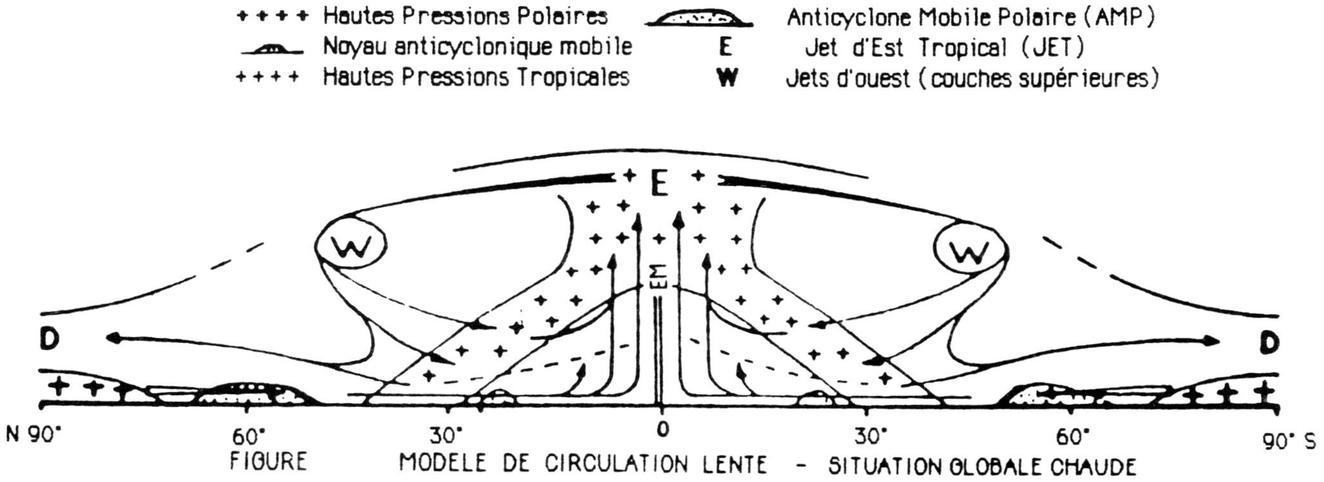

Fig. 48b - Modèle de circulation atmosphérique lente : situation globale chaude.

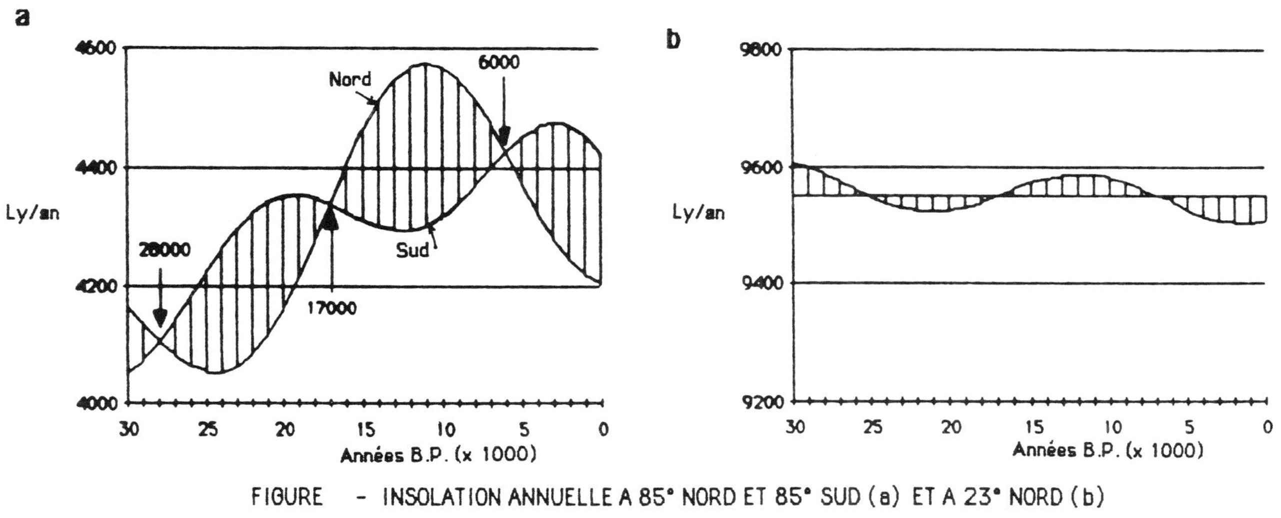

Fig. 49 - Insolation annuelle à 85°N, 85°S (a) et 23°N (b).

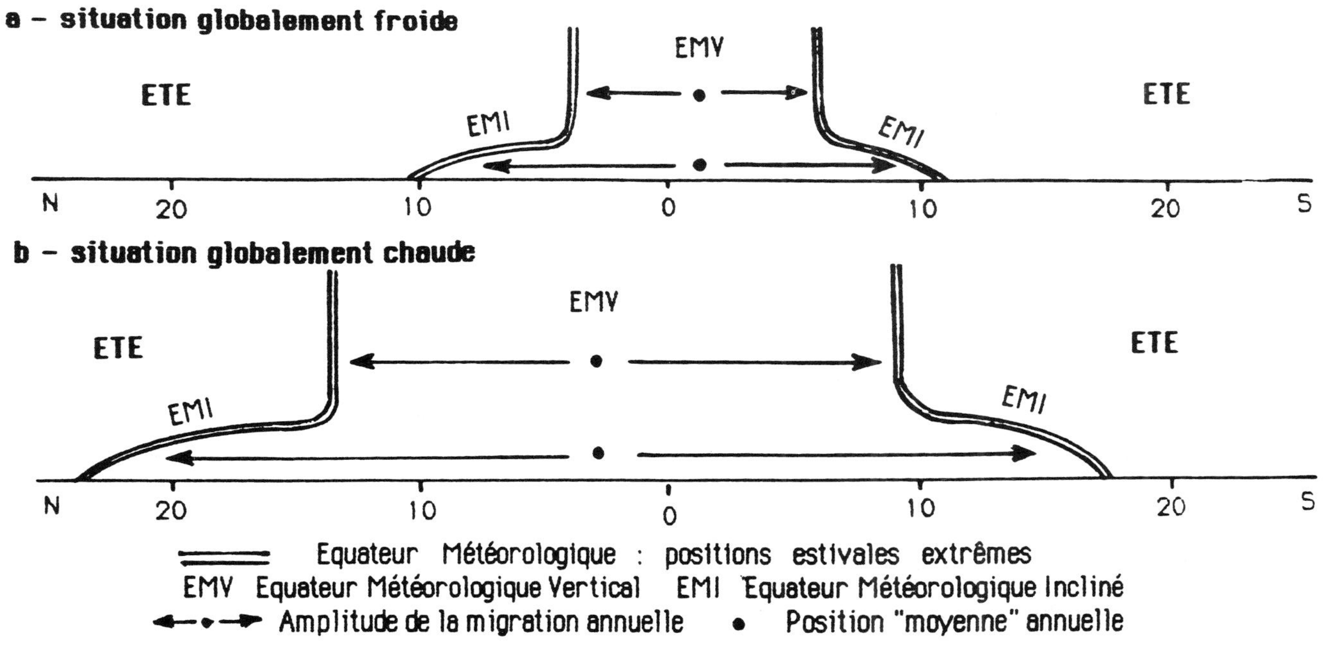

Fig. 50 - Migration différenciée de l'Equateur Météorologique : schéma.

11 000 BP.

Les paramètres astronomiques favorisent l'hémisphère nord : l'excentricité de l'orbite terrestre s'éloigne d'un maximum (toutefois peu marqué), l'obliquité de l'axe des pôles se rapproche d'un maximum. Mais le fait principal concerne le périhélie qui se produit en juin (actuellement en décembre) : les étés boréaux sont beaucoup plus chauds, le rayonnement dans l'hémisphère nord étant de 10 % supérieur à l'actuel, les épisodes du Bölling et de l'Alleröd amplifient ainsi la fonte des calottes glaciaires (Mix et Ruddiman, 1985). Le déséquilibre pôle nord / pôle sud est maximal (fig. 49a) : le rayonnement s'est fortement amélioré au nord, mais il a, par contre, faiblement diminué au sud et il commence à peine à s'élever.

En période estivale, l'hémisphère météorologique austral a donc un surcroît de froid à exporter et il profite de la chaleur boréale pour envahir l'hémisphère nord (avec un décalage saisonnier du type de la fig. 50b). La remontée vers les nord des structures pluviogènes tropicales se traduit, par exemple, en Afrique de l'est par le Nil "sauvage" (Paulissen, 1986), caractérisé par des crues d'intensité exceptionnelle provenant du massif éthiopien, alors placé en été sous la structure EMV/ZIC où confluent les "moussons" atlantique et indienne, en cours de renforcement.

En période hivernale, par contre, l'aphélie se produisant en décembre, le froid est encore rude, la forte inclinaison de l'axe de rotation accroissant en outre les contrastes saisonniers. Les Anticyclones Mobiles Polaires sont ainsi puissants en hiver, leurs manifestations pluvieuses bénéficiant d'une amélioration progressive du potentiel précipitable.

Le Sahara bénéficie alors de pluies hivernales et estivales, les précipitations s'accroissent sur le Hoggar et le ruissellement atteint le Tanezrouft à cinq cent kilomètres au sud-ouest. La forêt, en cours de reconquête au sud, améliore lentement le potentiel précipitable mais Taoudenni est encore loin. La forte chaleur estivale rend la dépression saharienne plus attractive mais, en même temps, elle augmente le déficit de saturation, l'amélioration par la pluie tropicale n'est donc pas ici immédiate.

9 000 BP.

Le rayonnement dans l'hémisphère nord est encore de 8 % supérieur à l'actuel, mais les inlandsis ont quasiment disparu, réduisant l'inertie thermique boréale. Le périhélie se produit le 30 juillet et, dans le même temps, l'inclinaison de l'axe des pôles est de 24°23' soit d'un degré de plus qu'actuellement (23°27'), ce qui décale d'autant vers le nord le maximum thermique. L'insolation Antarctique s'est améliorée (fig. 49a), sur l'atténuation du déséquilibre radiatif faisant passer l'ensemble de la circulation à un mode chaud, mais avec encore un avantage au dynamisme austral et le maintien du décalage vers le nord des structures tropicales (fig. 50b).

La dépression thermique estivale, plus septentrionale, est très creusée et attractive, entraînant vers le nord le flux de mousson, bien au nord de Taoudenni. Les contrastes saisonniers sont encore importants, notamment associés à l'inclinaison de l'axe des pôles, et réunissent ainsi les meilleures conditions pour le Sahara qui bénéficie de pluies d'hiver tempérées (E. Schulz, ce volume, évoque les "cyclones") et de pluies d'été tropicales, la distinction étant de pure forme car l'interpénétration des dynamiques est favorisée par la remontée des structures tropicales vers le nord. En hiver, les AMP disposent d'un potentiel précipitable nettement amélioré par la température et par la végétation qui améliore même le potentiel de l'alizé continental. En été, les lignes de grains bénéficient d'une épaisseur accrue du flux de mousson et d'une présence plus longue, ainsi que d'un potentiel plus élevé, évaporé sur la Méditerranée.

Ces conditions expliquent l'établissement vers 8 000 BP du maximum de "l'humide holocène", époque également reconnue par A.M. Lézine (1989) qui fixe cette situation extrême vers 8 500 BP, avec une remontée de la végétation steppique sahélienne jusqu'à 23°N et un "climat de mousson" (E. Schulz, 1988), des lacs d'eau douce et des marécages, les pluies saisonnières cumulées pouvant aisément atteindre 250 à 300 mm par an dans la cuvette de Taoudenni (Petit-Maire et Riser, 1988).

6 000 BP.

Les conditions cosmiques amènent un nouvel équilibre entre les hémisphères (fig.49), dans un mode de circulation globale chaude. Ce rééquilibrage est susceptible d'entraîner un léger repli vers le sud de l'Equateur Météorologique et des structures tropicales, le réchauffement progressif ayant atténué le dynamisme relatif austral, tandis que le rafraîchissement progressif renforce faiblement le dynamisme boréal (fig. 49). Les retouches sont toutefois très modérées par rapport à la situation précédente.

L'Optimum Climatique holocène intervient vers 6 000 BP aux latitudes moyennes, les températures estivales étant alors, en Europe, supérieures d'au moins 2°C par rapport à l'actuel (Huntley et Prentice, 1988). Les Anticyclones Mobiles Polaires boréaux sont affaiblis et (comme pendant nos étés actuels) ont une trajectoire plus septentrionale. L'axe de vitesse maximale de la circulation d'ouest de l'hémisphère nord, progressivement remonté vers le nord, occupe vers 6 000 BP sa position extrême, comme le démontrent les dépôts éoliens dans le Pacifique nord (Rea et Leinen, 1988). La zone tropicale qui n'a cessé de s'agrandir (d'abord saisonnièrement, en été) atteint maintenant sa plus grande extension, accordant une grande liberté de déplacement aux discontinuités et aux flux ; l'amplitude des circulations de mousson est alors à son maximum (Kutzbach et Otto-Bliesner, 1982 ; Van Campo, 1986). En Afrique, où les zones climatiques se sont éloignées de l'Equateur vers le nord et vers le sud (Van Zinderen Bakker, 1980 ; Kadomura, 1982), la forte pluviosité et la diminution de vitesse des alizés autorisent la reconquête maximale par la forêt dense (Leroux, 1990) et son extension au-delà de ses limites actuelles (Hamilton, 1976).

Sur les marges tropicales comme le Sahara, les conditions sont encore très favorables mais elles ne sont plus optimales, en raison de la translation d'ensemble vers le sud, faible mais significative pour ces régions sensibles. La moindre puissance des AMP en période hivernale, la diminution relative des apports d'eau par la mousson en période estivale et une modification essentielle dans le bilan évaporation / précipitation (associée à l'élévation de la température) qui semble déjà se produire vers 6 700 BP (Petit-Maire, 1986), préparent très lentement la dégradation ultérieure.

Après l'équilibre radiatif de 6 000 BP (fig. 49), la tendance générale est au refroidissement des régions polaires. Au pôle sud toutefois, la situation s'améliore d'abord faiblement avant de suivre l'évolution d'ensemble. Au pôle nord, la dégradation est rapide et prononcée, l'insolation étant aujourd'hui nettement plus faible qu'à 17 000 BP, retrouvant les valeurs de 21 000 BP. La circulation générale entre alors dans un mode froid (fig. 48a) avec l'accélération progressive, le refroidissement arctique accroissant la puissance de l'hémisphère météorologique boréal et décalant les structures tropicales vers le sud.

Il n'est donc pas étonnant que les conditions climatiques se dégradent au Sahara. A Agorgott, l'étendue lacustre diminue, la salinité augmente et après *ca* 4 000 BP, le lac disparaît. Le caractère anticyclonique s'accroît progressivement, la subsidence se renforce, la steppe recule devant la nouvelle vigueur de l'harmattan, et les zones climatiques se replient vers le sud.

CONCLUSION

A la lumière des caractères climatiques actuels de la région de Taoudenni, de la variabilité pluviométrique contemporaine de l'Afrique occidentale, voire de l'Afrique tropicale (Leroux, 1988), de modèles de circulation générale associés à des périodes globalement froides ou chaudes, on peut conclure que :

- Le Sahara central est toujours resté sous la subsidence qui participe à l'alimentation des Hautes Pression Tropicales, qui ont été plus ou moins vigoureuses, c'est-à-dire plus ou moins épaisses en hiver sur l'Afrique septentrionale, ou plus ou moins sapées par le bas en été, en fonction de la chaleur continentale.
- Taoudenni a appartenu davantage à la marge sud de la dynamique tempérée, au Pléistocène tardif, ou à la limite nord de la dynamique tropicale, à l'Optimum holocène. Néanmoins, le climat a, comme aujourd'hui, relevé des deux dynamiques, avec, périodiquement, des précipitations supérieures à celles relevées actuellement.
- Les transformations des structures aérologiques ont été, certes, importantes, mais jamais au point de couvrir le Sahara d'une forte épaisseur de mousson. Pendant l'Optimum holocène, la trace au sol de l'Equateur Météorologique (qui se confond avec l'équateur thermique résultant du mouvement zénithal du soleil) est alors, au coeur de l'été, toujours restée proche de Taoudenni.
- Les pluies ont été supérieures à l'actuel entre 9 000 et 6 000 BP, avec un optimum vers 8 000 BP , mais elles n'ont jamais été "régulières", la tonalité climatique demeurant -au passé comme au présent- la non-pluviosité, avec annulation *momentanée* des facteurs contrariants, annulation beaucoup plus aisée pendant un "scénario chaud", lorsque la stratification aérologique est moins contraignante.
- Les précipitations ont toujours été de caractère orageux, de forte intensité, déversées par des perturbations mêlant lithométéores et hydrométéores. Les pluies sont associées au couloir dépressionnaire ourlant l'intrusion d'Anticyclones Mobiles Polaires puissants, ou associées à la partie septentrionale des lignes de grains qui se développent dans la structure inclinée de l'Equateur Météorologique (EMI / FIT). Le flux de mousson séjourne plus ou moins longtemps au-dessus de la cuvette de Taoudenni mais la mousson reste toujours plus ou moins mince, continentalisée, et toujours surmontée par une structure plus ou moins stérilisante. Il a pu ainsi suffire d'une trentaine d'occasions, espacées dans l'année, pour que des pluies abondantes mais brèves fournissent les 250 à 300 mm nécessaires au maintien du niveau des lacs de la cuvette.

La position géographique charnière de la région, d'une grande sensibilité au moindre changement, explique le déséquilibre rapide qui a suivi l'Optimum holocène. On peut aisément imaginer ce déséquilibre à la lumière des observations récentes et directes au Sahel, avec un brusque glissement des isohyètes vers le sud, le paléo-Sahel du Sahara occidental ayant constitué, de la même façon, un milieu extrêmement fragile.

Si l'on se réfère encore au milieu sahélien, dont l'évolution s'inscrit déjà dans un lent processus de dégradation, commencé depuis environ 5 000 ans, on peut encore s'interroger sur son avenir comme sur celui de l'ensemble subsaharien, compte tenu des précédents modèles de circulation et du poids considérable du comportement thermique des régions polaires dans la circulation générale, par la transmission des conséquences climatiques au moyen des Anticyclones Mobiles Polaires.

Soulignons d'abord que l'estimation de l'évolution thermique à l'échelle du globe, proposée par Jones *et al.* (1986, 1988) n'est pas significative des évolutions, ni régionales, ni latitudinales. Elle ne traduit les anomalies froides ni dans l'Atlantique nord ni dans le Pacifique nord ni dans l'Océan Arctique (WMO / CSM, 1990). Elle ne rend pas compte de la diminution des températures estivales des hautes latitudes de l'hémisphère nord (Barry *et al.*, 1984) et particulièrement du refroidissement continu de l'Arctique depuis les années 1930, refroidissement prononcé en hiver, où il s'inscrit dans une fourchette de variation de 3°C (fig. 51 ; période 1881-1987, d'après Rogers, 1989, *in* Lindzen, 1990).

A long terme, la poursuite de la tendance "cosmique" orbitale (Berger *et al.*, 1990) et la poursuite du redressement de l'axe des pôles qui fait lentement glisser le Tropique du Cancer vers le sud, éloigneront très progressivement de Taoudenni les structures tropicales déjà bien lointaines, mais "rapprochera" la dynamique polaire, sans lui donner toutefois encore les moyens d'être pluviométriquement efficace dans l'espace saharien. A court terme, en l'absence d'arguments décisifs (même celui de l'effet de serre, Lindzen, 1990) et bien que certaines saisons soient parfois bien meilleures que d'autres, rien ne permet d'espérer un renversement de cette tendance.

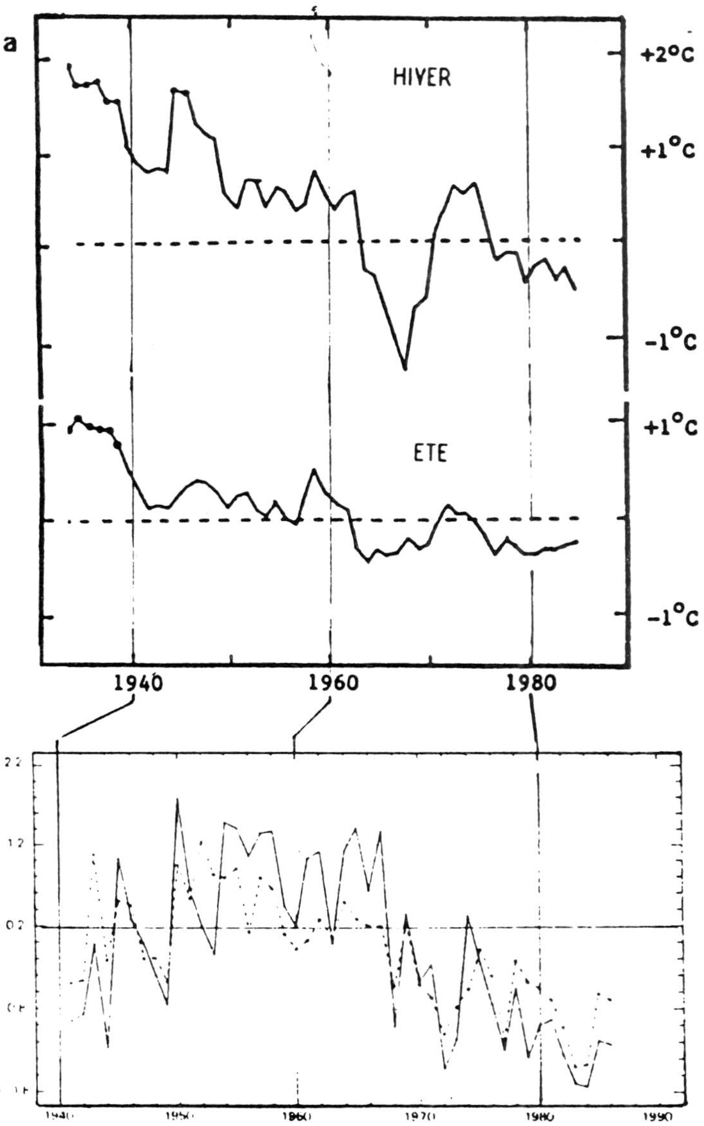

a - moyennes (sur 5 ans) des écarts saisonniers de température par rapport à la moyenne 1881-1987 dans l'Atlantique arctique - d'après J.C. Rogers (1989)
b - - - - index pluviométrique de P.J. Lamb (1986) et ——— écarts normalisés de débit du fleuve Sénégal à Bakel (J.C. Olivry, 1987), d'après J. Citeau & al. (1988)
FIGURE - TEMPERATURES ARCTIQUES (a) ET PLUVIOMETRIE SAHELIENNE (b)

Fig. 51 - Températures arctiques (a) et pluviométrie sahélienne (b).

LES CLIMATS HOLOCENES DU SAHARA LE LONG DU TROPIQUE DU CANCER

N. PETIT-MAIRE, S. KRÖPELIN

Nous avons vu au chapitre précédent comment le passage d'un scénario climatique froid à un scénario chaud affecte profondément la circulation atmosphérique sur les régions tropicales. Les données de terrain ont démontré que, à 18 000 BP (maximum glaciaire), la limite saharo-sahélienne était située vers 13°-14°N (Talbot, 1984), alors qu'on la retrouve dix mille ans plus tard vers 22°-23°N, soit au moins 800 km plus au nord (fig. 52).

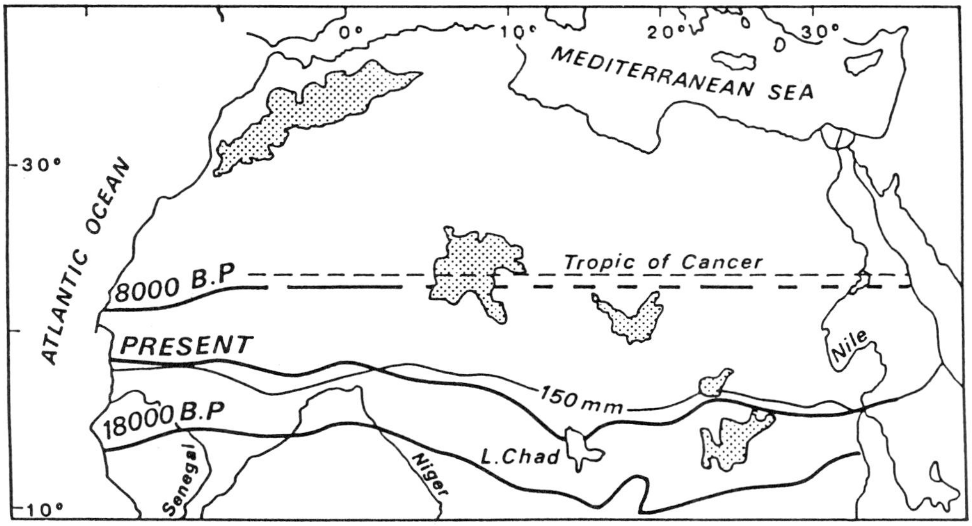

Changements de la limite Sahara/Sahel.
in : Petit-Maire, 1989.

Il est évident que les conséquences du dernier réchauffement global et de la déglaciation qui l'a suivie (en plusieurs phases maintenant bien définies ; Berger, 1985 ; Duplessy et Ruddiman, 1984 ; Fairbanks, 1989), n'ont pas été synchrones dans toute la zone profondément aridifiée par le climat glaciaire, la limite saharo-sahélienne s'étant déplacée, à 18 000 BP, jusqu'à 13°-14°N (fig. 52). On enregistre donc des variations dans l'âge des premiers témoins "humides" selon leur position en latitude et leur situation géographique. Ainsi, aux marges océaniques du Sahara, les dépôts éoliens de l'île canarienne de Fuerteventura et ceux de Tarfaya, dans le sud marocain, sont coupés par des paléosols à nids d'Hyménoptères et à *Helicidae* à 15 000 BP et 12 500-13 500 BP, avant le début de l'humide holocène, daté respectivement en ces deux points de 9 800 et 10 500 BP (Petit-Maire *et al.,* 1986, 1987).

A l'opposé, dans les bassins hyperarides proches du Tropique du Cancer (fig. 53), entre 22° et 25°N environ, le réchauffement global et ses conséquences sur la circulation atmosphérique n'ont été perçus que 1 500 à 2 000 ans après le forçage d'insolation vers 11 000 BP et la déglaciation majeure à la fin du stade isotopique 1b (Berger *et al.,* 1985). Du Sahara oriental au

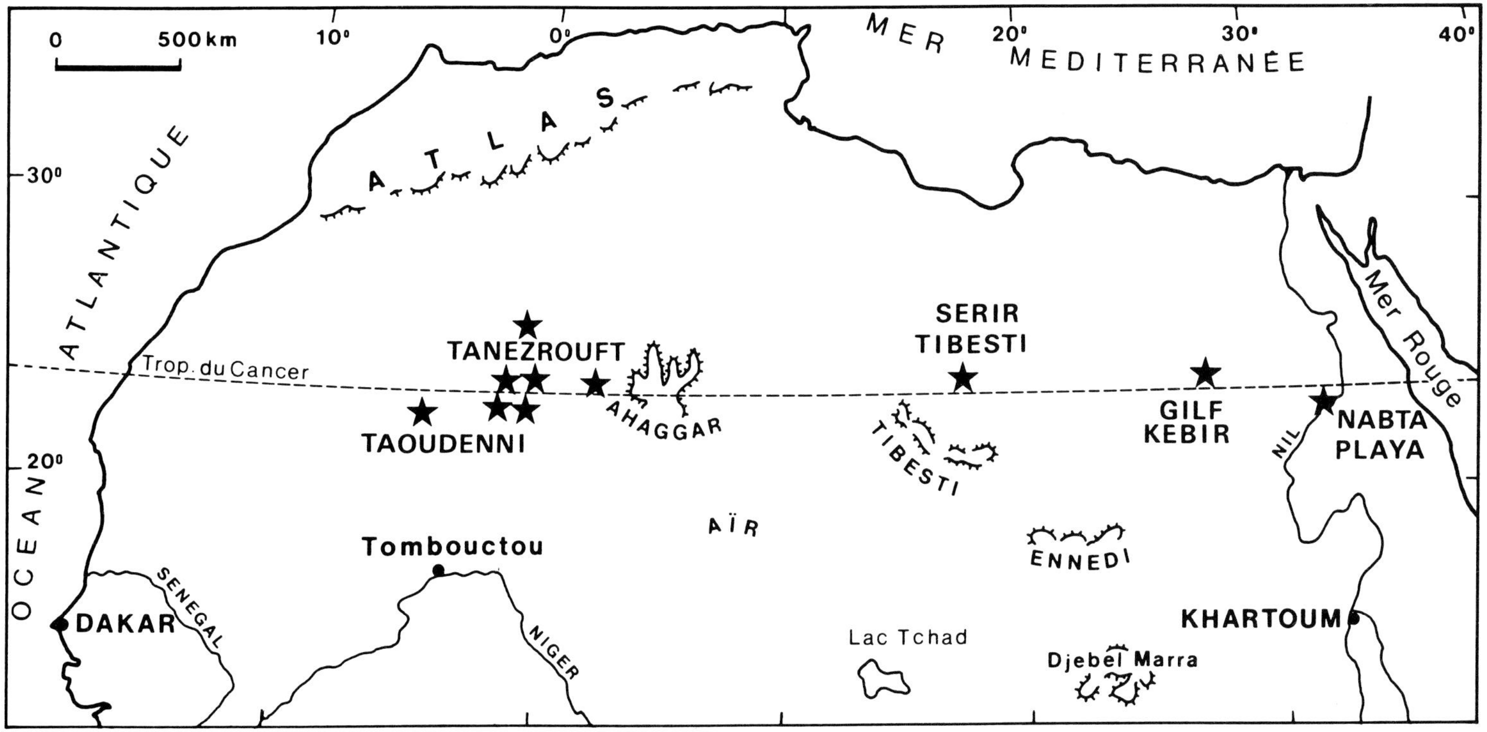

Fig. 53 - Sites étudiés le long du Tropique du Cancer.

Sahara occidental, à des latitudes aujourd'hui créditées de précipitations annuelles moyennes ne dépassant pas 5 mm pour une évapotranspiration supérieure à 6 m (Henning et Flohn, 1977 ; Leroux, 1983), plusieurs recherches, jalonnant cette ceinture hyperaride, ont en effet maintenant bien daté la période humide holocène dans des bassins hydrologiques isolés, sans apport d'eaux allochtones, qu'elles soient de surface ou souterraines.

1 - EN EGYPTE MERIDIONALE, A NABTA PLAYA (22°30'N/30°40'E)

Cent kilomètres à l'ouest de la vallée du Nil à Abou Simbel, vingt-cinq dates radiocarbone montrent l'existence d'eau de surface entre 9 400 et 5 500 ans BP (Wendorf *et al.*,1976, 1977 ; Haynes, 1987).

2 - EN EGYPTE SUD-OCCIDENTALE, A GILF KEBIR (23°N/26'E)

Des dunes du Pléistocène tardif ont barré le cours de deux oueds (Wadi Akhdar et Wadi Bakht) incisant un plateau gréseux, et provoqué, entre 8 200 ± 500 BP et 5 000 BP pour l'un, 9 300 et 5 000 BP pour l'autre, l'installation de lacs uniquement alimentés par le ruissellement (Kröpelin, 1987). Le volume d'eau, 130 000 m^3 au moment de l'optimum, implique des précipitations tant d'été (moussons) que d'hiver, estimées à 100 mm annuels, soit cinquante fois la moyenne actuelle de 2 mm. Comme à Taoudenni, une nette détérioration hydrologique et biologique débute vers 6 000 BP et, vers 4 800 BP, la déposition de sédiments lacustres cesse dans les deux vallées, par rupture des barrages dunaires sous l'effet d'un nouveau type, brutal, de ruissellement, caractéristique des climats arides.

3 - EN LIBYE MERIDIONALE, AU CENTRE DU SERIR TIBESTI (23°30'N/17°30'E)

A cinq cent mètres d'altitude, un paléolac de 300 km^2 a connu son optimum hydrologique vers 8 800 BP (Pachur, 1974) mais a probablement existé depuis 13 000 ou 11 000 BP, si l'on estime le taux de sédimentation de ses dépôts à 1 mm/an (Pachur et Braun, 1980). Il est logique que, comme sur les bordures océaniques, la première phase de déglaciation ait retenti sur le climat du Tibesti, dont les oueds alimentaient ce lac. Rappelons que le lac "pluviomètre" du Trou au Natron, plus au sud, a existé dès 14 000 BP (Faure, 1969). Vers 8 000 à 7 500 BP, l'endoréisme ayant cessé, un drainage s'est établi vers la Méditerranée (Pachur et Braun, 1980).

4 - DANS LE SUD DE L'ALGERIE, LE TANEZROUFT (23°-24°N/1°E-3°W)

Il est considéré par les nomades eux-mêmes comme "le Désert des Déserts". Ce plateau de 120 000 km^2 est dépourvu d'eau et, donc, de vie. Des recherches récentes (Petit-Maire *et al.*, 1990) ont démontré l'existence sur ses marges orientales (par 23°30'/2°04'W et 23°50'/1°20'W) de petits lacs datés 7 200 et 5 500 BP. Dans le reg Tanezrouft *s.s.*, des paléosols bruns, épais de 10 à 20 cm, semblables (par leur couleur, leur manque de consolidation, leur altération et leur position stratigraphique entre le reg superficiel et des sables rouges peu consolidés similaires à ceux datés 18 000-9 000 BP au sud de Tazouikert) aux paléosols datés d'environ 5 000 BP au nord de Tessalit, impliquent l'existence - au moins locale - d'une couverture de Graminées et, donc, de précipitations sur ce plateau actuellement abiotique. Même si les pluies n'étaient qu'épisodiques, elles impliquent cependant une circulation atmosphérique bien différente de l'actuelle.

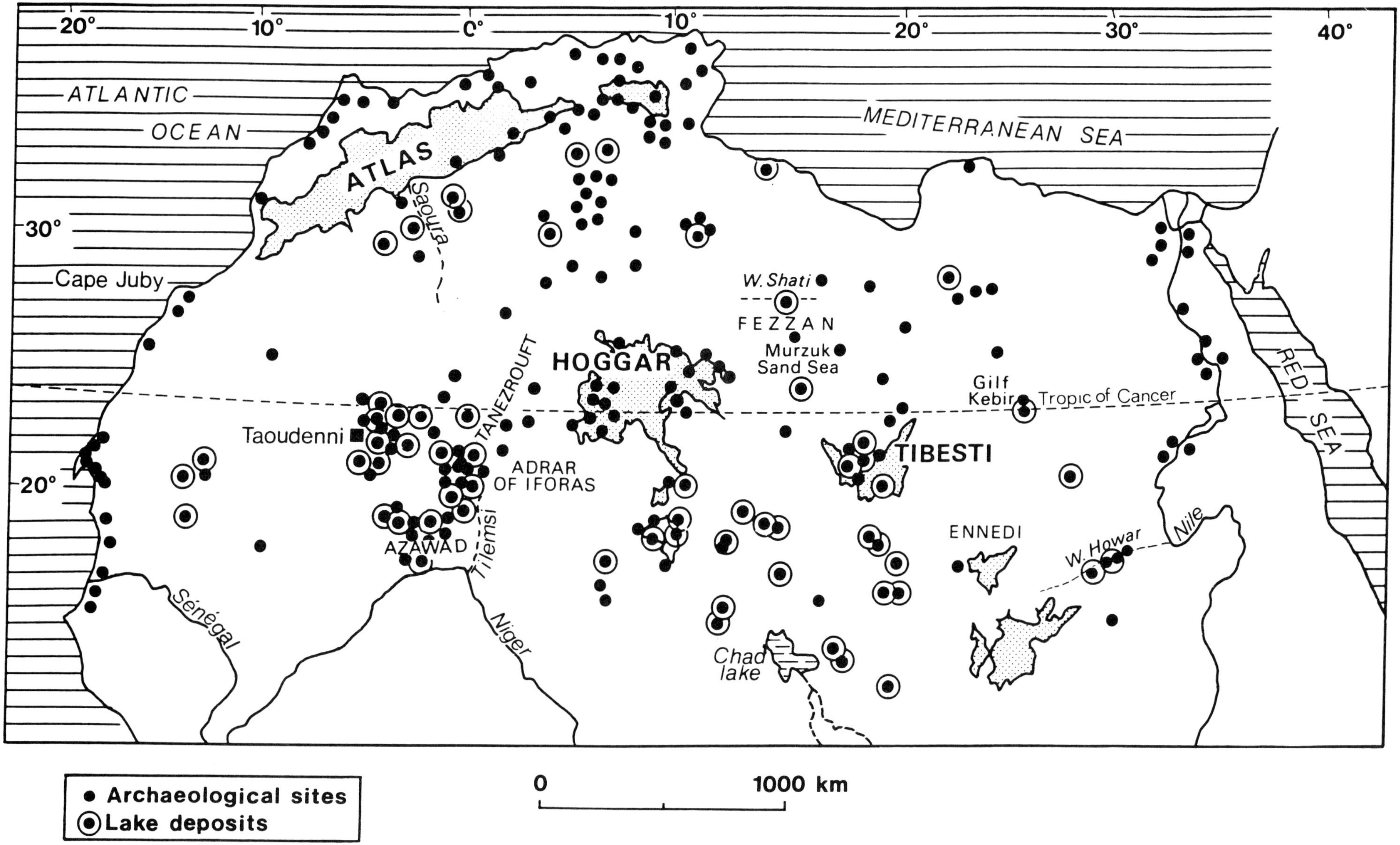

Fig. 54 - Sites archéologiques et dépôts lacustres sahariens à 8 000 BP.

Il semble donc bien que la ceinture hyperaride tropicale ait presque ou totalement disparu au moment de l'optimum climatique et tous les auteurs concluent à une fréquente remontée de la mousson sur le coeur du Sahara actuel. Le fait que certains paléolacs soient permanents et non saisonniers évoque en outre la probabilité de pluies d'hiver sur ces mêmes régions (Butzer et Hansen, 1968 ; Butzer, 1975 ; Petit-Maire, 1989) pendant l'optimum. Nous avons vu, à Taoudenni, une saisonnalité réduite avant 7 000 BP, suivie d'une dégradation hydrologique également observée en Egypte (Brookes, 1989).

Les estimations de la valeur des précipitations pendant cet optimum varient de 100 mm (Kröpelin, 1987), 50-150 mm (Butzer, 1959 ; Hester et Hobler, 1969), 200 mm (Haynes et Hass, 1980 ; Wendorf et Schild, 1984) à 400 mm (Ritchie *et al.*, 1985) pour l'est du Sahara, et de 200-300 mm (Petit-Maire et Riser, 1988 ; Petit-Maire, 1989), "au moins 300 mm de plus qu'actuellement" (Lézine, 1989) à 400 mm (Riser, 1989) pour le Sahara occidental.

L'importance du couvert végétal est également discuté. Il est généralement donné comme clair et discontinu (Pachur et Röper, 1984 ; Schulz, 1987 ; Neumann, 1989) mais il est cependant assez important pour abriter des espèces comme l'éléphant, le rhinocéros et les grandes antilopes (Guérin et Faure, 1983 ; Petit-Maire et Riser, 1988 ; Van Neer et Uerpmann, 1988).

Lorsqu'on s'écarte de la ceinture tropicale *s.s.* vers le Sahara méridional ou septentrional, l'existence de la phase humide holocène s'appuie, à travers un grand nombre de travaux que nous ne pouvons tous citer ici, sur plusieurs centaines de datations radiocarbone sur coquilles de Mollusques, matière organique, bois, ossements et charbons. Les données sont cohérentes avec, bien entendu, des différences locales dues d'une part à la situation géographique des régions considérées (latitude, altitude, proximité océanique) et, d'autre part, au fait de considérer parfois des éléments paléohydrologiques à signification différente (lacs de nappe, lacs "pluviomètres", alluvions fluviatiles, apports d'eaux allochtones...). Tout démontre la présence, entre 30°N et 17°N, à des dates qui s'étalent entre 11 000 et 3 000 BP, de paléoenvironnements caractérisés par d'importantes étendues lacustres ou marécageuses, un ruissellement local actif, une végétation et une faune steppique à soudanienne (fig. 54). On observe, comme il est logique, un gradient chronologique dans l'extension ou la régression latitudinales des biotopes humides. Ce gradient a été démontré en Egypte et au Soudan (Pachur et Röper, 1984 ; Haynes, 1987), au nord-Mali (Petit-Maire, 1986 ; Petit-Maire *et al.*, 1987 ; Petit-Mire, 1989), le long des mêmes bandes méridiennes (29°30'E et 4°2'W). Les travaux de Callot (1984), Fontes *et al.* (1985), Gasse *et al.* (1987) et Petit-Maire *et al.* (1991) le confirment en Algérie et en Tunisie avec des dates s'étalant de 10 900 BP à 3 000 BP.

La dégradation climatique qui s'amorce partout vers 6 700-6 500 BP se poursuit irrégulièrement jusque vers des dates une fois de plus variables avec la situation géographique des régions décrites *supra* mais, généralement, le climat saharien se met en place entre 5 500 et 4 500 BP dans les bassins hyperarides (Neumann, 1988 ; Fabre et Petit-Maire, 1988). Sur le littoral atlantique ou aux marges des autres écozones, les témoins biologiques (faunes de Mammifères et sites archéologiques) se maintiendront jusque vers 3 500 BP (Petit-Maire, 1979, 1980, 1989). De nos jours, les précipitations d'été sur l'Afrique occidentale ne dépassent pas le 20e parallèle (Flohn, 1989) et les grandes faunes, comme l'homme, le 17e parallèle. Haynes (1987) estime à environ 0,5-1 km/an le taux de migration vers le nord, pendant les phases humides, du front de recharge des nappes ou du front des précipitations.

L'étude multidisciplinaire des paléolacs de la région de Taoudenni, dans une situation très rare d'isolement hydrogéologique (Ch.I-2), permet de préciser les conséquences des changements climatiques globaux sur l'hydrosphère et la biosphère de l'une des zones actuellement les plus désolées de la planète, ainsi que leur "timing" (fig. 55).

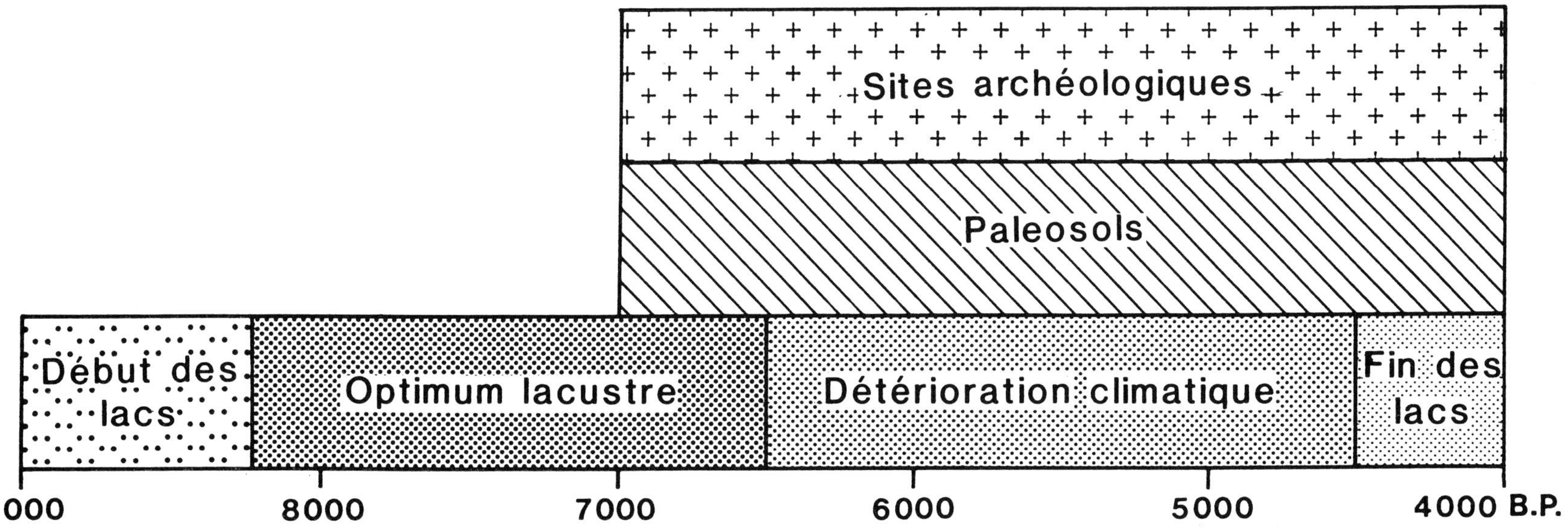

Fig. 55 - Chronologie paléoclimatique du Bassin de Taoudenni.

LE SAHARA DANS LES CHANGEMENTS GLOBAUX PASSES ET FUTURS

N. PETIT-MAIRE

Depuis au moins 140 000 ans, des phases humides et arides ont alterné au Sahara actuel, plus ou moins en phase avec les rythmes astronomiques de précession, les variations des températures de surface et le taux des gaz radiatifs dans l'atmosphère (Ruddiman *et al.,* 1989 ; Tiedemann *et al.,* 1989 ; Lorius *et al.,* 1990 ; Petit-Maire, 1989 ; Petit-Maire *et al.,* 1991).

Ces processus naturels amènent lentement le globe, à l'échelle de millénaires et de façon non-linéaire, vers une nouvelle glaciation (Berger et Tricot, 1986 ; fig. 56), probablement corrélative, comme par le passé, d'une nouvelle extension des zones arides tropicales vers l'Equateur. Cette évolution, amorcée depuis quelque 6 000 ans, a déjà fait régresser la limite nord du Sahel d'au moins 500 km depuis que les lacs de Taoudenni étaient en eau. En outre, depuis au moins 2 000 ans, l'homme s'est fait, par la déforestation et la mauvaise gestion des eaux souterraines, le puissant allié de cette évolution naturelle.

Cependant, la pollution induite par notre civilisation industrielle contrarie la tendance astronomique en accroissant le taux des gaz radiatifs atmosphériques (CO_2, CH_4) et leur effet de serre. Nous nous préparons ainsi un futur chaud, pour lequel il n'y a pas d'analogue dans le passé, puisque le forçage astronomique n'existe pas dans ce cas et puisque les valeurs maximales des températures mesurées dans les archives géologiques seront dépassées. Cependant, la paléosituation du dernier optimum climatique, enregistrée très clairement à Taoudenni, peut fournir matière à réflexion. En effet, même si les hausses prévues de la température seront maximales aux hautes latitudes, l'évaporation accrue sur l'Atlantique tropical, prévue par les modèles, pourrait induire, comme par le passé, un renforcement de l'activité et de la portée géographique de la mousson. Le Sahel pourrait alors vraisemblablement, à l'échelle de siècles, remonter à nouveau sur l'actuel Sahara et, qui sait, de nouveau reverdir Taoudenni...

Nous ne savons pas aujourd'hui lequel des deux scénarios l'emportera (fig. 57). Le peu d'empressement montré par les politiciens à réduire drastiquement les émissions de dioxyde de carbone et de méthane rend cependant le scénario "chaud" le plus probable. Dans l'attente de données plus précises (en cours d'élaboration au travers de modèles mathématiques prenant en compte les multiples facteurs en cause et leurs interactions), l'on peut pour le moment tirer des enseignements de cette paléosituation dont les modalités passées (recharge des nappes, affleurement en lacs et marais, drainages de surface) devraient être considérées comme possibles dans un proche avenir, afin de prévoir les modèles locaux de développement les plus appropriés.

*
**

THE SAHARA IN PAST AND FUTURE GLOBAL CHANGES

The Earth's climatic future lies in (or in between) two contrasting patterns : the continuation of the slow natural processes recorded during the past several million years or the effects of a more recent manmade scenario related to the greenhouse temperature increase, resulting from atmospheric pollution.

In the first case, excluding man's influence, we have a paleoanalogue that could anticipate global changes and the evolution of the north of Africa in the next milleniums. In the second and more probable case, no paleoanalogue exists, because the changes will occur much faster and to a higher level than in any of the past warm temperature phases. Models vary in the estimation of the future greenhouse climate and the examples of the last glacial-interglacial transition and of the last warm climatic optimum still provide the best presently available, concrete image of the possible greenhouse future of the Saharan and Sahelian belts, as well as its probable pace.

1 - THE EARTH'S NATURAL FUTURE : A SLOW, NONLINEAR TREND TOWARD A COLD PHASE, MATCHING, AS IN THE PAST, AN EXTENSION OF THE TROPICAL ARID BELTS AT THE SCALE OF MILLENIA

All oceanic (Ruddiman *et al.*, 1989 ; Tiedemann *et al.*, 1989), ice (Lorius *et al.*, 1985 ; Jouzel *et al.*, 1989), and terrestrial (Kukla, 1989) long-term records show that the Earth's climatic parameters have roughly co-varied with the astronomical orbital and precessionnal elements (Berger, 1978) for at least eight million years (m.y.). Cold (glacial) phases of low sea level have alternated with warm (interglacial) phases of high sea level, roughly in phase with summer insolation. The changes from the cold to the warm models have been very rapid (a few milleniums), whereas the changes from the warm to the cold scenarios have been slow (about 100 000 years), both processes being nonlinear and marked by abrupt events (Duplessy *et al.*, 1986).

In tropical belts which are characterized by steep rainfall gradients (1 mm/1.4 km to the north, according to Moore, 1990), and in good conformity with the models (Kutzbach, 1981 ; Kutzbach and Street-Perrott, 1985), wide latitudinal shifts of the isohyets fit these variations that are related to the velocity of the general circulation (Leroux, 1988) and to the production of water-vapour over the equatorial oceans (Tiedeman *et al.*, 1989). These variations induce differences in the activity and range of the monsoonal summer rains (Fairbridge, 1986). During the last glacial maximum at 18 000 BP, the boundary between the Sahara and the Sahel was 300 to 400 km south of is present location, as evidenced by paleodunes (Sarnthein, 1978 ; Talbot, 1984) and vegetation changes (Lézine, 1989).

The summer insolation curve has decreased sharply for about 9 000 yrs and the Earth heads irregularly towards a new glacial phase, the first important cold peak estimated at 5 000 yrs after present (Berger and Tricot, 1986, fig. 56). The present, astronomically forced situation is thus one of already degradated climatic conditions, relative to the last warm optimum. This trend is evident at both global and local levels : in the last 6 000 BP, the global sea-surface temperature has lowered by about 4°C (Lorius *et al.*, 1985 ; Jouzel *et al.*, 1989) and glaciers have advanced (An *et al.*, 1989 ; Jorda, 1983), while the 100 mm isohyet in the north of Africa has shifted at least 500 km southward of its early Holocene location (Haynes and Mead, 1987 ; Petit-Maire and Riser eds,

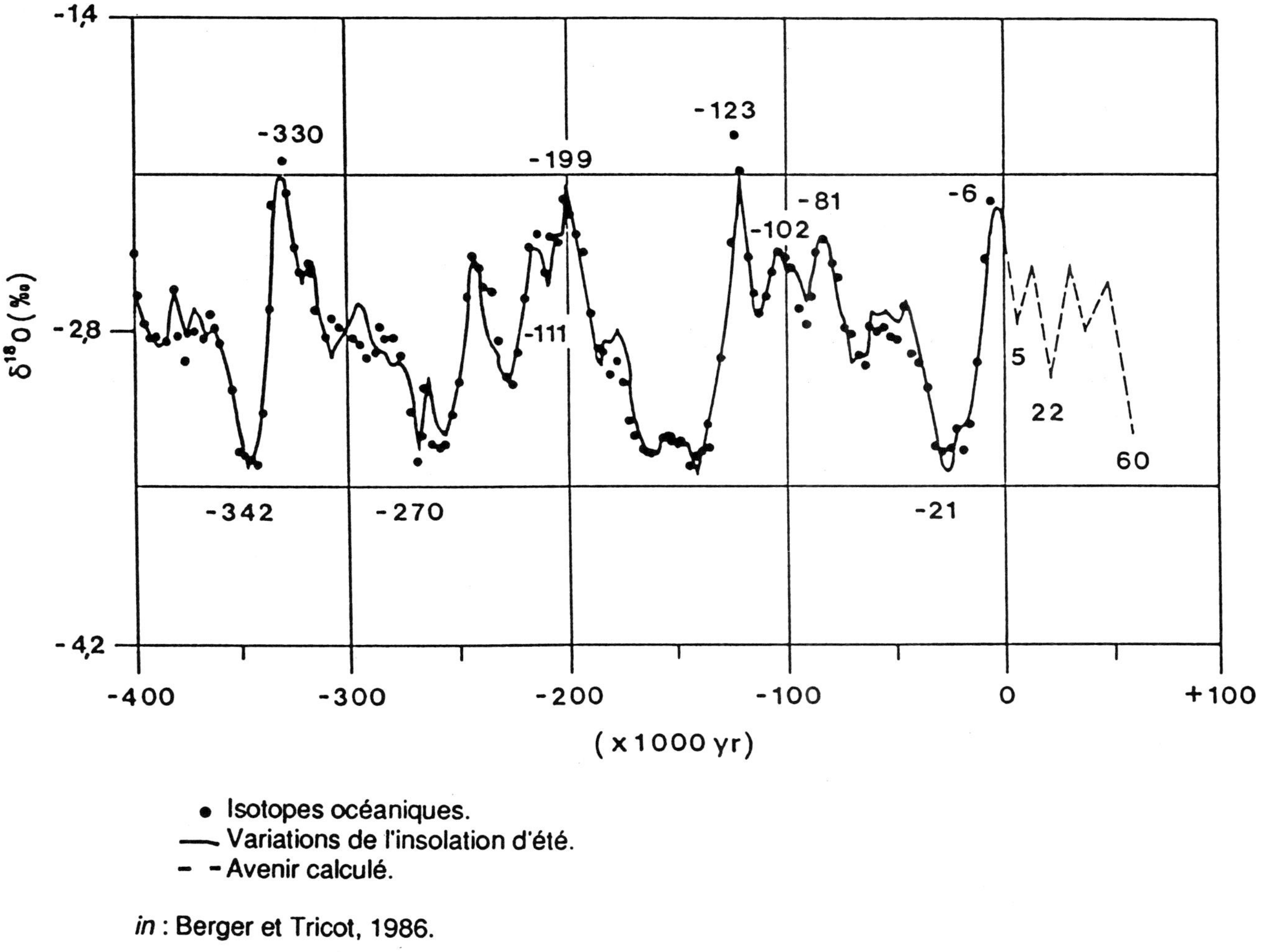

Fig. 56 - Variations d'insolation et variations climatiques globales de 400 000BP à l'actuel et insolation future calculée.

Variations of insolation and global climatic variations over the past 400 000 BP and insolation changes in the next 60 000 BP. From Berger and Tricot, 986.

1983 ; Petit-Maire *et al.*, 1987 ; Petit-Maire, 1986, 1989 ; Lézine, 1989 ; Neumann, 1989 ; Pachur and Kröpelin, 1989).

History records the social and economic effects of this aridification all along the Afro-Asian arid belt : for example, the declines of the sub-saharan empires, Egypt, the north African roman colonies, Anatolia, Mesopotamia (Roberts, 1989), and of the silk road along the Takla-Makan desert in southwestern China, were due mainly to these climatic changes (Butzer, 1982 ; Issar, 1990). Man has been, for some 2 000 years, a powerfull ally to the long-term astronomical trend, through land degradation resulting from uncontrolled demographic increase, and the consequent overcultivation, overstocking, and overuse of water-resources. "Good" (wet) and "bad" (dry) short periods, recorded in myths or History, underlie the slow global evolution, and they have modulated the climate at the human scale of decades or centuries, through still unexplained Sea Surface Temperature anomalies (Folland *et al.*, 1986), probably in relation with short-term (eleven, twelve years) periodicities of solar activity (Rozelot, 1989 ; Bücher, 1989 ; Ribes *et al.*, 1988, 1989). The vegetal and animal species in climatically fragile semi-arid and arid areas are normally adapted to such short periodicities, but their resilience is now impeded by the manmade deterioration of their biotopes. Thus, in the unprobable case of an undisturbed future evolution, man would enhance the slow pace of orbital changes, that result from astronomically forced cooling, toward an increase in aridity in monsoonal-dependent areas. The natural situation we should reach through several irregular, abrupt climatic changes over several milleniums might correspond to the maximal cold situation shown in figure 2, i.e a drastic deterioration of these areas, similar to the deterioration that was reached around 18 000 BP.

2 - AN EVENTUAL GREENHOUSE FUTURE : A POSSIBLE INCREASE IN MONSOONAL ACTIVITY OVER THE SAHEL AND SOUTHERN SAHARA AND CONSEQUENT ENVIRONMENTAL CHANGES AT THE SCALE OF CENTURIES

The rise in greenhouse gases generated by man, after these gases decreased naturally from the end of the last climatic optimum at some 6 000 BP has no match in the known Quaternary records. The present carbon dioxide (CO_2) values of 348 parts per million by volume (ppmv) and methane (CH_4) values of 1 700 parts per billion by volume (ppbv) have already exceeded the 280 ppmv and 650 ppbv measured, respectively, in Vostok Antarctic ice during the recent interglacial periods (Chapellaz *et al.*, 1990). The evaluation of the climatic changes expected in the coming decades, as a result of still higher ratios of these gases, is in progress, and several models have been produced. The models vary as to the effects anticipated on the northern tropical belt in Africa.

In Stouffer *et al.* (1989) simulation for a CO_2 increase of 1 percent per year, the thermal inertia is lower in the northern Hemisphere than in the southern one, which results in a warming of surface air that increases with latitude. The ocean warming, essentially confined to the upper water layer, also increases with latitude. According to this model, at about 10° N., surface air will be 1°C warmer after thirty-five years and 2°C warmer after sixty-five years, which may be significant in terms of water-vapour production over the Atlantic Ocean.

Washington and Meehl (1989) performed an experiment that coupled a coarse-grid general circulation model of the ocean with a global, spectral general circulation model of the atmosphere. In this model, CO_2 gradually increases at a linear rate of 1 percent per year. Most SST changes for 26-30 yrs (CO_2 amount having increased 30 percent) are confined to the surface layer of water and have maximums of warming near 20° N. and 45° S. At the same time, surface air temperatures show significant warming over northwestern Africa for a globally averaged increase of 0.7 °C

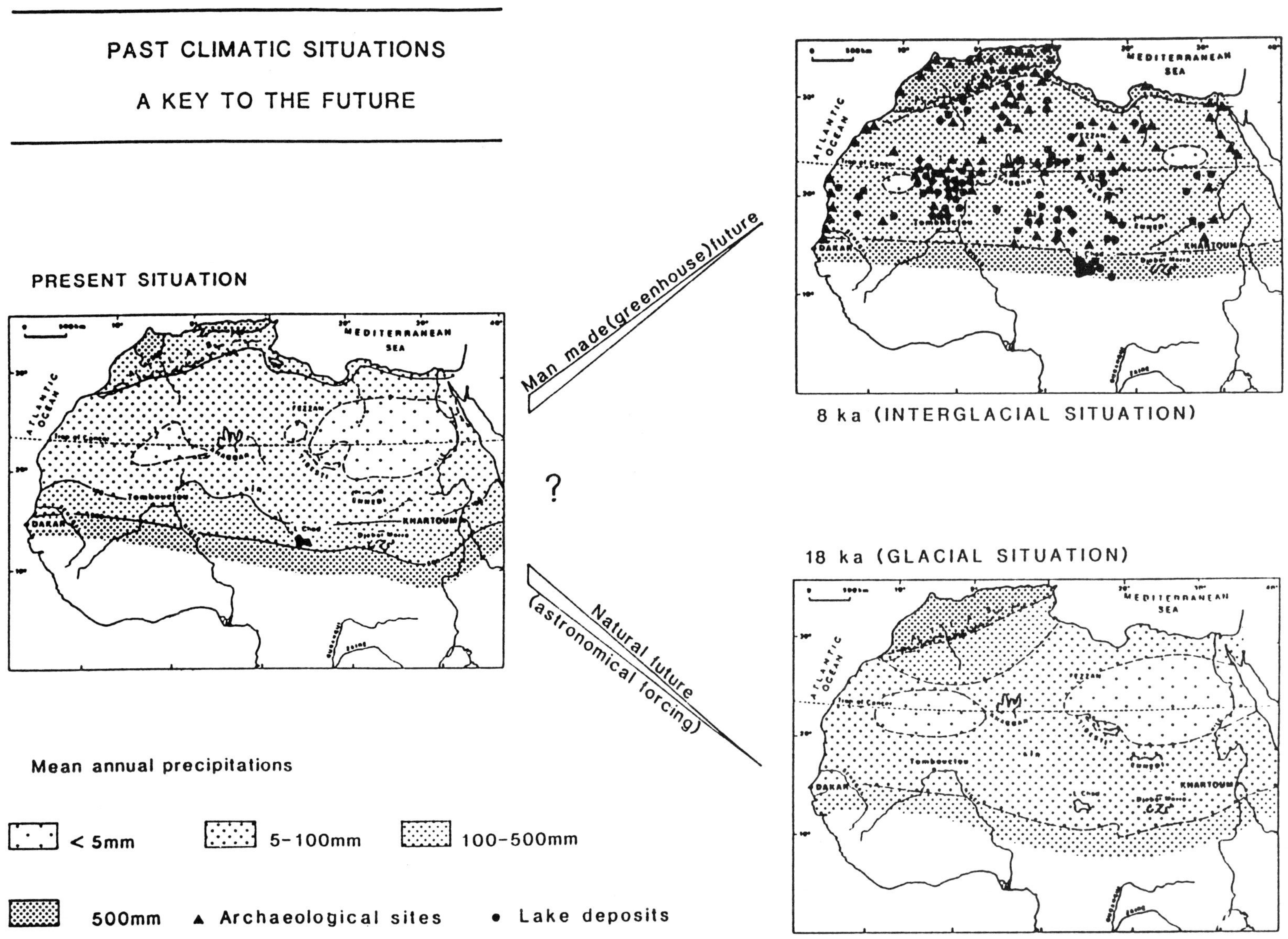

Fig. 57 - Paléosituations approximatives dans le nord de l'Afrique à 18 000BP, 8 000 BP et actuellement.
Approximate palaeosituations in the North of Africa at 18 000 BP, 8 000 BP and present.

(versus 1.6°C in the case of a CO_2 instantaneous doubling model). However, the authors note a tendency of this ocean model to produce tropical SSTs that are too cold.

Santer *et al* (in press) calculated an average result for precipitation from the existing general circulation models. The increase in summer rainfall is very high (D P = 0.5 mm/day) between 10°N and 30°N, especially on the southern Sahel. Unfortunately, the standard deviation between all models is 0.6 mm/day for this period and area, which hinders any valuable interpretation of the analysis.

Thus, the models generally anticipate some warming of the tropical oceans, even if the warming is quite moderate. If one considers moreover a weakening of wind strength, increases in monsoonal activity and range should occur (Leroux, 1988), as they have in past cold to warm temperature shifts (Kutzbach, 1987), and bring about significant environmental changes in the position of the Sahara and Sahel belts. As proposed by Washington and Meehl (1989), these climatic variations and the resulting environmental changes most probably will take place at the same secular time scale as during the last deglaciation and at the onset of the last climatic optimum. This time scale would result from the large thermal inertia and from the superimposition of many still-unknown natural factors other than greenhouse gases. An approximate paleoanalogue for these first moderate effects in the North of Africa could be the 9 500-8 500 BP period, as modeled by COHMAP (1988) and confirmed by field evidence.

The two steps of the last deglaciation (Duplessy *et al*, 1986 ; Mix and Ruddiman, 1985) touched the present Sahara with different intensities and time lags, according to the geographic position. The first (late Pleistocene) step induced precipitation over the high areas of the central Sahara (Tibesti and Hoggar) and the oceanic borders of the Sahara (thin paleosols are observed in dunes along the south Moroccan coast and in the eastern Canary Islands). At the same time, no significant climatic change occurred in the most arid isolated areas near the Tropic of Cancer (such as the Taoudenni basin in northern Mali or the Gilf Kebir in Egypt) before approximately 9 000 BP. (Faure, 1969 ; Rognon, 1980 ; Petit-Maire *et al*, 1987 ; Kröpelin, 1987 ; Fabre and Petit-Maire, 1988 ; Petit-Maire, 1986 ; 1989 ; Pachur and Kröpelin, 1987, 1989 ; Pachur *et al.,* 1990).

The holocene climatic change in the Sahara probably began with modifications in coastal morphology. Between 9 500 and 8 500 BP, a very abrupt sea level rise of 28 m (Fairbanks, 1989) may have been felt even at human scale. It flooded the settlements established by epipaleolithic man on the still-emerging areas of the continental shelf at the foot of the high windy cliffs at Tarfaya (southern Morocco). Middens bearing human remains and the cold-water Molluscs *Amygdala decussata* (*Tapes*), dated from 10 500 to 7 860 BP (Grébenart, 1975 ; Petit-Maire, 1980), they bring evidence of retreat inland and further migration to more hospitable sites. If a new thermic expansion of the oceans occurred and was accentuated by ice melting, the low Atlantic coast of the Sahara, between the Senegal estuary and the Rio de Oro peninsula, might be flooded by saltwater, and the coastal freshwater wells used by nomadic groups would become unfit for consumption by humans and cattle.

During some 500 yrs (9 000-8 500 BP), changes in surface hydrology were spectacular throughout the Sahara from the Atlantic Ocean to the Red sea. At 8 500 BP, freshwater lakes and swamps, fed by rising aquifers and local runoff, appeared widely in the topographical depressions and in the troughs between the dunes built during the late Pleistocene cold, arid phase. At 23° N in Mali, lakes were permanent from 8 300 BP. on, despite the total lack of water-input from other than the small local basin and despite the low latitude (Fabre and Petit-Maire, 1988). Sudanian and sahelian vegetal and animal species reached, respectively, 20° N. and 23° N. at 8 500 BP., with local variations due to geographic position (Brookes, 1989 ; Petit-Maire and Riser eds, 1983 ; Petit-Maire, 1986, 1989 ; Schulz, 1987 ; Neumann, 1989 ; Van Neer and Uerpman, 1989). Paleosols confirm that a steppic Gramineae cover existed, at least locally, even in the extant Tanezrouft hyper-desertic area (Petit-Maire *et al.*, 1990) during the climatic optimum. However, radiocarbon dating of archeological sites in western Sahara shows that neolithic man populated the area only after 7 000 BP, probably following the migration of large game.

At the geological scale, the change in biomass between 17° N. and 24° N. within, at the most, two millenium (9 000-7 000 BP) was incredibly rapid. This is illustrated strikingly by the paleoenvironmental map of northern Mali (presently an hyperdesertic area) at 8 000 BP (Petit-Maire and Riser, 1988). It is easier to conceive if one considers that, in semiarid to arid areas, the tree-shrub savanna may regenerate in some 2 500 yrs after a period of severe drought (Le Houérou, 1989). Moreover, all persons familiar with arid environments know how fast the desert can bloom and green after a rainy period, owing to the high resilience of "dormant" annual herbaceous species that are adapted to the irregularity of the summer monsoonal rainfall.

Thus, in the eventuality of a greenhouse rise of tropical and equatorial SSTs and of monsoonal activity and range, we may expect, as in the past, a retraction of the Saharan biotopes northward, to the benefit of Sahelian vegetation and animal life. However, the example of the last such shift also clearly shows that, contrary to sea level rise, such changes cannot be expected to occur in the span of a few decades, but rather within centuries and with important local variations. Still, one could expect the present Sahara to recover a "green" aspect with relative rapidity because land degradation would not there slow up the effects of climatic change upon the environment by cutting, trampling, and pasturing the regenerating biotopes, as occurs in the Sahel. Besides, no wide-leaved vegetation would be there to impede, through evapotranspiration, the recharge of local aquifers that, in some favorable areas, would outcrop relatively fast, as happened at some 9 000 BP. Therefore, a relatively better response could be expected in areas that are presently deserts.

CONCLUSION

Will Nature slowly, at the scale of several milleniums, extend again the tropical deserts southward or will the increase of radioactive gases green the northern Sahel and southern Sahara on a much shorter, secular time scale (fig. 57) ?

The warm CO_2 spell is given as inevitable by most authors. The rise of CH_4 in the last 300 years at 2.5 times its past interglacial values (Chapellaz *et al.*, 1990) is still more alarming because it has, per mole, a warming potential 3.7 times that of CO_2 (Lashof and Ahuja, 1990) : considering the increases of industrial emissions, fermenting garbage accumulations,cattle and rice paddies throughout the whole world, a reduction in methane cannot be expected in the future.

"La Niña" strong cooling in 1988 did not break the warm trend (Kerr, 1990) that has been evidenced by all the temperature curves during the last 50 yrs. Records from Pic du Midi Observatory show that the mean annual temperature in this nonpolluted environment, at 2 800 m. altitude, increased 0.82°C between 1882 and 1970. There, the difference between maximum and minimum daily temperatures decreased from 8.06 to 5.53°C during the same period, because of a sharp (+2.09°C) increase observed in all seasons in the minimum daily temperature (Bücher and Dessens, 1991).

According to Flohn (1989), we already have entered the greenhouse scenario : the evaporation over the tropical oceans has increased by some 15% in the last thirty years and is responsible for severe anomalies, such as intensified El Ninos and winter extratropical cyclones above the North Pacific and North Atlantic Oceans ; the frequency of these storms will increase progressively, even if the temperature rise of 4+1°C expected for the next 50 yrs will be much less at low latitudes (Manabe and Wetherald, 1980). Are the "unprecedented oddities, prodigious number of meteorological singularities, the high flooding of the foreshore areas and the tidal surges overtopping the sea-defences" recorded in the last decade (Watts, 1990) mere oddities in the general run of weather patterns, or do they reflect Flohn's hypothetical abrupt, greenhouse change ?

Flohn's (1989) proposition is the most probable. We must expect the occurrence of the warm greenhouse scenario, already predicted by Arrhenius in 1896 at the onset of the industrial age. Decisionmakers must urgently and actively consider our near future, at least at the scale of the last Holocene warming. Even if the only process that a young man now living in the Sahara could possibly witness is a rapid sea level rise along the Mauretanian shores, even if the habitability of present deserts is not a fact of the coming century, the time to prepare for such changes is still now. Desert development programs could take advantage of known paleodrainages and paleolakes : their still existing geological and sedimentological features, (impervious clays, and ancient channels) could be used to direct eventual floods or meteoric waters rapidly into newly engineered areas, rather than let the water spread out at random. Again, the time to prepare for climatic change is NOW.

Bibliographie

ALLEE Ph., DENEFLE M. (1989) - Un exemple de ravinement dans les Pyrénées orientales. *Bull. Ass. Géogr. Fr.*, 1 : 57-72.

AN Z., WU X., LU Y., ZHANG D., SONG X. (1989) - Paleoenvironmental changes in China during the last 18 000 years. *In* Abstracts, 28 th IGC, Washington DC. July 1989, 1:38-39.

ARRHENIUS S. (1896) - On the influence of carbonic acid in the air upon the temperature of the ground. *Phil. magazine and J. of Science*, 5, 41, 251 : 237-276.

AUCOUR A-M. (1988) - *Sédimentologie des dépôts lacustres holocènes de la région de Taoudenni (Mali). Implications paléoclimatiques.* Thèse 3ème Cycle. Univ. Aix-Marseille II : 165 p.

AUCOUR A.M. (1988) - Le paléolac de Taoudenni (Sahara malien). Etude sédimentologique et implications paléoclimatologiques. *In :* Hagedorn H., Baumhauer R. (Eds.) - *Geowissenschaftliche Untersuchungen in Afrika :* 87-102. - Würzburg (DE) - *(Würzburger geographische Arbeiten,* 69).

BALLAIS J-L. (1973) - Les inondations de 1969 en Tunisie méridionale. *Bull. Soc. d'Hist. Nat. Afr. nord* , 64, 3-4 : 99-128.

BALLAIS J-L. (1982) - Les inondations exceptionnelles de l'Automne 1969 en Tunisie méridionale et leurs conséquences sédimentologiques. *Soc. géol. Fr., Ass. de sédimentologistes Fr., Paris :* 3 p.

BARRY R.G., HENDERSON-SELLERS A., SHINE K.P. (1984) - Climate sensitivity and the marginal cryosphere. *Clim. Proc. & Clim. Sens. Geoph. Monograph.* 29 : 221-237.

BARRY J-P., JAOUEN X., MUSSO J., RISER J. (1988) - Le problème des divisions bioclimatiques et floristiques au Sahara. *Ecologia Mediterranea,* XIV, 1-2 : 155-183.

BARTOLINI C. (1987) - Uplift and denudation rates in the northern Apennines : Miocene to present. *Processus et mesure de l'érosion.* CNRS, Paris : 567-564.

BEAUDET G. (1969) - *Le plateau central marocain.* Thèse Lettres, Rabat : 476 p.

B.E.R.H.I. (1984-85) - Projet MLI 80/005 et 82/005. Création d'oasis le long de la Route du Sel (Rapport ronéo. A. Guerre).

BELLION Y. (1989) - *Histoire géodynamique post-paléozoïque de l'Afrique de l'Ouest d'après l'étude de quelques bassins sédimentaires.* Thèse Univ. Avignon. CIFEG, 17 : 302.

BENCHETRIT M. (1972) - *L'érosion actuelle et ses conséquences sur l'aménagement en Algérie.* Paris, PUF : 217 p.

BERGER A.L. (1978) - Long-term variations in daily insolation and Quaternary climatic changes. *Journal of atmospheric Sciences,* 35 : 2362-2367.

BERGER A. (1985) - La théorie astronomique des paléoclimats. *Bull. Inf. Progr. Clim. Mond.*, 7, Doc 706, OMM Genève.

BERGER A., FICHEFET Th., GALLEE H., MARSIAT I., TRICOT Ch., VAN YPERSELE J.P. (1990) - Ice sheets and sea level change as a response to climatic change at the astronomical time scale. NATO ASI Series, ser. C, 325, R. Paepe *et al.*, (Eds.), Greenhouse effect, sea-level and drought, *Kluwer Acad. Publ.*: 85-107.

BERGER A., TRICOT C. (1986) - Global climatic changes and astronomical theory of paleoclimates. *In*: A. Cazenave ed. *Earth rotation :solved and unsolved Problems.* Reidel Publ. : 111-129.

BERGER W.H., KILLINGLEY J.S., METZLER C.V., VINCENT E. (1985) - Two-Step Deglaciation :^{14}C dated High-Resolution ^{18}O Records from the Tropical Atlantic Ocean. *Quaternary Research,* 23 :258-271.

BIJU-DUVAL B., GABRIEL O. (1969) - Nouvelles observations sur les phénomènes glaciaires "éocambriens" de la bordure nord de la synéclise de Taoudenni, entre le Hank et le Tanezrouft, Sahara occidental. *Palaeogeography, Palaeoclimatology, Palaeoecology,* 6, 4 :283-315.

BIROT P. (1981) - *Les processus d'érosion à la surface des continents.* Masson Edit., Paris :607 p.

BIROT P. (1984) - La mobilité des paysages méditerranéens, Hommage à P. Birot. Toulouse, *Rev. Géogr. Pyr. et S.O.,* Trav. II : 387 p.

BONHOMME M.G., FABRE J., LESQUER A., LOUBAT H. (1986) - Les métabasites birrimiennes de Tagnout-Chagguerет (NE Mali). *CIFEG, PARIS,* 10 : 65-70.

BOURMATTE A. (1977) - *Etude gravimétrique du Tanezrouft, Algérie.* Thèse 3e cycle, Montpellier : 143 p.

BRONNER G., ROUSSEL J., TROMPETTE R., CLAUER N. (1980) - Genesis and geodynamic evolution of the Taoudenni cratonic basin (Upper Precambrian and Palaeozoic, Western Africa). *in : Dynamic of Plate interior, Geodynamic ser.,* 1, Amer. geophys. un : 81-90.

BROOKES I.A. (1989) - Early Holocene Basinal Sediments of the Dakhleh Oasis Region, South Central Egypt. *Quaternary Research,* 32 : 139-152.

BUCHER A. (1989) - Cycles solaires et phénomènes terrestres. *In*: A. Bücher ed.*Variations astronomiques et changements climatiques terrestres.* Bagnères de Bigorre, Obs. du Pic du Midi et de Toulouse : 1-14.

BUCHER A., DESSENS J. (1991) - Secular trend of surface temperatures at an elevated observatory in the Pyrenees (1882-1970). *Climate Dynamics.*

BUFALO M. (1989) - *L'érosion des terres noires dans la région du Büech (Hautes Alpes, France).* Thèse doct. Aix-Marseille III : 230 p.

BURNE R.V., BAULD J., DE DECKKER P. (1980) - Saline lake Charophytes and their geological significance. *J. Sediment. Petrol.,* 50 (1) : 281-293.

BUTZER K.W. (1959) - Environment and human ecology in Egypt during Predynastic and early dynastic times. *Bull. Soc. Géographie* Egypte, 22 : 43-87.

BUTZER K.W. (1975) - Patterns of environmental change in the Near East during late Pleistocene and early Holocene times. In : F.Wendorf and A.E. Marks (eds). *Problems in Prehistory : North Africa and the Levant* : 389-404. Dallas SMU Press.

BUTZER K.W. (1982) - Archaeology as human ecology : Cambridge U.K., *Cambridge University Press* : 380 p.

BUTZER K.W., HANSEN C.L. (1968) - Desert and river in Nubia : Geomorphology and Prehistoric. Environments at the Aswan reservoir. *Madison : Univ. of Wisconsin Press* : 562 p.

CALLOT Y. (1984) - Dépôts lacustres et palustres quaternaires de la bordure nord du Grand Erg occidental (Algérie). *C.R. Acad. Sci.* Paris, 299, II, 19 : 1347-1350.

CAMPS-FABRER H. (1983) - Parures et engins de pêche. *In* Petit-Maire N., Riser J. (Eds.) - *Sahara ou Sahel? Quaternaire récent du Bassin de Taoudenni (Mali) :* 367-401. - Marseille : Imprimerie Lamy.

CANALS-SABATE A., TOURAY J.C., FABRE J. (1990) - Fluid inclusions in thenardite from northern Mali : experimental stretching and microthermometric investigations. *Mineralogical Magazine*, 54 : 305-309.

CARBONEL P. (1983) - Ostracodes. *In :* Petit-Maire N. et Riser J. (Eds.) *Sahara ou Sahel ? Quaternaire récent du bassin de Taoudenni (Mali) :* 173-177. - Marseille : Imprimerie Lamy.

CARBONEL P. (1989) - Les *Cyprideis,* marqueurs d'un changement de climat autour de 6 500 ans B.P. au Sahara central. *In : Variations astronomiques et changements climatiques terrestres,* PICG 252, A. Bücher (Ed.) C.R. Midi-Pyr. Publ., Bagnères de Bigorre : 1-18.

CELLES J-C., MANIERE P. (1983) - Végétation. *In :* Petit-Maire N., Riser J. (Eds.) *Sahara ou Sahel. Quaternaire récent du Bassin de Taoudenni (Mali) :* 29-35. - Marseille : Imprimerie Lamy.

CHAPELLAZ J., BARNOLA J.M., RAYNAUD D., KOROTKEVICH Y.S., LORIUS C. (1990) - Ice record of atmospheric methane over the past 160 000 years. *Nature,* 345:127-131.

CHARDON M., RISER J. (1981) - Formes et processus géomorphologiques dans le Haut-Atlas marocain. *Rev. de Géo. alpine,* LXIX, 4 : 561-582.

CHAVAILLON N., FABRE J. (1960) - L'Atérien d'El Guettara (Région de Taoudenni, Sahara occidental). *Bull. Soc. préhist. Fr.,* Paris, LVII : 5-6.

CHURCHER C.S., RICHARDSON M.L. (1978) - *Equidae. In : Evolution of African Mammals,* Maglio V.J., Cooke H.B.S. Eds.: 379-422. London : Harvard University Press.

CLAUZEL J. (1960) - L'exploitation des salines de Taoudenni. *Inst. de Recherches Sahariennes Université d'Alger*: 145 p.

COHMAP Proj. Memb. (1988) - Climatic changes of the last 18,000 years : observations and model simulations. *Science* 241 : 1043-1052.

COMMELIN, D. (1983) - Céramique. *In :* Petit-Maire N., Riser J. (Eds.) - *Sahara ou Sahel? Quaternaire récent du Bassin de Taoudenni (Mali) :* 367-401. - Marseille : Imprimerie Lamy.

COMMELIN, D. (1984) - *La céramique néolithique dans le Bassin de Taoudenni (Sahara malien).* - Thèse Doct. 3ème Cycle - Aix-Marseille II : 254 p.

CONRAD G., GEZE B., PALOC H. (1967) - Observations sur des phénomènes karstiques et pseudo-karstiques du Sahara. *Rev. de Géogr. phy. et de Géol. dyn.,* IX, 5 : 357-370.

CORILLON R. (1957) - Sur la répartition géographique des Charophycées vivantes. *Mém. Soc. Biogéogr.,* 300 : 122-156.

CORILLON R., GUERLESQUIN M. (1972) - Recherches sur les Charophycées d'Afrique occidentale (Systématique, Ecologie et Phytogéographie, Cytologie). *Bull. Soc. Sci. Bretagne, Rennes,* Fasc. hors. sér., XLVII : 1-169.

COUR P. (1974) - Nouvelles techniques de détection de flux et de retombées polliniques. Etude de la sédimentation des pollens et des spores à la surface du sol. *Pollens et Spores,* XVI, 1 : 103-141.

COUR P., DUZER D. (1976) - Persistance d'un climat hyperaride du Sahara central et méridional au cours de l'Holocène. *Rev. de Géogr. phys. et de Géol. dyn.*, 2, XVII, 2-3 : 175-198.

COUVREUR G. (1981) - *Essai sur l'évolution morphologique du Haut-Atlas central calcaire (Maroc).* Thèse Lettres, Strasbourg I, 2 vol. : 877 p.

DAVEAU S. (1963) - Etude de versants gréseux dans le Sahel mauritanien. CNRS, Doc. carto et géogr., Mém. et doc., 9 : 7-30.

DAVEAU S. (1966) - Le relief du Baten d'Atar (Adrar de Mauritanie). CNRS, Doc. carto et géogr., Mém. et doc., vol. 2 : 7-100.

DE ANGELIS M., BARKOV N.I., PETROV V.N. (1987) - Aerosol concentration over the last climatic cycle (160 kyr) from an Antarctic ice core. *Nature,* 325 : 318-321.

DELIBRIAS G. (1985) - Le carbone 14. *In : Méthode de datations par les phénomènes nucléaires naturels : applications,* E. Roth, B. Poty Eds., Masson (Paris) : 421-458.

DELIBRIAS G., PETIT-MAIRE N., FABRE J. (1984) - Age des dépôts lacustres récents de la région de Taoudenni - Trhaza (Sahara malien). *C.R. Acad. Sci.* Paris (2), 299 : 1343-1346.

DESCROIX L. (1989) - La mesure de l'érosion actuelle dans les terres noires des Préalpes du sud . Recherches sur petites parcelles expérimentales. *Bull. Labo Rhod. de Géom.* n° 23-24 : 11-30.

DESHAYES M. (1990) - *Evolution géomorphologique de dépôts sédimentaires du Maroc méridional : problèmes relatifs aux datations carbone 14 sur les coquilles d'escargots terrestres.* Mémoire DEA, Université Nancy II : 50 p.

DEYNOUX M. (1983) - Les formations de plateforme d'âge Précambrien supérieur et Paléozoïque dans l'ouest africain. Corrélations avec les zones mobiles. *In : Afrique de l'Ouest-West Africa* (Fabre éd.), Pergamon press, Oxford : 46-74.

DUBAR C. (1988) - *Eléments de paléohydrologie de l'Afrique Saharienne : les dépôts quaternaires d'origine aquatique du nord-est de l'Aïr (Niger, PALHYDAF, site 3).* Thèse Paris-sud, Orsay : 150 p.

DUBIEF J. (1959-1963) - *Le climat du Sahara.* Travaux de l'Institut de Recherches Sahariennes, Alger. Tome 1 : 312 p et Tome 2 : 275 p.

DUMAS B., GUEREMY Y., LHENAFF R., RAFFY J. (1984) - Glissements de terrain et évolution des versants. L'exemple de la bordure N.E. du Détroit de Messine (Italie). *Médit.,* 3 : 27-41.

DUMAS B., GUEREMY Y., LHENAFF R., RAFFY J. (1984) - Enchaînement de processus de mouvements de terrain près de Reggio de Calabre. *Processus et mesure de l'érosion,* CNRS, Paris : 153-163.

DUPLESSY J-C., ARNOLD M. (1985) - La mesure du carbone 14 en spectrométrie de masse par accélérateur : premières applications. *In : Méthodes de datations par les phénomènes nucléaires naturels : applications,* E. Roth, B. Poty Eds., Masson (Paris) : 461-473.

DUPLESSY J-C., ARNOLD M., MAURICE P., BARD E., DUPRAT J., MOYES J. (1986) - Direct dating of the Oxygen-Isotope record of the last deglaciation by ^{14}C Accelerator Mass Spectrometry. *Nature,* 320 : 350-352.

DUPLESSY J-C., RUDDIMAN W.F. (1984) - La fonte des calottes glaciaires. *La Recherche,* 156 : 806-818.

DUTOUR O. (1989) - *Hommes fossiles du Sahara : Peuplement holocène du Mali septentrional.* CNRS - Marseille : 342 p.

DUTOUR. O., PETIT-MAIRE N. (1983) - Sépultures et restes osseux. In : Petit-Maire N., Riser J. (Eds.) - *Sahara ou Sahel ? Quaternaire récent du Bassin de Taoudenni (Mali) :* 277-306. - Marseille : Imprimerie Lamy.

EDDY J. (1976) - The Maunder minimum. *Science*, 192 : 1189.

ENEMA (Etablissement National pour l'Exploitation Météorologique et Aéronautique) (1970) - *Recueil de données climatologiques.* République Algérienne, Alger.

EUGSTER H.P., KELTS K. (1983) - Lacustrine chemical sediments. *In : Chemical Sediments and Geomorphology,* Goudie A.S., Pye K. (Eds.), Academic Press, London : 321-368.

FABRE J. (1961) - Les formations continentales post-viséennes de Taoudenni (Sahara occidental). *C.R. Acad. Sc.*, Paris, 253 : 293-295.

FABRE J. (1976) - *Introduction à la géologie du Sahara algérien et des régions voisines.*S.N.E.D., Alger.

FABRE J. (1983) - Le Sahara malien septentrional (22°-24°N) : Taoudenni-Trhaza. Esquisse stratigraphique préliminaire des dépôts lacustres quaternaires . *In :* Petit-Maire et J. Riser (eds). *Sahara ou Sahel ? Quaternaire récent du Bassin de Taoudenni* : 419-441. Marseille : Imprimerie Lamy.

FABRE J., BA H., BLACK R., CABY R., LEBLANC M., LESQUER A. (1982) - La chaîne panafricaine, son avant pays et la zone de suture au Mali. Notice explicative de la carte géologique et gravimétrique de l'Adrar des Iforas au 1/500 000. *DNGM,* Mali, Bamako : 85 p.

FABRE J., CARBONEL P., RISER J., ∅XNEVAD I. (1989) - Déformations récentes au coeur du craton ouest africain (Taoudenni, Mali). *C.R. Acad. Sc.,* Paris, 308 : 1561-1566.

FABRE J., MAINGUET M. (1984) - L'ablation éolienne en climat hyperaride : son rôle dans la genèse de la dépression de Taoudenni (Mali). *C.R. Ac. Sc.* Paris, 299, 13 : 887-892.

FABRE J., PETIT-MAIRE N. (1983) - Lacs pléistocènes de la région de Taoudenni (Sahara malien). *In : Bassins sédimentaires en Afrique. Séance spécialisée Société Géologique de France, Marseille, mars 1983. Résumé des communications :* 99-100. - (Trav. Lab. Sci. Terre, Marseille - St-Jérôme, A15).

FABRE J., PETIT-MAIRE N. (1988) - Holocene climatic evolution at 22°-23° N from two palaeolakes in the Taoudenni area (northern Mali). *Palaeogeography, Palaeoclimatology, Palaeoecology,* 65 : 133-148.

FABRE J., VILLEMUR J.R. (1959) - Le Carbonifère continental du bassin de Taoudenni (Sahara occidental). *Ann. Soc. géol. nord ,* 79 : 89-113.

FAIRBANKS R.G. (1989) - A 17.000 years glacio-eustatic sea level record : Influence of Glacial melting rates on the Younger Dryas event and deep-ocean circulation. *Nature,* 342 : 637-642.

FAIRBRIDGE R.W. (1986) - Monsoons and Paleomonsoons. *Episodes,* 9, 3 : 143-149.

FAURE H. (1969) - Lacs quaternaires du Sahara. *Mitt. Internat. Verein. Limnol.*, 17 : 131-146.

FLOHN H. (1989) - Andert sich unser klima? *Mannheimer Forum* 88/89 : 135-189.

FLOHN H. (1989) - Wo bleibt das Erwärmungssignal. *Die Geowissenschaften Geowew.* 7,2 : 31-60.

FOLLAND C.K., PALMER T.N., PARKER D.E. (1986) - Sahel rainfall and worldwide sea surface temperatures, 1901-1985. *Nature,* 320 : 602-607.

FONTES J-C., GASSE F., CALLOT Y., PLAZIAT J-C., CARBONEL P., DUPEUBLE P., KACZMARSKA I. (1985) - Freshwater to marine-like environments from Holocene lakes in northern Sahara. *Nature,* 317 : 608-610.

FONTUGNE M.R., DUPLESSY J-C. (1986) - Variations of the monsoon regime during the upper Quaternary : evidence from carbon isotopic record of organic matter in North Indian ocean sediment cores. *Palaeogeography, Palaeoclimatology, Palaeoecology,* 56 : 69-88

FRANCIS E.J. (1982) - Emplacement mechanism of Late Carboniferous tholeiite sills in Northern Britain. *J. Geol. Soc.,* London, 139 : 1-20.

GABERT P. (1964) - Premiers résultats des mesures d'érosion sur les parcelles expérimentales dans la région d'Aix-en-Provence. *Medit.,* 2 : 169-184.

GALLAY A. (1966) - Quelques gisements néolithiques du Sahara malien. *J. Soc. African.,* 36/2 : 167-208.

GASSE F., FONTES J-C., PLAZIAT J-C., CARBONEL P., KACZMARSKA I., DE DECKKER P., SOULIE-MARSCHE I., CALLOT Y., DUPEUBLE P. (1987) - Biological remains, geochemistry and stable isotopes for the reconstruction of environmental and hydrological changes in the holocene lakes from north Sahara. *Palaeogeography, Palaeoclimatology, Palaeoecology,* 60 : 1-46.

GAUTIER A. (1983) - Animal life along the prehistoric Nile : the evidence from Saggai 1 and Geili (Sudan). *Origini,*Roma, 12 : 50-115.

GAUTIER A. (1987) - Prehistoric Men and Cattle in North Africa : A Dearth of Data and a Surfeit of Models. *In : Prehistory of Arid North Africa, Essays in Honor of Fred Wendorf.,* Close A.E. , Ed. : 163-187. Dallas : S.M.U. Press.

GAUTIER A. (1987) - Taphonomic groups : How and Why ? *In :* Actes du 5e Congrès International d'Archéozoologie, Bordeaux, Août 1986. *ArcheoZoologia* I(2) : 45-52.

GAUTIER A. (1988) - The Final Demise of *Bos Ibericus ?* Sahara 1 : 37-48.

GAUTIER A. (1990) - *La domestication. Et l'homme créa ses animaux.* Paris : Errance (Coll. DES Hespérides).

GAUTIER A., MUZZOLINI A. (sous presse) - The life and times of the giant buffalo alias *Bubalus/Homoioceras/Pelorovis antiquus* in North Africa. *ArcheoZoologia.*

GLEISSBERG W. (1965) - The eighty-year cycle in auroral frequency numbers, *Jour. Brit. Astron. Assoc.*, 75 : 227-231.

GOODFRIEND G. (1987) - Radiocarbon age anomalies in shell carbonate of land-snails from semi-arid areas. *Radiocarbon,* 29 : 159-167.

GOODFRIEND G., HOOD D. (1983) - Carbon isotope analysis and land snails shells : implication for carbon sources and radiocarbon dating. *Radiocarbon,* 25 : 810-830.

GREBENART D. (1975) - Matériaux pour l'étude de l'épipaléolithique et du néolithique du littoral du Maroc Saharien. *In :* Actes du colloque d'Aix en Provence *l'Epipaléolithique méditerranéen* : 151-188.

GUERIN C., FAURE, M. (1983) - Mammifères. *In :* Petit-Maire, N., Riser J. (Eds) - *Sahara ou Sahel? Quaternaire récent du Bassin de Taoudenni (Mali) :* 239-260. - Marseille : Imprimerie Lamy.

GUIGO M. (1975) - Les variations de la turbidité et leurs relations avec le débit et les précipitations sur le Magra, fleuve de la Ligurie orientale. *Rev. de Géo. phys. et de Géol. dyn.,* XVII, 3 : 259-278.

GUIGO M. (1979) - *Hydrologie et érosion dans l'Apennin septentrional.* Thèse Lettres, Aix-Marseille II : 501 p.

HALTENORTH Th, DILLER H. (1979) - *Elseviers Gids van de Afrikaanse Zoogdieren.* Amsterdam/Brussel : Elsevier.

HAMILTON A. (1976) - The significance of patterns of distribution shown by forest plants and animals in tropical Africa for the reconstruction of upper Pleistocene palaeoenvironments : a review. *Palaeoecology of Africa,* 9 : 63-97. - A.A. Balkema.

HARDIE L.A., SMOOT J.P., EUGSTER H.P. (1978) - Saline lakes and their deposits : A sedimentological approach. *In : Modern and Ancient Lake Sediments,* Matter A., Tucker M. (Eds.), Int. Ass. Sedimentol. Spec. Pub. 2 : 7-41.

HAYNES C.V. (1987) - Holocene Migration Rates of the Sudano-Sahelian Wetting Front, Arbain Desert, Eastern Sahara. *In : Prehistory of Arid North Africa.* A. Close (Ed.) : 69-74.

HAYNES C.V., HAAS H. (1980) - Radiocarbon evidence for Holocene recharge of groundwater, Western Desert, Egypt. *Radiocarbon,* 22 : 705-717.

HAYNES C.V., MEAD A.R. (1987) - Radiocarbon dating and Paleoclimatic significance of subfossil *Limicolaria* in N.W. Sudan. *Quaternary Research,* 28 : 86-89.

HEINE K. (1982) - The main stages of the late Quaternary evolution of the Kalahari region, southern Africa ; *Palaeoecology of Africa,* 15 : 53-76. - A.A. Balkema.

HENNING D., FLOHN H. (1977) - Climate aridity Index Map. *U.N. Conf. Desertification,* UNEP, Nairobi, Kenya.

HERRE W., ROHRS M. (1973) - Haustiere - zoologisch gesehen. Stuttgart : Fischer.

HESTER J.J., HOBLER P.M. (1969) - *Prehistoric settlement in the Libyan Desert.* University of Utah Anthropological papers, 92 : 174p.

HOOGHIEMSTRA H. (1986) - Changes of major winds belts and vegetation zones in NW Africa 20,000-5,000 yr BP as deduced from a marine pollen records near Cap Blanc. *Rev. of Palaeobotany and Palynology,* sp. is. (Ed. J. Ward.).

HUNTLEY B., PRENTICE I.C. (1988) - July temperatures in Europe from pollen data, 6,000 years Before Present. *Science,* 241 : 687-690.

ISSAR A.S. (1990) - *Water shall flow from the rock.* New York, *Springer verlag*: 213 p.

JODOT P. (1953) - Les Pseudoceratodes du Nummulitique continental circumsaharien. *Bull. Serv. Carte Géol. Algérie,* 17 : 130 p.

JODOT P., ROUAIX S. (1957) - Découverte de mollusques continentaux de l'Aquitanien et du Villafranchien au Sahara mauritanien et soudanais. *C.R. som. Soc. géol. Fr.,* Paris : 375-377.

JONES P.D., WIGLEY T.M.L., WRIGHT P.B. (1986) - Global temperature variations between 1861 and 1984. *Nature,* 322 : 430-434.

JONES P.D., WIGLEY T.M.L., FOLLAND C.K., PARKER D.E., ANGELL J.K., LEBEDEFF S., HANSEN J.E. (1988) - Evidence for global warming in the past decade. *Nature,* 332 : 790-.

JORDA M. (1983) - L'évolution glaciaire d'altitude dans les Alpes françaises du sud au cours des 15 derniers millénaires. *In :* Schroeder-Lanz H. ed. *Late and postglacial osscillations of glaciers* : Glacial and periglacial forms, Colloquium, Trier, FRG, 1480. Rotterdam, A.A. Balkema publishers : 35-56.

JOUZEL J., RAISBECK G., BENOIST J.P., YIOU F., LORIUS C., RAYNAUD D., PETIT J.R., BARKOV N.I., KOROTKEVICH Y.S., KOLYATKOV V.M. (1989) - A comparison of deep Antarctic ice Cores and their implications for Climate between 65 000 and 15 000 years ago. *Quaternary research*, 31 : 135-150.

KADOMURA H. (1982) - Late quaternary climatic and environmental changes in tropical Africa. *In : Geomorphology and environmental changes in the forest and savanna, Cameroun :* 1-12.

KARPOFF R. (1953) - Sur la probabilité de mouvements récents dans l'Adrar des Iforas et à sa périphérie. *C.R. Somm. Soc. Géol. Fr. :* 219-221.

KARPOFF R. (1960) - *La géologie de l'Adrar des Iforas.* Publ. BRGM, Dakar, 30 : 273 p. Carte coul. 1/1.000.000.

KARPOFF R. (1965) - Les grandes époques de fracture et de bombement du Sahara central. *Bull. Soc. géol. Fr.*, VII : 469-473.

KASAKI H. (1962) - On the distribution of *Nitellopsis* (Charophyta). *Acta Phytotax. Geobot.*, XX : 285-289.

KASSAB A. (1973) - Les pluies exceptionnelles de Septembre et Octobre 1969 en Tunisie. *In : Maghreb et Sahara. Mélanges offerts à J. Despois*, Paris : 93-218.

KERR R.A. (1990) - Global Warming continues in 1989. *Nature*, 247 : 521-

KOCUREK G., NIELSON J. (1986) - Favourable conditions for the formation of warm-climate aeolian sand sheets. *Sedimentology*, 33 : 796-816.

KRAUSE W. (1980) - Zur Gesellschaftsbildung des Characeen in der Oberrheinebene. *Phytocoenologia*, 7 : 305-317, Stuttgart - Braunschweig.

KRAUSE W. (1985) - Uber die Standortsansprüche und das Ausbreitungsverhalten der Stern-Armleuchteralge *Nitellopsis obtusa* (Desvaux) J. Groves. *Carolinea*,42 : 31-42.

KRÖPELIN S. (1987) - Palaeoclimatic evidence from early to mid-Holocene playas in the Gilf Kebir (S.W. Egypt). *Palaeoecology of Africa*, 18 : 189-208. A.A. Balkema.

KRÖPELIN S., SOULIE-MARSCHE I. (1989) - *Charophyta* of Holocene lacustrine sediments from the Wadi Howar (NW-Sudan) and palaeoecological implications. *1er Coll. Intern. sur les Charophytes actuelles et fossiles*, Abstracts : 31. Montpellier.

KUKLA G. (1989) - Long Continental records of Climate. An introduction. *Palaeogeography, Palaeoclimatology, Palaeoecology*, 72 : 1-9.

KUTZBACH J.E. (1981) - Monsoon Climate of the Early Holocene : Climate Experiment with the Earth's orbital Parameters for 9000 years ago. *Science*, 214 : 59-61.

KUTZBACH J.E. (1987) - The changing pulse of the Monsoon. *In :* J. Fein and P. Stephens eds. *Monsoons. Jogn Wiley Inc.* : 247-268.

KUTZBACH J.E., OTTO-BLIESNER B.L. (1982) - The sensitivity of the african-asian monsoonal climate to orbital parameters changes for 9 000 years BP in a low-resolution general circulation model. *Journ. of Atm. Sc.*, 39, 6 : 1177-1188.

KUTZBACH J.E., STREET-PERROTT F.A. (1985) - Milankovitch forcing of fluctuations in the level of tropical lakes from 18 to 0 kyr B.P. *Nature*, 317 : 130-134.

LASHOF D., AHUJA D.R. (1990) - Relative contributions of greenhouse gas emissions to global warming. *Nature*, 344 : 529-531.

LEGRAND BLAIN M. (1983) - Le Carbonifère marin du Sahara algérien. *In : Afrique de l'ouest-West Africa* (Fabre éd.). Pergamon Press, Oxford : 109-117.

LE HOUEROU H.N. (1989) - The Shrublands of Africa. *The Biology and Utilization of Shrubs* : 119-143.

LEPRUN J-C. (1987) - L'érosion hydrique dans le nord-est du Brésil. *Processus et mesure de l'érosion.* CNRS, Paris : 541-549.

LEROUX M. (1970) - *La dynamique des précipitations en Afrique occidentale.* Publ. Dir. Expl. Mét., 23, ASECNA, Dakar : 282 p.

LEROUX M. (1983) - *Le climat de l'Afrique tropicale.* Ed. H. Champion/M. Slatkine, Paris/ Genève, tome 1 : 636 p., 349 fig., tome 2 : notice et atlas de 250 cartes.

LEROUX M. (1986) - L'Anticyclone Mobile Polaire : facteur premier de la climatologie tempérée. *Bull. Assoc. Géogr. Fr.* (4), Paris : 311-328.

LEROUX M. (1987) - L'Anticyclone Mobile Polaire, relais des échanges méridiens : son importance climatique. Paléolacs et paléoclimats en Amérique latine et en Afrique. *Géodynamique* 2 (2), ORSTOM : 161-167.

LEROUX M. (1988) - Circulation générale de la troposphère et variations climatiques. *In* : Variations astronomiques et changements climatiques terrestres. Observatoire Pic du Midi : Univ. de Toulouse.

LEROUX M. (1988) - La variabilité des précipitations en Afrique occidentale : les composantes aérologiques du problème. *Veille Climatique Satellitaire* n° 22, ORSTOM/CMS, Lannion : 26-45.

LEROUX M. (1988) - L'importance climatique de la stratification aérologique de la troposphère tropicale. *Actes des Journ. de Clim.*, Univ. de Liège, Presses Univ : 171-188.

LEROUX M. (1988) - Les conditions structurales de la variabilité pluviométrique de l'Afrique tropicale. *Publ. Ass. Int. de Climatologie*, 1 : 169-180.

LEROUX M. (1990) - Natural protection and voluntary extension of the tropical african forest cover. R. Paepe *et al.* (Eds.), *Greenhouse effect, sea-level and drought,* Kluwer Acad. Publ. : 241-252.

LEZINE A-M. (1987) - *Paléoenvironnements végétaux d'Afrique nord-tropicale depuis 1 200 B.P.*Thèse Univ. Aix-Marseille II, 2 vol.

LEZINE A-M. (1989) - Late quaternary vegetation and climate of the Sahel. *Quaternary Research,* 32 : 317-334.

LINDZEN R.S. (1990) - Some coolness concerning global warming. *Bull. of Am. Met. Soc.*, 71, 3 : 288-299.

LHOTE H. (1976) -*Les gravures rupestres de l'Oued Djerat.* CRAPE, Mém. XXV - Alger, 862 p.

LORIUS C., JOUZEL J., RITZ C., MERLIVAT L., BARKOV N., KOROTKEVICH Y., KOLYATKOV V. (1985) - A 150 000 years climatic record from Antarctic Ice. *Nature*, 316 : 591-596.

LORIUS C., JOUZEL J., RAYNAUD D., HANSEN J., LE TREUT H. (1990) - The Ice-core record : climate sensitivity and future greenhouse warming. *Nature*, 347 : 139-145.

LY S. (1979) - *Etude gravimétrique de l'Adrar des Iforas (NE Mali).* Thèse 3° cycle, Montpellier : 107 p.

MAINGUET M., CHEMIN M.C. (1983) - Sand seas of the Sahara : an explanation of their thickness and sand dune type by the sand budget principle. *In : Eolian Sediments and Processes,* Brookfield M.E., Ahlbrandt (Eds.), Elsevier.

MALEY H. (1987) - Fragmentation de la forêt dense humide africaine et extension des biotopes montagnards au Quaternaire récent : nouvelles données polliniques et chronologiques. Implications paléoclimatiques et biogéographiques. *Palaeoecology of Africa,* 18 : 307-329. - A.A. Balkema.

MALZ H. (1976) - *Heterocypris vel Cyprinotus ?* Ist die Morphologie des Gehäuses entscheidend für die Bestimmung Rezenter Ostracoden-Gattungen ? *Senckenbergiana Lethaea,* Francfort, 57 (2/3) : 155-199.

MANABE S., WETHERALD R.T. (1980) - On the distribution of climate change resulting from an increase in CO_2 content of the atmosphere. *J. Atmosph. Sci.,* 37 : 99-118.

MEESTER J., SETZER W. (1971-78) - *The mammals of Africa. An identification manual.* Washington : Smithsonian Institution Press.

MIMOUNI M. (1988) - Situations météorologiques exceptionnelles de l'hiver 1987-1988 dans le sud de l'Algérie. *Veille climatique satellitaire,* 25. ORSTOM/ CMS Lannion : 37-43.

MIX A.C., RUDDIMAN W.F. (1985) - Structure and timing of the last deglaciation : oxygene-isotope evidence. *Quaternary Sciences Rev.,* 4 : 59-108.

MONOD Th. (1934) - L'Adrar Ahnet. *Trav. Mem. Inst. Ethnol.* Paris, XIX, 181 p.

MONOD Th. (1952) - L'Adrar mauritanien (Sahara occidental) : esquisse géologique. *Bull. Dir. Mines AOF,* 15, 2 t.

MONOD Th. (1952) - Notes géologiques sur le Sahara occidental. *Bull. Dir. Mines AOF,* 2 t. ronéo.

MONOD Th. (1958) - *"Majâbat al-Koubrâ". Contribution à l'étude de 'l'empty quarter' ouest saharien. Mémoires IFAN,* n° 52. : 407 p.

MOORE P.D. (1990) - Ups and Downs in the Sahel. *Nature,* 343 : 414-415.

MOREL A., SAFIRI I. (1987) - Mesures d'érosion dans le Sahel nigérien. *Processus et mesure de l'érosion,* CNRS, Paris : 509-520.

MORI, F. (1973) - Une province nouvelle de l'art saharien : les gravures rupestres de Nubie. *In : Maghreb et Sahara. Mélanges offerts à Jean Despois,* Paris : 239-254.

NEUMANN K. (1988) - Die Bedeutung der Holzkohlenuntersuchungen fur die Vegetations-geschichte der Sahara - das Beispiel Fachi-Niger. *Würzburger Geogr. Arb.* 69 : 71-85.

NEUMANN K. (1989) - *Zur Vegetationsgeschichte der Ostsahara im Holozän. Holzkohlen aus prähistorischen Fundstellen. Mit einem Exhurs über die Holzhohlen von Fachi-Dogonbolo Niger.* These Univ. Frankfurt.

NEUMANNN K. (1989) - Holocene vegetation of the Eastern Sahara. *African Archaeol. Review.* 7 : 97-116.

O.N.M. (Office National de la Météorologie, Algérie, Direction régionale Sud (1990) - *Données météorologiques des stations de Djanet, Tamanrasset et Assekrem.*

ORENGO C., ROSSI G. (1973) - Sur l'évolution des versants dénudés par incendie sous climat méditerranéen. *Médit.,* 1 : 95-104.

ØXNEVAD I.E.I. (1991) - *Aeolian and mixed-aeolian-aqueous sedimentation in modern and ancient sub-tropical desert basins. Examples from the Sahara and the Permo-Triassic of NW Europe* - Thèse es-sc., Univ. Bergen (Norvège) - 2 vol. : 161 p.

PACHUR H.J. (1974) - Geomorphologische Untersuchungen im Raum der Serir Tibesti (Zentral Sahara). *Berliner Geogr. Abh.,* 17 : 62 p.

PACHUR H.J., BRAUN G. (1980) - The paleoclimate of Central Sahara. Libya and the libyan desert. *Palaeoecology of Africa*, 12 : 351-363. A.A. Balkema.

PACHUR H.J., KRÖPELIN S. (1987) - Wadi Howar : paleoclimatic evidence from an extinct river system in the south eastern Sahara. *Science*, 237 : 298-300.

PACHUR H.J., KRÖPELIN S. (1989) - L'aridification du Sahara oriental à l'Holocène moyen et supérieur. *Bull. Soc. géol. Fr.* (8), 1 : 99-107.

PACHUR H.J., KRÖPELIN S., HOELZMANN P., GOSHIN M., ALTMANN N. (1990) - Late quaternary fluvio-lacustrine environments of Western Nubia. *Berliner geowiss. Abh.* (A) : 120 p.

PACHUR H.J., ROPER H.P. (1984) - The Libyan (Western) Desert and Northern Sudan during the late Pleistocene and Holocene. *Berliner Geowiss.* Abh (A) 50 : 249-284.

PAULISSEN E. (1986) - Characteristics of the "wild" Nile stage in upper Egypt. *INQUA / ORSTOM, Trv. & Doc.*, 197 : 367-369.

PETERS J. (1986) - Osteomorphology and osteometry of the appendicular skeleton of African Buffalo, *Syncerus caffer* (Sparrman, 1779) and Cattle *Bos primigenius* f. taurus Bojanus, 1827. Occasional Papers, Lab. voor Paleontologie, Rijksuniversiteit Gent, 1 : 83 p.

PETERS J. (1986) - Osteomorphology and osteometry of the appendicular skeleton of Grant's Gazelle, *Gazella granti* Brooke, 1872, Bohor Reedbuck, *Redunca redunca* (Pallas, 1767) and Bushbuck, *Tragelaphus scriptus* (Pallas, 1766). Occasional Papers, Lab. voor Paleontologie, Rijksuniversiteit Gent, 2 : 65 p.

PETERS J. (1988) - The palaeoenvironment of the Filg Kebir-Jebel Uweinat area during the First half of the Holocene : The latest evidence. *Sahara* 1 : 73-76.

PETIT-MAIRE N. (1979) - *Le Sahara atlantique à l'Holocène. Peuplement et écologie.* C.R.A.P.E., Alger : 340 p. (Mémoire, 28).

PETIT-MAIRE N. (1979) - Cadre écologique et peuplement humain : le littoral ouest-saharien depuis 10 000 ans. *L'Anthropologie*, 83 : 69-82.

PETIT-MAIRE N. (1980) - Holocene biogeographical variations along the northwestern African coast (28°-19°N). Paleoclimatic-interpretations. *In :* M. Sarnthein, Seibold, P. Rognon (Eds.). *Sahara and the surrounding seas. Palaeoecology of Africa*, 12 : 363-377. - Rotterdam : Balkema. -

PETIT-MAIRE, N. (1986) - Paleoclimates in the Sahara of Mali : a multidisciplinary study. *Episodes*, 9/1 : 7-16.

PETIT-MAIRE N. (1987) - Local responses to recent global climatic change : hyperarid central Sahara and coastal Sahara. *In :* Matheis G., Schandelmeier H. (Eds.) - *Current research in African Earth Sciences :* 431-434. - Rotterdam : Balkema.

PETIT-MAIRE N. (1989) - Interglacial environments in presently hyperarid Sahara : paleoclimatic implications. *In : Palaeoclimatology and Palaeometeorology. Modern and Past Patterns of Global Atmospheric Transport.* M. Leinen, M. Sarnthein (Eds.) Kluwer. Dordrecht : 637-661.

PETIT-MAIRE N. (1991) - Environnements et climats de la ceinture tropicale nord-africaine depuis 140 000 ans. *Bull. Soc. géol. Fr.*

PETIT-MAIRE N., BUROLLET P., BALLAIS J-L., FONTUGNE M., ROSSO J-C., LAZAAR A. (1991) - Dépôts lacustres et terrasses alluviales holocènes à la marge du Grand Erg Oriental, sud tunisien. *C.R. Acad. Sc.* Paris.

PETIT-MAIRE, N., CELLES, J.C., COMMELIN, D., DELIBRIAS, G., RAIMBAULT, M. (1983) - The Sahara in northern Mali : man and his environment between 10 000 and 3 500 years B.P. (Preliminary results). *African archaeological Review,* 1 : 105-125.

PETIT-MAIRE N., COMMELIN D., FABRE J., FONTUGNE M. (1990) - First evidence for Holocene rainfall in the Tanezrouft hyperdesert and its margins. *Palaeogeography, Palaeoclimatology, Palaeoecology,* 79 : 333-338.

PETIT-MAIRE N., DELIBRIAS G., MECO J., POMEL S., ROSSO J.C. (1986) - Paléoclimatologie des Canaries orientales (Fuerteventura). *C.R. Acad. Sci.,* Paris : 303 : 1241-1246 ;

PETIT-MAIRE N., DUTOUR O. (1987) - Holocene populations of the Western and Southern Sahara : Mechtoids and paleoclimates. *In :* Close A. (Ed.) - *Prehistory of arid North Africa :* 209- 286. - Dallas (US) : Southern Methodist University Press.

PETIT-MAIRE N., FABRE J., CARBONEL J.P., SCHULZ E., AUCOUR A.M. (1987) - La dépression de Taoudenni (Sahara malien) à l'Holocène. *Géodynamique,* 2/2 : 61- 67.

PETIT-MAIRE N., FONTUGNE M., ROULAND C. (1991) - Les derniers 130 000 ans : Changements climatiques intertropicaux et variations du taux de méthane atmosphérique. *C.R. Acad. Sci.,* Paris.

PETIT-MAIRE N., RISER J. (1981) - Holocene lake deposits and palaeoenvironments in central Sahara, northeastern Mali. *Palaeogeography, Palaeoclimatology, Palaeoecology,* 35 : 45-61.

PETIT-MAIRE N., RISER J. Eds. (1983) - *Sahara ou Sahel ? Quaternaire récent du Bassin de Taoudenni (Mali).* - Marseille : Imprimerie Lamy. - 473 p.

PETIT-MAIRE N., RISER J. (1988) - *Le Sahara à l'Holocène : Mali.* Paris (FR) : CCGM, 1988. - 1 carte au 1 000 000°.

PETIT-MAIRE N., ROSSO J.C., DELIBRIAS G., MECO J., POMEL S. (1987) - Paléoclimats de l'île de Fuerteventura (Archipel canarien). *Palaeoecology of Africa,* 18 : 351-356. A. A. Balkema.

PONCET J. (1970) - La "catastrophe" climatique de l'Automne 1969 en Tunisie. *Ann. de Géo.*435 : 581-595.

RAIMBAULT M. (1983) - Industrie lithique. *In :* Petit-Maire N., Riser J. (Eds.) - *Sahara ou Sahel? Quaternaire récent du Bassin de Taoudenni (Mali) :* 317-341. - Marseille : Imprimerie Lamy.

REA D.M., LEINEN M. (1988) - Asian aridity and the zonal westerlies : late Pleistocene and Holocene record of aeolian deposition in the northwest Pacific ocean. *Palaeogeography , Palaeoclimatology, Palaeoecology,* 66 : 1-8.

RECHENMANN J. (1973) - *Mesures gravimétriques dans le Tanezrouft oriental (Algérie).* Mém. CRZA (CNRS) Paris, série Géologie, 17 : 72 p., 1 carte au 1/500 000.

REICHELT R. (1972) - *Géologie du Gourma (Afrique occidentale). Un "seuil" et un bassin du Précambrien supérieur. Stratigraphie, tectonique, métamorphisme.* Mém. BRGM, 53 : 213 p., 1 carte coul. 1 500.000e.

RENBERG I., SEGERSTROM U., WALLIN J.E. (1984) - Climatic reflection in varved lake sediments. *In :* N.A. Mörner, N. Karlen (Eds). *Climatic change on a yearly to millenial basis* : 249-256. Dordrecht (NL) : Reidel.

RIBES E., MERLIN P., RIBES J.C., BARTHALOT R. (1989) - Absolute periodicities in the solar diameter, derived from historical and modern data. *Ann. Geophysicae,* 7 : 321-330.

RIBES E., RIBES J.C., VINCE I., MERLIN P. (1988) - Sur l'oscillation du diamètre solaire. *CR. Acad. Sci.* Paris, 307, II : 1195-1201.

RISER J. (1988) - Le Jebel Sarhro et sa retombée saharienne. *Notes et Mém. Serv. géol. Maroc*, 317 : 362 p.

RISER J. (1989) - Modèles quaternaires et bilans d'érosion dans deux plaines du Bassin de Taoudenni. *In* : Résumés du Colloque PICG 252, Jerba (Tunisie) : 1 p.

RITCHIE J.C., EYLES C.H., HAYNES C.V. (1985) - Sediment and pollen evidence for an early to mid-Holocene humid period in the eastern Sahara. *Nature*, 314 : 352-355.

RITCHIE J.C., HAYNES C.V. (1987) - Holocene vegetation in the Eastern Sahara. *Nature*, 330 : 645-647.

ROBERTS N. (1989) - The Holocene, an environmental History. *Blackwell*, London : 225 p.

ROGERS J.C. (1989) - Seasonal variability over the North Atlantic Arctic - Proceedings of the 30th annual climate diagnostics workshop, NOAA : 170-175.

ROGNON P. (1976) - Essai d'interprétation des variations climatiques au Sahara depuis 40 000 ans; *Rev. Géogr. phys. et de Géol. dyn*, 2, XVII, 2-3 : 252-283.

ROGNON P. (1980) - Une extension des déserts (Sahara et Moyen Orient) au cours du Tadi-glaciaires (18 000 - 10 000 ans BP). *Rev. de Géol. Dyn. et Géog. Phys.*, 22 (4-5) : 313-328.

ROGNON P. (1989) - *Biographie d'un désert.* Plon, Paris : 347 p.

ROMAN F. (1934) - Sur quelques vertébrés subfossiles du Sahara occidental. *Bull. Soc. géol. Fr.* (5), C.R.S.M., 2 : 13-14.

ROMAN F. (1935) - Sur une faunule de vertébrés et sur des pièces néolithiques du Sahara occidental. *Bull. Assoc. Rég. de Pal. et de Préhist.* (Lyon) 5 : 1-13.

ROUAIX S. (1956) - Rapport de fin de campagne (1955-1956). Feuilles au 500 000e In-Dagouber, Ichourad, Mabrouk. Rapport Direction Mines et Géologie AOF, Dakar. (Ronéotypé).

ROZELOT J.P. (1989) - Essai de reconstitution des cycles d'activité solaire et climat terrestre. *In* : A. Bücher ed. *Variations Astronomiques et changements climatiques terrestres.* IGCP 252 Bagnères de Bigorre : 30 p.

RUDDIMAN W.F., SARNTHEIN M., BACKURAN J., BALDAUF J.G., CURRY W., DUPONT L.M.,JANECEK T., POKRAS E.M., RAYMO M.E., STABELL B., STEIN R., TIEDEMANN R. (1989) - Late Miocene to Pleistocene evolution of climate in Africa and the Low-Latitude Atlantic : overview of leg 108 Results. *Proceed. of Ocean Drilling Pg. Sc. Results*, 108 : 463-484.

SAGNA P. (1990) - *Les pluies de janvier 1990 sur le Sénégal et la Mauritanie.*Veille climatique satellitaire - ORSTOM / CMS. Lannion.

SANTER B. *et al.* (in press) : Multivariate methods for the detection of greenhouse gas-induced climate change, *In* : Schlesinger M. ed., *Greenhouse Gas Induced Climatic Change, Symposium, Amherst, Massachussets,* USA. Proceedings : New-York, Elsevier.

SARNTHEIN M. (1978) - Sand deserts during glacial maximum and climatic optimum. *Nature*, 272 : 43-46.

SARNTHEIN M., TETZLAFF G., KOOPMANN B., WOLTER K., PFLAUMANN U. (1981) - Glacial and interglacial wind regimes over the eastern substropical Atlantic and north-west Africa. *Nature* 293 : 193-196.

SCHULZ E. (1987) - Die holozäne Vegetation der zentralen Sahara. *In :* J.A. Coetzee, E.M. Van Zinderen Bakker (Eds.). - *Palaeoecol. of Africa*, 18 : 143-161. - Balkema.

SCHULZ E. (1988) - Der Südrand der Sahara. *In :* Hagedorn H., Baumhauer R. (Eds.) - *Geowissenschaftliche Untersuchungen in Afrika :* 42-45 - *(Würzburger geographische Arbeiten,* 69).

SCHULZ E., ADAMOU A. (1988) - Die Vegetation des Air-Gebirges im Nord -Niger und ihre traditionelle Nützung. *Giessener Reitr. zur Entwicklungsforschung,* I, 17 : 75-86.

SCHULZ E., JOSEPH A., PAUMHAUER R., SCHULTZE E., SPONHOLZ B. (1990) - Upper Pleistocene and Holocene history of the Bilma region (Kawar, NE-Niger). Proc. 15. *Coll. Afr. Géol.* (in press).

SHOVE D.J. (1983) - *Sunspot Cycles.* D.J. Shove (ed). Benchmark book published by Hutchinson Ross and Distributed by Van Nostrand Reinhold.

SHOVE D.J. (1983) - Sunspot, Auroral, Radiocarbon and Climatic Fluctuations since 7 000 BC. *Annales Geophysicae,* Paris, 4-5 : 391-396.

SM, AOF : Service Météorologique de l'AOF (1941) - *Moyennes n° 7 A.* Mémento du Serv. Mét., Dakar.

SOULIE-MÄRSCHE I. (1982) - Charophytes. *In :* Petit-Maire N., *Le Shati, lac pléistocène du Fezzan (Libye)* : 80-85. Edit. CNRS Marseille.

SOULIE-MÄRSCHE I. (1983) - Charophytes des formations holocènes de l'Erg Ine Sakane (Mali). *In* : Petit-Maire N., Riser J. (Eds.) *Sahara ou Sahel ? Quaternaire récent du Bassin de Taoudenni (Mali)* : 133-144. Marseille : Imprimerie Lamy.

SOULIE-MÄRSCHE I. (1986) - Les principales étapes de l'évolution des flores de Charophytes durant le Quaternaire en Afrique du nord . *INQUA - ASEQUA. Symp. Int.,* Dakar. Trav. et Doc. ORSTOM, 197 : 511-514.

SOULIE-MÄRSCHE I. (1989) - *Etude comparée de gyrogonites de Charophytes actuelles et fossiles et phylogénie des genres actuels.* Millau, France : Imprimerie des Tilleuls : 237 p.

SOYER J. (1987) - Erosion par le splash en région tropicale humide. *Processus et mesure de l'érosion.* CNRS, Paris : 477-482.

STOUFFER R.J., MANABE S., BRYAN K. (1989) - Interhemispheric asymmetry in Climate response to a gradual increase of atmospheric CO_2. *Nature,* 342 : 660-662.

TALBOT M. (1984) - Late Pleistocene rainfall and dune building in the Sahel. *Palaeoecology of Africa,* 16 : 203-214. - A.A. Balkema.

TAYLOR J.E. (1959) - Associations algales des mangroves d'Amérique. *Coll. Intern. CNRS,* 81 : 143-152.

TIEDEMANN R., SARNTHEIN M., STEIN R. (1989) - Aeolo-marine sediment record of the last 8 Ma. *In* : W. Ruddiman; M. Sarnthein *et al* eds. *Proc. ODP - Leg 108, B. U.S. Govt. Print. Off.* : 241-278.

TIERCELIN J-J., VINCENS A., BARTON C.E., CARBONEL P., CASANOVA J., DELIBRIAS G., GASSE F.,GROSDIDIER E., HERBIN J-P., HUC A-Y., JARDINE S. *et al.* (1987) - Le demi-graben de Baringo-Bogoria, ift Gregory, Kenya - 30 000 ans d'histoire hydrologique et sédimentaire. *Bull. Centre Expl. Prod. Elf-Aquitaine;* Pau, 1 (2) : 249-540.

TIHAY J-P. (1972) - A propos des pluies catastrophiques de l'automne 1969. *Bull. Soc. Hist. Nat. de l'Afrique du nord,* 63, 3-4 : 33-48.

TROMPETTE R. (1973) - *Le Précambrien supérieur et le Paléozoïque inférieur de l'Adrar de Mauritanie (bordure ouest du bassin de Taoudenni, Afrique de l'Ouest). Un exemple de Sédimentation de craton. Etude stratigraphique et sédimentologique.* Trav. Lab. Sc. Terre, Marseille, B, 7, 3 t.

VAN ASCH T. (1982) - *Water erosion on slopes and landsliding in a mediterranean landscape*.Thèse, Utrecht : 237 p.

VAN CAMPO E. (1986) - Monsoon fluctuations in two 20 000 yr. BP oxygen-isotope/pollen records off southwest India. *Quaternary Research* 26 : 376-388.

VAN NEER W., UERPMANN H.P. (1989) - Palaeoecological significance of the Holocene faunal remains of the B.O.S. Missions. *In : Forschungen zur Umweltgeschichte der Ostsahara.* Heinnch Barth Institut : *Africa praehistorica* 2 : 307-336.

VAN ZINDEREN BAKKER E.M. (1980) - Comparison of late-Quaternary climatic evolutions in the Sahara and the Namib-Kalahari region. *Palaeoecology of Africa,* 12 : 381-384. - A.A. Balkema.

VAN ZINDEREN BAKKER E.M. (1982) - African Palaeoenvironments 18 000 yrs BP. *Palaeoecology of Africa,* 15 : 77-99. - A.A. Balkema.

VILLEMUR J.R. (1967) - *Reconnaissance géologique et structurale au nord du bassin de Taoudenni.* Mém. BRGM, 51 : 151 p.

WASHINGTON W.M., MEEHL G.A. (1989) - Climate sensitivity due to increased CO_2 : experiments with a coupled atmosphere and ocean general circulation model. *Climate Dynamics,* 4 : 1-38.

WATTS A. (1990) - What is happening in the Greenhouse? *Yatching monthly,* May : 70-73.

WENDORF F., SCHILD R., SAID R., HAYNES C.V., GAUTIER A., KOBUSIEWICZ M. (1976) - The Prehistory of the Egyptian Sahara. *Science,* 193 : 103-114.

WENDORF F., SCHILD R., SAID R., HAYNES C.V., KOBUSIEWICZ M., GAUTIER A., EL HADIDI N., WIECKOWSKA H., CLOSE A.E. (1977) - Late pleistocene and recent climatic changes in the Egyptian Sahara. *The Geographical Journal,* 143 (2) : 212-234.

WENDORF F. , SCHILD R. (1984) - Conclusions. *In : Cattle-keepers of the Eastern Sahara : the Neolithic of Bir Kiseiba.* SMU, Dallas : 404-428.

WILSON I.G. (1972) - Aeolian bedforms : their development and origins. *Sedimentology,* 19 : 173-210.

W.M.O. / C.S.M. (1990) - The global climate system, climate system monitoring, june 1986-november 1988 ; *CSMR* 84/86.

ZIMMERMANN M. (1960) - Nouvelle subdivision des séries ante-gothlandiennes de l'Afrique occidentale (Mauritanie, Soudan, Sénégal). *21 Cong. Géol. intern.,* Copenhague, sect. 8 : 27-36.

Cartes :

Atlas géologique du Monde 1/10 000 000, feuille 6. UNESCO, Paris.

Carte géologique du Mali au 1/1 500 000. Dir. nat. géol. Mines Bamako et BRGM Paris.

Carte IGN. XIV - XVI, 1954.

Le Sahara à l'Holocène : Mali. Carte coul. 1/1 000 000. N. PETIT-MAIRE et J. RISER, CCGM Paris. 1988.

Liste des Figures

Fig. 1 - Localisation de la région dans la carte climatique du nord de l'Afrique (d'après Dubief, 1963)........ 17
Fig. 2 - Situation des principaux lieux cités, à l'exception de ceux portés sur les fig. 18 et 38........ 18
Fig. 3 - Carte générale, avec cotes altimétriques, de la région entre Taoudenni et El Guettara........ 19
Fig. 4 - Coupe géologique schématique générale de El Khnachich à la Hammada El Haricha........ 19
Fig. 5 - Cadre géologique de la région de Taoudenni........ 24
Fig. 6 - Cadre schématique du Pléistocène sur le versant sud d'Hammou Salah........ 40
Fig. 7 - Coupe schématique de la situation des différents niveaux et faciès quaternaires aux environs d'Hammou Salah, d'Agorgott et de l'oued Smida........ 42
Fig. 8 - The Taoudenni depression, *s.s.* : main morphological traits
La dépression de Taoudenni, *s.s.* : principaux traits morphologiques........ 44
Fig. 9 - Températures au Sahara occidental........ 55
Fig. 10 - Précipitation - humidité au Sahara occidental........ 55
Fig. 11 - Pression et vent de surface au Sahara occidental........ 57
Fig. 12 - Coupes verticales méridiennes de la basse troposphère........ 57
Fig. 13 - Anticyclone Mobile Polaire (AMP), relief et circulation de basses couches........ 59
Fig. 14 - Interférence entre Anticyclone Mobile Polaire et Hautes Pressions Tropicales. Coupe verticale méridienne........ 59
Fig. 15 - Interférence entre Anticyclone Mobile Polaire et Hautes Pressions Tropicales (surface)........ 61
Fig. 16 - Champs de vent de basses couches et ligne de grains........ 64
Fig. 17 - Coupe schématique de formations holocènes de Haijad et de leur substratum carbonifère........ 82
Fig. 18 - Situation du paléolac holocène de Haijad (MT6) et des paléolacs et paléomarais voisins : Telig (au nord) et El Maghlizen (au sud-est)........ 84
Fig. 19 - Coupes comparées des sédiments holocènes du paléolac de Haijad........ 86
Fig. 20 - MT6P : densité faunique........ 93
Fig. 21 - Nombre d'espèces........ 93
Fig. 22 - Faune sans *Cyprideis*........ 93
Fig. 23 - MT6B : densité faunique........ 95
Fig. 24 - MT6B, C, D : nombre d'espèces........ 95
Fig. 25 - Pourcentages de *Cyprideis*........ 96
Fig. 26- Ostracofaune sans *Cyprideis*........ 96
Fig. 27 - MT6B : *Cyprinotus, Darwinula*........ 96
Fig. 28 - MT6 L, M, N - Polymorphisme des *Cyprideis*........ 97
Fig. 29 - Evolution du polymorphisme des *Cyprideis*........ 97
Fig. 30 - MT6L - Densité faunique et nombre d'espèces........ 98
Fig. 31 - MT6L - Faune sans *Cyprideis*........ 98
Fig. 32 - MT6L - Polymorphisme des *Cyprideis*........ 98
Fig. 33 - MT6 M et N - Densité faunique et nombre d'espèces........ 99
Fig. 34 -MT6 M et N - Faune........ 99
Fig. 35 - MT6 M et N - Polymorphisme des *Cyprideis*........ 99

Fig. 36 - Variation de $\delta^{18}O$.................... 104
Fig. 37 - A et B - Coupes géologiques schématiques de la cuvette de Taoudenni.................... 118
Fig. 38 - Paléolac holocène de Taoudenni-Agorgott.................... 126
Fig. 39 - Lithostratigraphie des dépôts salifères holocènes d'Agorgott.................... 127
Fig. 40 - Coupes dans les formations holocènes du Nouvel Agorgott.................... 133
Fig. 41 - Schematic vegetation map of the surrounding areas with location of pollen filters.
Carte schématique de la végétation des zones environnantes avec situations des filtres à pollen.................... 147
Fig. 42 - a and b. Pollen diagram of Taoudenni-Agorgott.
a et b. Diagramme pollinique de Taoudenni-Agorgott.................... 148
Fig. 43 - a and b. Localisation samples and simplified pollen diagram of Taoudenni-Agorgott.
a et b. Localisation des échantillons et diagramme pollinique simplifié de Taoudenni-Agorgott.................... 150
Fig. 44 - Vegetation-map of the central and southern Sahara during the Holocene climatic optimum.
Carte de la végétation du Sahara central et méridional pendant l'optimum climatique holocene.................... 153
Fig. 45 - Schematic block diagrams showing the present (a) and holocene (b) vegetation of the Taoudenni area.
Blocs diagrammes schématiques de la végétation actuelle (a) et holocène (b) de la région de Taoudenni.................... 156
Fig. 46 - Esquisse géologique et emplacement des sites lacustres échantillonnés.................... 166
Fig. 47 - La région de Taoudenni à 8 000 BP.................... 192
Fig. 48a - Modèle de circulation atmosphérique rapide - situation globale froide.................... 198
Fig. 48b - Modèle de circulation atmosphérique lente - situation globale chaude.................... 198
Fig. 49 - Insolation annuelle à 85°N, 85°S (a) et 23°N (b).................... 199
Fig. 50 - Migration différenciée de l'Equateur Météorologique - schéma.................... 199
Fig. 51 - Températures arctiques (a) et pluviométrie sahélienne (b).................... 203
Fig. 52 - Variations de la limite Sahara-Sahel depuis 20 000 BP.................... 205
Fig. 53 - Sites étudiés le long du Tropique du Cancer.................... 206
Fig. 54 - Sites archéologiques et dépôts lacustres sahariens à 8 000 BP.................... 208
Fig. 55 - Chronologie paléoclimatique du Bassin de Taoudenni.................... 210
Fig. 56 - Variations d'insolation et variations climatiques globales de 400 000 BP à l'actuel et insolation future calculée.................... 213
Fig. 57 - Paléosituations approximatives dans le nord de l'Afrique à 18 000 BP, 8 000 BP et situation actuelle.................... 215

Liste des Planches

Pl. I	- La sebkha d'Agorgott	49
Pl. II	- Action du vent dans la cuvette de Taoudenni	51
Pl. III	- Dépôts éoliens dans la cuvette de Taoudenni	52
Pl. IV	- a : la dépression de Taoudenni vue par Spot ; b: téléanalyse préliminaire de la région de Taoudenni	70
Pl. V	- Traitements numériques des zones tests. a : Agorgott et Jerfa ; b : Telig ; c : Haijad	71
Pl. VI	- Vue générale de la dépression de Haijad	77
Pl. VII	- Buttes témoins du paléolac Haijad	79
Pl. VIII	- *Cyprideis gr. torosa* (Jones, 1856). Site de Haijad MT6B	101
Pl. IX	- Telig : inscription koufique et figuration humaine	109
Pl. X	- Haijad : antilopes avec signes de piégeage	110
Pl. XI	- Haijad : gazelle, bovidés, gravures piquetées	111
Pl. XII	- La sebkha d'Agorgott	115
Pl. XIII	- Coupes dans la sebkha du Nouvel Agorgott	139
Pl. XIV	- Végétation du Bassin de Taoudenni	159
Pl. XV	- Végétation du Bassin de Taoudenni	161
Pl. XVI	- Végétation du Bassin de Taoudenni	162
Pl. XVII	- Flores de Charophytes des paléolacs : *Nitellopsis obtusa* et *Chara vulgaris*	171
Pl. XVIII	- Flores de Charophytes des paléolacs : *Lamprothamnium papulosum*	172

Achevé d'imprimer sur les presses
de l'Imprimerie LAMY
150, Rue Paradis - 13006 MARSEILLE

Dépôt légal Septembre 1991